中国法院2023年度案例

国家法官学院　最高人民法院司法案例研究院／编

刑事案例二

（危害公共安全罪、破坏社会主义市场经济秩序罪）

中国法制出版社
CHINA LEGAL PUBLISHING HOUSE

《中国法院2023年度案例》通讯编辑名单

序

法治是治国理政的基本方式，司法是法治体系的重要基石。党的二十大报告指出，要坚持走中国特色社会主义法治道路，建设中国特色社会主义法治体系、建设社会主义法治国家。加快建设公正高效权威的社会主义司法制度，努力让人民群众在每一个司法案件中感受到公平正义。人民法院始终坚持以习近平新时代中国特色社会主义思想为指导，深入学习贯彻习近平法治思想，围绕“公正与效率”这一主题，践行新时代能动司法理念，把加强司法案例研究作为加快建设公正高效权威社会主义司法制度，坚持为大局服务、为人民司法的重要途径，通过发布具有普遍指导意义的典型案例，统一法律适用，提高审判质效，提升司法公信力，努力让人民群众在每一个司法案件中感受到公平正义。

“中国法院年度案例系列”丛书，是国家法官学院和最高人民法院司法案例研究院精选全国各高级人民法院每年选送的优秀案例，深入挖掘典型案例内在价值编辑的实用精品丛书，旨在总结提炼典型案例的裁判规则和裁判方法，发挥司法规范、指导、评价、引领的重要作用，大力弘扬社会主义核心价值观，增强全民法治意识和法治素养，展现新时代我国司法领域新发展、新成就。

本丛书自2012年编辑出版以来，已连续出版12年，每年年初出版，受到读者广泛好评。本丛书出版之初有15个分册。近年来，为顺应审判执行实践需要，更加全面反映我国司法审判执行工作的发展进程，响应读者需求，2014年度新增金融纠纷、行政纠纷、刑事案例3个分册，2015年度将刑事案例调整为刑法总则案例、刑法分则案例2个分册，2016年度新增知识产权纠纷分册，2017年度新增执行案例分册，2018年度将刑事案例扩充为4个分册，2022年度将土地纠纷（含林地纠纷）分册改为土地纠纷（含环境资源案例）分册。在全国各级人民法院的大力支持下，丛书编委会现编辑出版《中国法院2023年度案例系列》丛书，共23个分册。

“中国法院年度案例系列”丛书以开放务实的态度、简洁明快的风格，追求“好读有用”，主要体现出以下特色：一是选编案例来源广泛、时效性强。

国家法官学院和最高人民法院司法案例研究院每年通过各高级人民法院汇集全国范围内上一年度审结生效的典型案例近万件，使该丛书有广泛的精选基础，可及时、定期提供全国范围内新近发生的多种类型的新型、疑难案例。二是由法官释理说法，全方位深度挖掘案例价值。大多数案例由主审法官撰写“法官后语”，深入阐释案例的裁判思路和相关考量，充分发挥典型案例在司法裁判、类案参考、法学研究、行为指引、宣示教育等方面的价值，力求引发读者的共鸣与思考，为读者提供借鉴和启迪。三是编排依次以案由和法律适用问题为序，方便读者检索。丛书充分体现“以读者为中心”的理念，每册内容主要根据案由分类编排，每个案例主要围绕法律适用问题，用一句话精要概括裁判规则、裁判思路或争议焦点，以其作为主标题，让读者能一目了然，迅速找到所检索的目标案例。四是注重裁判文书再加工，高度提炼案例内容。案例编写突出争议焦点以控制篇幅，剔除无关信息，尽可能在有限的篇幅内为读者提供更多与争议焦点、所查类案相关的有效、有益信息。

中国法制出版社始终全力支持“中国法院年度案例系列”丛书的出版，给了作者和编辑们极大的鼓励。2023年，这套丛书将继续提供数据库增值服务。购买本书，扫描前勒口二维码，即可在本年度免费查阅往年同类案例数据库。我们在此谨表谢忱，并希望通过共同努力，逐步完善，做得更好，真正探索出一条编辑案例书籍、挖掘案例价值的新路径，更好地服务司法审判高质量发展、服务法治社会建设、服务学习研究法律的读者。

“中国法院年度案例系列”丛书既是法官、检察官、律师等法律工作者的办案参考和司法人员培训的实用教材，也是社会大众学法用法的经典案例读本，同时是教学科研机构与人员从事案例研究的良好系列素材。当然，案例作者和编辑在编写、编审过程中也难以一步到位实现最初的愿望，客观上会存在各种不足甚至错误，欢迎读者批评指正。我们愿听取各方建议，不断拓宽深化司法案例研究领域，立足新发展阶段，推动实现中国特色司法案例事业的高质量发展。

国家法官学院

最高人民法院司法案例研究院

2023年5月

目　录

Contents

一、危害公共安全罪

二、破坏社会主义市场经济秩序罪

（一）生产、销售伪劣商品罪

（八）扰乱市场秩序罪

一、危害公共安全罪

1

以危险方法危害公共安全罪与危险驾驶罪的区分

——张某某以危险方法危害公共安全案

【案件基本信息】

1. 裁判书字号

广西壮族自治区贺州市中级人民法院（2021）桂11刑终80号刑事裁定书

2. 案由：以危险方法危害公共安全罪

【基本案情】

汽车服务公司将一车辆牌号为桂C3××××的小汽车以银行抵押贷款方式卖给名叫龙某的人。因龙某违反合同未归还银行贷款，2020年11月6日，汽车服务公司派出员工吴某、甘某、刘某、方某四人前往湖南省郴州市桂阳县将该车用拖车拖回广西南宁市，车辆放置在吴某驾驶的桂FB××××车上并由刘某等人驾驶的桂DR××××越野车索引。当天14时许，被告人张某某发现其驾驶过后停放在路边的C3××××的小汽车不见后告知雷某，雷某将福特车的定位发给张某某，之后张某某驾驶一辆车牌号为湘L8××××的白色大众轿车搭载李某、雷某某从湖南省桂阳县上高速追截车辆。当天18时许，被告人张某某在钟山高速服务区附近发现涉案车辆后，多次通过减速与刘某、吴某驾驶的车辆并排行驶，

“闽C”牌宝马车则减速行驶在刘某车辆前面，张某某连同宝马车多次变道、夹击刘某、吴某驾驶的车辆，刘某等人驾驶的越野车在几次与宝马车相撞后被迫停车。随后，被告人张某某，李某、雷某某等人下车对吴某驾驶的拖车前挡玻璃和刘某等人驾驶的越野车车窗玻璃实施打砸破坏。经过钟山县价格认证中心鉴定：被打砸的玻璃价值共计人民币2018.4元。

【案件焦点】

以危险方法危害公共安全罪中，如何对行为人的行为进行定性，区分以危险方法危害公共安全罪与危险驾驶罪。

【法院裁判要旨】

广西壮族自治区钟山县人民法院经审理认为：被告人张某某以危险方法危害公共安全，其行为触犯了《中华人民共和国刑法》第一百一十四条的规定，构成以危险方法危害公共安全罪。公诉机关指控被告人张某某犯以危险方法危害公共安全罪罪名成立。对张某某及辩护人提出，被告人张某某具有自首情节，请求法庭减轻处罚，经查，被告人张某某没有主动投案的情形，到案后也没有如实供述其犯罪事实，不符合自首条件，故对张某某及辩护人的上述意见，不予采纳。在开庭过程中，被告人张某某供述了其主要犯罪事实，酌情从轻处罚。对张某某及辩护人提出，对被告人适用缓刑的意见，根据被告人的犯罪情节，认罪态度及对社会的危害程度，不予采纳。

广西壮族自治区钟山县人民法院依照《中华人民共和国刑法》第一百一十四条的规定，作出如下判决：

被告人张某某犯以危险方法危害公共安全罪，判处有期徒刑三年六个月。

张某某持原审辩解提起上诉。其二审辩护人提出案件定性错误，应当定性为危险驾驶罪；上诉人的行为系自助行为，上诉人有自首情节，不管是构成何罪，应当对上诉人从轻或者减轻处罚。广西壮族自治区贺州市中级人民法院经审理认为：针对上诉人的上诉理由以及辩护人的辩护意见，经查，本案中的证据显示，上诉人张某某的行为并非在道路上追逐竞驶行为，而是与同伙分别驾驶机动车辆，在车流量较多的高速公路上，通过变道堵截、相互夹击、刹车减速、追尾碰撞等方法，逼停他人正常行驶的车辆，危及不特定他人的生命、财产安全，上诉人的行为是一种违法犯罪行为，其行为触犯了《中华人民共和国刑法》第一百一十四条的规定，构成以危险方法危害公共安全罪。故辩护人提出的上诉人的行为是自助行为，其行为构成危险驾驶罪的辩护意见，与查明的事实和法律规定不符，不予采纳。关于上诉人是否有自首的情节：经查，上诉人在高速公路上拦截、逼停他人车辆后，没有主动报警、主动投案，因此，其行为并不符合自首的构成要件。故上诉人及辩护人提出上诉人有自首情节的与查明的事实不符，不予采纳。综上，二审法院认为，上诉人张某某在高速公路上与同伙分别驾车，相互夹击、拦截、逼停他人正常行驶的车辆，虽然没有造成严重后果，但是，其行为危及不特定他人的生命、财产安全，构成以危险方法危害公共安全罪。原判认定原审被告人犯以危险方法危害公共安全罪，定性准确。原判根据原审被告人的犯罪事实、犯罪性质、情节和对社会的危害程度，依法判处原审被告人张某某相应的刑罚，罪责刑相适应，量刑并无不当。上诉人的上诉理由以及其辩护人的辩护意见，与查明的事实不符，均不予采纳。虽然原判认定本案的事实不够全面，但是，原判定性准确，适用法律正确，量刑适当，审判程序合法。

广西壮族自治区贺州市中级人民法院依照《中华人民共和国刑事诉讼法》第二百三十六条第一款第一项的规定，作出如下裁定：

驳回上诉，维持原判。

【法官后语】

本案在二审中提出了一个新的争议焦点，即在案件定性上，行为人的行为定性为以危险方法危害公共安全罪还是危险驾驶罪。根据《中华人民共和国刑法》第一百一十四条的规定，故意以放火、决水、爆炸、投放危险物质以外的并与之相当的危险方法，足以危害公共安全的，应当以以危险方法危害公共安全罪论处。根据《中华人民共和国刑法》第一百三十三条之一的规定，追逐竞驶是危险驾驶罪的构成要件之一。

具体到本案中，被告人张某某在车流量较多的高速公路上，与同伙分别驾驶机动车辆，通过变道堵截、相互夹击、刹车减速、追尾碰撞等方法，逼停他人正常行驶的车辆，已经危及不特定他人的生命、财产安全。且根据被告人的年龄、身份及认知水平，被告人明知其是在车流量较多的高速公路上驾驶车辆，且应当认识到在高速公路上通过变道堵截、相互夹击、刹车减速、追尾碰撞等方法逼停他人正常行驶的车辆，会造成的损害后果。从本案的结果来看，虽然行为人及其同伙的行为没有造成极其严重的后果，然而其行为对不特定多数人的人身财产安全所带来的潜在危险是实际存在的，被告人的行为具有相当的不可控性，即一旦发生危险，侵害的对象、范围、严重程度同样具有不可控性。以危险方法危害公共安全罪中，实施危害公共安全犯罪的行为人，有些在主观上有将要侵犯的特定对象，同时也会对损害的可能范围有一定的预判，即认识到自己的行为可能会对非特定对象产生不可控的侵害，本案中的张某某行为针对的对象有一定的具体性，但是其行为却足以对在高速公路上行驶的车辆造成不可控的危害。因此，其行为已经危害到了不特定多数人的人身财产安全，应以以危险方法危害公共安全罪论处。

编写人：广西壮族自治区钟山县人民法院　董雪

2

驾驶车辆故意撞击他人车辆致使被撞车辆冲入机动车道引发交通事故之认定

——李某某以危险方法危害公共安全案

【案件基本信息】

1. 裁判书字号

河南省平顶山市中级人民法院（2022）豫04刑终109号刑事附带民事裁定书

2. 案由：以危险方法危害公共安全罪

【基本案情】

2021年3月26日7时许，被告人李某某驾驶豫DM××××黑色现代牌轿车停在某驾校路口南侧非机动车道内。同日8时许，王某某驾驶粤BN××××轿车自东向西从某驾校路口驶出时，李某某驾驶车辆加速撞向王某某驾驶的车辆，致使王某某车辆冲出路口与付某某驾驶的豫DA××××轿车相撞，付某某驾驶的车辆又与刘某某驾驶的豫D0××××轿车相撞，李某某驾驶车辆逃跑时与钱某培驾驶的苏NZ××××牌农用机动三轮车相撞。经鉴定，王某某损伤程度为轻微伤，豫D0××××维修价格为3690元，豫DA××××维修价格为25683元，粤BN××××维修价格为35000元，合计64373元。另查明，被害人王某某住院一天，医疗费2177.11元。

【案件焦点】

本案中被告人驾驶车辆故意撞击他人车辆的行为应如何认定。

【法院裁判要旨】

河南省舞钢市人民法院经审理认为：被告人李某某采取驾驶车辆撞击被害人正在驾驶中车辆的危险方法，造成被撞车辆与其他车辆连环相撞、逃跑时又撞击其他车辆，危害公共安全，其行为已构成以危险方法危害公共安全罪。根据在案相关证据及查明的事实，李某某及其辩护人的辩护意见不能成立，不予支持。关于民事赔偿中车辆损失维修部分，舞钢市价格认证中心出具价格认定结论书中对附带民事诉讼原告人的损失予以认定，超出部分不予支持。关于人身损害赔偿部分，依据相关规定，王某某的损失为 37539. 32 元，付某某的损失为 25683 元，刘某某的损失为 3690 元。

河南省舞钢市人民法院依照《中华人民共和国刑法》第一百一十四条、《最高人民法院关于适用〈中华人民共和国刑事诉讼法〉的解释》第一百七十五条第一款、第一百八十八条、第一百九十二条第一款、第二款、第二百零一条、《最高人民法院关于审理人身损害赔偿案件适用法律若干问题的解释》第六条、第七条第一款、第三款、第八条第一款、第二款、第九条、第十条、第十一条、第二十二条之规定，判决：

一、被告人李某某犯以危险方法危害公共安全罪，判处有期徒刑四年；

二、被告人李某某于本判决生效后十日内赔偿被害人王某某损失 37539. 32 元、付某某损失 25683 元、刘某某损失 3690 元。

李某某持原审辩解提起上诉。河南省平顶山市中级人民法院经审理认为：李某某驾驶车辆故意撞击被害人正在行驶中的车辆，致使被害人车辆冲入车流量较大的主干道并与其他车辆连环相撞，并在逃跑时又撞击其他车辆，造成他人人身损害和财产损失，危害公共安全，尚未造成严重后果，其行为构成以危险方法危害公共安全罪。原审判决认定事实清楚，证据确实、充分，适用法律正确，审判程序合法，量刑适当，附带民事部分判赔合理合法，上诉人的上诉理由及辩护人的辩护意见均不能成立。

河南省平顶山市中级人民法院依照《中华人民共和国刑事诉讼法》第二百三十六条第一款第一项之规定，作出如下裁定：

驳回上诉，维持原判。

【法官后语】

因机动车交通事故而引发的刑事案件在司法实务中时有发生，而针对具体行为进行认定时，常会涉及交通肇事罪与以危险方法危害公共安全罪的界定。本案中，被告人李某某及辩护人提出的上诉和辩解理由主要就是围绕两罪的区分，认为事发地点不在公共场所和主干道上，李某某没有针对不特定人群的主观故意，因操作失误、疏忽大意而导致车辆相撞，主观上无希望或者放任危害结果发生的情况，其行为应认定为交通肇事罪。

交通肇事罪，是指违反交通运输管理法规，因而发生重大交通事故，致人重伤、死亡或者公私财产遭受重大损失的行为，其客体是交通运输安全，在主观方面是过失；而以危险方法危害公共安全罪，是指使用与防火、决水、爆炸以及投放危险物质等危险程度相当的其他危险方法危害公共安全的行为，其客体是公共安全，主观方面为故意。通过对两罪的罪状展开分析，可以看出两罪的区别主要在于三个方面：一是犯罪客体存在差异。刑法通说认为，公共安全是指不特定多数人的生命、健康和重大公私财产安全，以危险方法危害公共安全罪的行为人在实施行为之前对其行为所侵害的范围往往处于不确定的状态，亦难以预料可能造成的后果及程度；而交通肇事罪的客体是交通运输安全，虽然也属于公共安全范畴，在部分情况下可能存在重叠，但交通运输安全专指交通运输过程中的安全，相比较以危险方法危害公共安全罪的公共安全客体具有局限性。二是主观方面不同。主观心态是区分两罪的关键，以危险方法危害公共安全罪在主观方面应是故意，既可以是直接故意也可是间接故意；而交通肇事罪在主观上应是过失，需注意的是，这里的过失是行为人对造成严重后果所持的主观心态，至于其对违反交通运输管理法规本身则可能是明知。三是后果要求不同。按照刑法理论，以危险方法危害公共安全罪是典型的危险犯，要求具体行为足以使不特定多数人的生命、健康和重大财产安全陷入危险，不以产生实际损害后果作为构成要件，而危害后果只是作为加重处罚的法定条件；而交通肇事罪是结果犯，必须以产生刑法规定的损害后果为依据认定是否构成该罪。

回归本案，认定关键在于如何正确判断行为人的主观心态。按照“主观支配客观，客观反映主观”的逻辑，对行为人主观罪过的判定应结合被告人的供述和案件的客观事实情况进行综合分析评判，被告人供述虽是直接反映其主观心态的证据，但该证据是否能够采信还应考察其与客观事实的印证程度。在主观方面，李某某虽辩称其案发时系因操作失误和疏忽大意导致车辆相撞，但案发时现场监控视频显示，李某某在撞击前有较为明显的加速过程，撞击后又迅速逃离现场且在逃跑时又与其他车辆发生碰撞，结合其他相关证据，足以证实李某某案发时故意撞击被害人王某某车辆的事实，且其明知撞击行为将导致王某某车辆失控并威胁到他人人身财产安全，仍继续实施该行为，其主观上对危害公共安全后果的发生持放任态度，系间接故意；在客观方面，案发时正值早高峰时段，且案发路段系主干道，车流量较大，李某某在被害人王某某车辆即将驶入主干道时采取故意驾车撞击的危险方法，致使王某某所驾车辆冲入主干道车流内并引发连环撞车，对正在道路上行驶的不特定多数人的生命健康及财产安全造成危害。综上，李某某的行为符合以危险方法危害公共安全罪的犯罪构成要件，应以该罪定罪处罚。

编写人：河南省平顶山市中级人民法院　李倩　朱至元

3

在高速公路上醉驾并掉头逆行较长时间之行为定性

——黄某垒以危险方法危害公共安全案

【案件基本信息】

1. 裁判书字号

江苏省无锡市中级人民法院（2021）苏02刑终8号刑事裁定书

2. 案由：以危险方法危害公共安全罪

【基本案情】

被告人黄某垒于2019年10月22日18时30分许与他人在某食堂内饮酒后，于当日22时许驾驶号牌为苏BB××××的小型轿车，从停车场食堂出发驶入沪蓉高速公路，并沿第四车道（紧急车道）行驶。被告人黄某垒以约80千米/小时的车速行驶十余分钟后，在高速公路上掉头沿第一车道（该车道最低限速110千米/小时）以约30~40千米/小时的车速逆向行驶，并伴有停车行为。其间，有多辆正常行驶车辆紧急变换车道。当被告人黄某垒逆向行驶数分钟后，遇到前来拦截的警车，但其并未停车，绕过警车继续逆向行驶约500米后，再次掉头并沿第四车道行驶，直至在沪蓉高速玉祁收费站匝道内停下，并下车转而坐在副驾驶座位上睡着，后被民警查获。经无锡市中西医结合医院司法鉴定所检验，被告人黄某垒的血液中含有乙醇成分，含量为250毫克/100毫升。

民警在沪蓉高速公路南京方向140公里处对被告人黄某垒进行拦截处置时，与同向正常行驶的车辆发生碰撞事故，导致警车及该车辆受损。

被告人黄某垒归案后如实供述了上述事实。

【案件焦点】

行为人在高速公路上醉驾并实施横跨多车道掉头且逆行较长时间等行为，尚未造成严重后果，是构成危险驾驶罪，还是以危险方法危害公共安全罪。

【法院裁判要旨】

江苏省无锡市锡山区人民法院经审理认为：被告人黄某垒以危险方法危害公共安全，尚未造成严重后果，其行为已构成以危险方法危害公共安全罪。被告人黄某垒归案后如实供述了自己的主要罪行，可以从轻处罚。

关于被告人和辩护人提出本案构成危险驾驶罪而非以危险方法危害公共安全罪的辩解和辩护意见，经查，被告人黄某垒醉酒后驾驶机动车上道路行驶，血液内酒精含量超过200毫克/100毫升，且在高速公路逆行，其行为已经构成危险驾驶罪，应处拘役，并处罚金。被告人黄某垒醉酒后在高速公路第四车道内行驶，因路线错误而掉头变为在第一车道（超车道）内逆向行驶，在其逆行过程中，有多辆车为躲避其而临时减速变道；其在逆行过程中，遇警察执法非但不停车，反而绕过警车继续逆行。被告人黄某垒有 15 年驾龄，应当预见其行为可能会危及不特定人群的生命、健康或者造成公私财物损坏，但其仍逃避公安机关执法，对可能造成危害公共安全的后果持放任态度，其行为同时又构成以危险方法危害公共安全罪，尚未造成严重后果，应处三年以上十年以下有期徒刑。被告人黄某垒的行为同时符合危险驾驶罪和以危险方法危害公共安全罪的构成要件，属于想象竞合犯，应当择一重罪定罪处罚，即应以处罚较重的罪即以危险方法危害公共安全罪定罪处罚。

江苏省无锡市锡山区人民法院根据《中华人民共和国刑法》第一百一十四条、第六十七条第三款之规定，作出如下判决：

被告人黄某垒犯以危险方法危害公共安全罪，判处有期徒刑三年二个月。

一审宣判后，黄某垒不服一审判决，提起上诉，认为其构成危险驾驶罪，不构成以危险方法危害公共安全罪。

江苏省无锡市中级人民法院经审查后，同意一审法院的裁判意见，认为原审判决的审判程序合法，认定的事实清楚，证据确实、充分，适用法律正确，量刑适当，应予维持。依照《中华人民共和国刑事诉讼法》第二百三十六条第一款第一项之规定，作出如下裁定：

驳回上诉，维持原判。

【法官后语】

本案的争议焦点在于黄某垒在道路上醉酒驾驶的行为，应如何定性？一种意见认为，被告人黄某垒在道路上醉酒驾驶机动车，已构成危险驾驶罪，在高速公路上醉驾属于危险驾驶罪的从重处罚情节，不宜再单独评价。另一种意见认为，被告人黄某垒在道路上醉酒驾驶的行为应当区分对待，其中在普通道路上的醉驾行为以及在高速公路上正向的“正常”驾驶，可以危险驾驶罪评价，而在高速公路上横跨多车道掉头并较长时间逆行的部分，则应当认定为以危险方法危害公共安全罪。根据刑法第一百三十三条之一的规定，在道路上醉酒驾驶机动车，同时构成其他犯罪的，依照处罚较重的规定定罪处罚，故黄某垒的行为应当认定为以危险方法危害公共安全罪。我们同意第二种意见。主要理由如下：

首先，单纯的在高速公路上醉驾，与在高速公路上醉驾、横跨多车道掉头且逆行时间较长，在危险性上有着质的区别。前者虽然发生了侵害法益的危险状态，但由于血液中乙醇含量的高低、个体对乙醇耐受程度的不同、个体驾驶能力等因素的影响，造成的危险没有达到非常紧迫的程度，或者说近似于法律拟制的危险，所以司法解释才将在高速公路上醉驾规定为危险驾驶罪的从重处罚情节。而后者严重妨害了正常的高速通行秩序，稍有不慎或者“运气”不好，就有可能发生车辆对向相撞、连环相撞等事故，甚至造成车毁人亡的严重后果，具有紧迫的高度危险性，已经明显超出了危险驾驶罪从重处罚情节所能包容的范围，应当独立地进行评价。本案中，上诉人黄某垒在高速上横跨四车道掉头，在第一车道逆行时与车道内正常行驶的汽车的相向速度达130千米/小时以上，造成多辆汽车紧急制动变换车道，给其他正常行驶车辆的驾驶者造成极大恐慌和负担，多达10名群众先后报警，故应当认为其行为已经给公共安全造成了紧迫的现实危险。

其次，在高速公路上醉驾、横跨多车道掉头且逆行时间较长，在手段上与放火、决水、爆炸、投放危险物质等行为具有相当性和同类性，一经实施就可能危及不特定多数人的生命、健康或者重大公私财产的安全，符合以危险方法危害公共安全罪的客观方面要求。认定以危险方法危害公共安全罪中的“其他危险方法”应当参照放火、决水、爆炸和投放危险物质的行为方式。本案中，上诉人黄某垒在血液中酒精含量高达250毫克/100毫升的严重醉酒状态下，于能见度较差的夜间在高速公路上横跨多车道调头，且逆行行驶于车流密集的第一车道之中长达9分钟，引发道路交通秩序严重混乱（多辆汽车紧急制动变换车道避免相撞，前来拦截处置的警车为追赶不听命令继续逆行的黄某垒，与同向正常行驶避让不及的车辆发生碰撞事故），证明该行为具备了与放火、决水、爆炸和投放危险物质行为相当的难以预料、难以控制的高度危险性和同等危险状态，足以造成不特定人重伤、死亡或者使公私财物遭受重大损失，故可以认定为刑法第一百一十四条中的“其他危险方法”。

最后，行为人主观上对可能发生的危险结果持放任态度，具有危害公共安全的故意。本案中，上诉人黄某垒无视法律，明知是车流密集、车速较快的高速公路路段，仍在醉驾状态下掉头且逆行时间较长，并在多辆对向车辆紧急避让时继续行驶，在遭到警车拦截处置时变向绕过，足以说明其对具体的公共危险具有一定认识，明知其行为的严重危险性而仍然实施，置可能发生的危害不特定多数人的人身、财产安全的危险结果于不顾，主观罪过符合间接故意。

编写人：江苏省无锡市中级人民法院　蒋璟　杨柳

4

驾驶机动车追逐竞驶致使大型客车侧翻并致多人受伤行为属于足以危害公共安全的危险方法

——马某昌以危险方法危害公共安全案

【案件基本信息】

1. 裁判书字号

新疆维吾尔自治区昌吉回族自治州中级人民法院（2021）新 23 刑终 21 号刑事裁定书

2. 案由：以危险方法危害公共安全罪

【基本案情】

2020 年 7 月 3 日 8 时 20 分许，被告人马某昌驾驶新 B3××××号小型客车沿玛纳斯县×161 线由南向北超速行驶，行驶至该路段 4 公里加 832 米处，因其不满前方新B4××××号大型普通客车司机占用超车道、未及时为其让道，遂在驾驶车辆超车至大客车车身三分之二处时，故意向右猛打方向，致其驾驶的车辆右后轮与前方大型客车左前侧相撞，导致该客车向右侧翻，车内31名乘客不同程度受伤。经鉴定，其中6人轻伤、13人轻微伤。

案发后马某昌在现场等待处理，后被民警传唤到案。2020年10月14日，马某昌亲属积极向部分受伤者赔偿31900元并取得谅解。2020年10月9日，马某昌自愿签署认罪认罚具结书。

【案件焦点】

1. 上诉人驾驶机动车追逐竞驶致使大型客车侧翻并致多人受伤行为是否与故意放火、决水、爆炸、投放危险物质的危险性相当、足以危害公共安全；2. 如何区分以危险方法危害公共安全罪与危险驾驶罪的认定。

【法院裁判要旨】

新疆维吾尔自治区玛纳斯县人民法院经审理认为：被告人马某昌因不满前方占超车道行驶的大客车未及时让道，在未完全超越大型客车时故意猛打方向致使大型客车侧翻、多名乘车人员受伤的危害后果。依照《中华人民共和国刑法》第一百一十四条、第六十七条第一款，《中华人民共和国刑事诉讼法》第十五条之规定，判决如下：

被告人马某昌犯以危险方法危害公共安全罪，判处有期徒刑三年二个月。

马某昌及其辩护人提起上诉称，通勤客车侧翻不排除存在机械故障，且客车司机不规范驾驶，乘客未系安全带自身存在过错，故本案事故是“多因一果”造成的。上诉人主观犯意并非故意，而是过于自信的过失行为，上诉人的驾驶行为不具备与以故意放火、决水、爆炸、投毒以外的与之相当的危险方法以及足以危害公共安全的社会危险性，不具有针对不特定人员的加害性和社会危险性，不应认定为以危险方法危害公共安全罪。一审宣判后，被告人提起上诉。

新疆维吾尔自治区昌吉回族自治州中级人民法院经审理认为：上诉人及其

辩护人关于事故发生系“多因一果”，上诉人的行为不必然导致大客车侧翻的意见。经查，根据客车司机李某某的陈述，其方向盘无法回方向的原因是车轮陷入护坡路面，且结合现场勘验情况可以看出，客车司机在事故发生之时的反应及避险行为符合常理，车辆侧翻系因上诉人“别车”的先行行为造成，具有直接因果关系，且乘客是否系安全带与上诉人的行为能否造成客车侧翻并无关联。

马某昌明知对方车辆系载客较多的大型客车，同时作为驾驶员，对于行驶中故意猛打方向挤靠其他车辆带来的危害后果亦应当明知，而其仍实施危害客车上乘坐人员生命健康和财产安全的行为，使车内不特定多数人处于发生交通事故的危险状态之中，并放任结果的发生，其具有以危险方法危害公共安全的主观故意，且行为符合以危险方法危害公共安全罪的构成要件。依照《中华人民共和国刑事诉讼法》第二百三十六条第一款第一项之规定，作出如下裁定：

驳回上诉，维持原判。

【法官后语】

本案着重审查的是对马某昌危险驾驶行为的准确定性。在因驾驶行为危害公共安全而予以定罪的问题上，其行为在危险驾驶罪与以危险方法危害公共安全罪上存在一定的竞合。危险驾驶罪与以危险方法危害公共安全罪存在很多相似之处，二者主观方面均为故意犯罪，且包含直接故意和间接故意，所侵害的客体是公共安全，性质上属于危险犯，本案中客观方面也均为危险驾驶的行为，这就使得准确区分二者存在一定难度。

如果要认定以危险方法危害公共安全罪，就要准确界定其行为是否符合“其他危险方法”的认定以及是否足以危害公共安全的程度。对于“其他危险方法”应理解为与放火、决水、爆炸、投放危险物质的危险性相当、足以危害公共安全的方法，即这种危险方法一经实施就可能造成或造成不特定多数人的伤亡或者重大公私财产的毁损。司法实践中，对于故意驾车冲撞行人，危害不特定多数人生命的行为，认定其故意驾车撞人的危险程度与放火、决水、爆炸、投放危险物质危害公共安全的危险程度相当，构成以危险方法危害公共安全罪。

本案中，综合全案事实分析马某昌的驾驶行为，其有在道路上驾驶机动车追逐竞驶的行为，符合危险驾驶罪的行为要件，但其在追逐竞驶的基础上，还有因对前方行驶大型客车的驾驶行为心存不满，而在驾驶机动车未完全超车的过程中，故意向大客车猛打方向的行为，其主观上有故意泄愤的报复心理，且其对于大客车承载多人亦是明知，其虽然并未直接开车冲撞承载多人的大客车，但其行为已经等同于故意冲撞不特定多数人的危险程度，且最终大客车为躲避上诉人车辆发生侧翻，造成了十几人不同程度受到伤害，车辆一定程度损坏的严重后果，危险性已经达到危害公共安全的程度。笔者认为，马某昌行为的危害程度及造成的危害后果，用危险驾驶罪已尚不足以对其予以准确评价，而应从一重罪处罚，按照以危险方法危害公共安全罪定罪处罚。

编写人：新疆维吾尔自治区昌吉回族自治州中级人民法院　马雅婷

5

连续采取多种严重交通违章行为驾驶机动车构成以危险方法危害公共安全罪

——张某海、王某祥以危险方法危害公共安全案

【案件基本信息】

1. 裁判书字号

浙江省绍兴市中级人民法院（2021）浙06刑终317号刑事裁定书

2. 案由：以危险方法危害公共安全罪

【基本案情】

被告人张某海、王某祥长期从事重型自卸货车运输业务，范某、白某东（均另案处理）受雇用作为被告人王某祥重型自卸货车驾驶员。自2021年4月

以来，被告人张某海、王某祥为获得更大的利润，车辆严重超载运输。为避免在途中被执法人员或电子监控查获，被告人张某海、王某祥遮挡车辆号牌，为实施超载、变道、闯红灯等违章行为提供便利。行车过程中，四人组成车队，由被告人王某祥驾车带路，被告人张某海、范某、白某东分别驾驶豫PV××××号、赣C3××××号、豫PC××××号重型自卸货车跟随带路车，运送石料从义乌驶往柯桥。途中，四人通过对讲机保持联系，被告人王某祥带路中发现有执法人员检查，即通过对讲机通知后车靠边停车逃避检查。为缩短在途时间，四车通过连续闯红灯、不按车道通行等方式加快运输速度，以降低路途中被查获的风险。经统计，2021年4月19日至4月28日的六次运输中，该车队累计闯红灯至少350车次，多次在车流密集的路口或其他车辆避让的情况下强行闯红灯通过。

2021年4月28日22时29分许，被告人张某海驾驶严重超载的豫PV××××号重型自卸货车，途经某交叉路口地方，未按交通信号灯通行，与钟某亮驾驶的贵C2××××号小型轿车发生碰撞，造成一人死亡，一人受伤和车辆损坏的道路交通事故。被告人张某海负本次事故的全部责任。

辩护人对本案的定性提出异议，认为应当构成危险驾驶罪或交通肇事罪，不构成以危险方法危害公共安全罪。

【案件焦点】

1. 被告人虽有违反交通规则超载、闯红灯等行为，但其行为与放火、决水、爆炸等危害公共安全行为的危险程度是否相当，是否构成交通肇事罪；2. 本案中被告人通过闯红灯、变道、超载等行为在公路上追逐竞驶以达到多跑车的目的，是否构成危险驾驶罪。

【法院裁判要旨】

浙江省诸暨市人民法院经审理认为：关于辩护人提出的对应当认定为交通肇事或危险驾驶的辩护意见，经查，本案中，被告人张某海虽有多年的驾驶经验，为通过超载运输追求更大的经济利益，在明知随意闯红灯、不按车道通行、超载驾驶，具有极大的危险性，在发生紧急情况，超载车辆制动受到影响不能及时刹车，也不能打方向避让，否则会发生侧翻等更严重后果的情况下，仍在较短的期间内有组织、高频次地实施上述驾驶行为，最后造成一死一伤的严重交通事故。普通的交通肇事罪和危险驾驶罪，不足以评价被告人行为的危害性，故本院对上述被告人的行为认定为以危险方法危害公共安全罪。被告人张某海、王某祥以危险方法在道路上驾驶车辆，危害公共安全，致一人死亡、一人受伤，其行为均已构成以危险方法危害公共安全罪，且系共同犯罪，依法应追究刑事责任。鉴于二被告人在犯罪后能自首，被告人王某祥在和张某海的共同犯罪中系从犯，被告人张某海赔偿被害人家属部分损失，本院依法对被告人张某海、王某祥减轻处罚。二辩护人的辩护意见本院酌情予以采纳。

浙江省诸暨市人民法院依照《中华人民共和国刑法》第一百一十五条第一款、第二十五条第一款、第二十七条、第六十七条第一款、第三十七条之一之规定，判决如下：

一、被告人张某海犯以危险方法危害公共安全罪，判处有期徒刑七年六个月；

二、被告人王某祥犯以危险方法危害公共安全罪，判处有期徒刑四年六个月；

三、禁止被告人张某海、王某祥自刑罚执行完毕之日或者假释之日起四年内从事交通运输相关职业；

张某海、王某祥均不服一审判决，提起上诉，原判认定事实和适用法律正确，量刑适当。审判程序合法。上诉人王某祥申请撤回上诉的请求，符合法律规定，应予准许。依照《最高人民法院关于适用〈中华人民共和国刑事诉讼法〉的解释》第三百八十三条第二款之规定，裁定如下：

准许上诉人王某祥撤回上诉。

【法官后语】

本案貌似和普通的交通肇事和危险驾驶犯罪行为类似，但却应当认定为以危险方法危害公共安全罪，处以更高的刑罚。对“以危险方法危害公共安全”

"危险方法"的界定应当严格按照文义解释和同类解释规则进行，以公众对本罪危害程度的一般理解为其外延，以危害公共安全的现实可能性为其内涵。按照文义解释规则，对于刑法第一百一十四条"危险方法"行为，客观上必须是针对不特定多数人的生命、健康或重大公私财产的安全产生了威胁，具有发生危险后果的现实可能性。在文义解释的基础上，还要按照同类规则来进行限制解释。对"其他危险方法"的危险程度应当限定在危险程度上与放火、爆炸、投放危险物质、决水等行为相当的方法。因此那些虽然对公共安全有一定的危险，但还未危及不特定多数人的安全且危险程度和行为放火、爆炸等行为危险程度不相当的行为，则不宜认定为本罪。

就本案而言，主观上，被告人明知自己的行为会造成危害公共安全的后果，为追求经济利益，仍采用此种危险方法驾驶车辆，对危害后果的发生持间接故意态度。而交通肇事罪对危害结果的发生属过于自信的过失。本案中，被告人明知自己随意闯红灯、不按车道通行、超载驾驶，具有极大的危险性，如果驾驶时发生紧急情况，难以采取有效措施避免事故发生，仍实施上述行为，被告人对自己的行为可能会造成危害他人生命财产安全的后果持放任态度。被告人虽辩解在闯红灯的时候都尽到了注意义务，在通过路口时是在确认安全的情况下才闯红灯。但是驾驶严重超载车辆闯红灯本身就是对公共安全极具危害的加害行为，闯红灯过程中所谓的多加注意，并不足以减轻或者避免加害行为的危险性，且行为人没有采取任何的其他防范措施，在连续快速多次闯红灯的过程中，行为人并没有采用减速、鸣笛等预警措施，在干扰正常通行车辆的过程中，都需要由对方车辆主动避让来避免危险的发生。因此，被告人主观上应当认定为间接故意。

客观上，本案行为人实施行为的危险程度远超普通交通肇事罪的危险程度。在普通交通肇事犯罪中，行为人也会实施临时的、短暂的、偶然的超载、闯红灯等交通违章危险行为，但大多数是在采取了一定的避免措施的情况下实施的。但是在本案中，被告人驾驶严重超载的车辆，在道路上连续实施闯红灯的行为，多次是在车流密集的路口，在其他车辆停车或减速避让的情况下强行闯红灯通过，这种连续的密集的严重交通违章行为，使得危害程度产生叠加效应，发生现实危害后果的可能性和概率大大提升。在出车仅6天后，即发生致一死一伤的严重交通事故。

同理，本案中被告人的行为危害程度远超一般危险驾驶行为，危险驾驶罪的构成要件和刑罚规定，不足以包含本案被告人犯罪行为的危害性。

综上，本案应当认定为以危险方法危害公共安全罪。

编写人：浙江省诸暨市人民法院　柳明

6

失火罪中因果关系与结果归属的判断

——蒙某失火案

【案件基本信息】

1. 裁判书字号

广西壮族自治区桂林市中级人民法院（2021）桂03刑终315号刑事判决书

2. 案由：失火罪

【基本案情】

2019年7月23日，刘某、何某微驾驶一辆白色雅马哈牌燃油助力车从广州一起骑至桂林。二人于次日凌晨到何某微的朋友被告人蒙某租住的××房借住，二人则将燃油助力车停放在该出租房一楼专门停放助力车的大厅内。蒙某知晓该车系盗窃来的赃车，因电门锁存在故障，需要将电门锁下的两根电门线拧在一起才能点火启动，将两根电门线分开才可以熄火。2019年7月26日6时4分，蒙某欲骑该车外出接人，故将其从出租房一楼大厅推出，廖某鹏负责接线启动，后蒙某搭载廖某鹏外出，蒙某在驾驶该车时发现脚踏板存在发热现象。

当日6时14分，蒙某驾驶该车搭载廖某鹏、梁某返回××房，并将该车停放在一楼大门进门附近，由廖某鹏负责拆线熄火。当日6时55分，因该车挡住其他租户推车外出被他人挪动。当日7时03分，该车的脚踏板处出现打火现象，火势逐渐变大由此向四周蔓延扩大，最终引发火灾。

火灾共烧毁电动自行车37辆，燃油助力车3辆，失火面积约70平方米；造成被害人肖某被生前烧死；被害人石某清特重度烧伤，属重伤二级、五级伤残。经广西壮族自治区桂林市七星区消防救援大队认定，起火原因为2019年7月26日7时3分，××房一楼大厅靠西墙由北向南第二辆燃油助力车电气故障引发火灾。经应急管理部消防救援局沈阳火灾物证鉴定中心对该车电瓶及部分线路残骸、线路总成残骸的痕迹性质进行鉴定，鉴定机构在电瓶及部分线路残骸中提取痕迹样品编号0101-0106，在线路总成残骸中提取痕迹样品编号0201-0207。经分析，0101-0106、0201-0203痕迹均为二次短路熔痕，0204痕迹为一次短路熔痕，0205-0207痕迹均为火烧熔痕。亦即该车曾发生过一次短路和二次短路。2019年8月2日，公安机关传唤蒙某到派出所接受调查。

另查明，同案犯秦某系××房房东，该楼有7层、73间房，建成装修后主要用于对外出租，平时由秦某负责管理。该楼一楼大厅有70平方米，主要用于停放助力车，一般停放有三四十辆，由于停放较满会挤占过道。

【案件焦点】

1. 被告人的危害行为与危害结果之间有无一种引起与被引起的因果关系；2. 如果有因果关系，火灾的结果是否应当归属于被告人的行为。

【法院裁判要旨】

广西壮族自治区桂林市七星区人民法院经审理认为：被告人蒙某驾驶电门锁存在故障的被盗车辆，在明知需要手动拧拆电门线才能点火、熄火的情况下，全然不顾接触不良、短路等安全风险，且在驾驶时已明显感觉到脚踏板在发热后仍将其停放在拥挤、狭小停满助力车的空间内，蒙某应当预见自己的行为可能造成火灾的危害结果，因疏忽大意而没有预见，以致引起火灾，造成1人死亡、1人受伤、40辆助力车被烧毁的严重后果，其行为已触犯《中华人民共和国刑法》第一百一十五条第二款之规定，构成失火罪。辩护人认为蒙某对一楼大厅停放车辆没有管理的权利和义务，且无法排除该车还存在其他电气故障，该车系他人挪动后才导致自燃，故自燃与蒙某的行为之间不存在因果关系。一审法院认为一楼大厅系有门禁的，蒙某作为持有门禁卡的租户在发现问题车辆后是有权利也有义务阻止车辆进入出租房危及公共安全的，然而蒙某不仅没有阻止，自己还将问题车辆停进了大厅；该车点火熄火的方式以及脚踏板存在的发热现象已经清楚地表明了该车存在的安全隐患，故已经不需要再假设是否存在其他电气故障就应当引起足够的重视，然而蒙某因疏忽大意没有预见；该车在自燃前几分钟虽被他人挪动过，但若蒙某未将问题车辆停进一楼大厅就不会有后来的火灾，且挪动车辆这一介入因素根本不足以中断本案的因果关系。蒙某犯罪时未年满十八周岁，依法应当减轻处罚。被告人如实供述自己的犯罪事实，依法可以从轻处罚。

广西壮族自治区桂林市七星区人民法院依照《中华人民共和国刑法》第一百一十五条第二款、第十七条第四款、第六十七条第三款，作出如下判决：

被告人蒙某犯失火罪，判处有期徒刑一年六个月。

蒙某不服提起上诉。广西壮族自治区桂林市中级人民法院经审理认为：原判定性准确，量刑适当，审判程序合法，但鉴于二审出现新证据，故认定上诉人具有自首情节，对其量刑予以调整。

广西壮族自治区桂林市中级人民法院依照《中华人民共和国刑法》第一百一十五条第二款，第十七条第一款、第四款，第六十七条第一款，《中华人民共和国刑事诉讼法》第二百三十六条第一款第二项的规定，作出如下判决：

一、撤销广西壮族自治区桂林市七星区人民法院（2021）桂0305刑初137号刑事判决；

二、上诉人蒙某犯失火罪，判处有期徒刑一年三个月。

【法官后语】

本案需要对被告人的危害行为与危害结果之间有无因果关系，以及该结果是否应归属于被告人进行认定。综合本案证据，笔者认为，本案中被告人蒙某的实行行为与火灾之间具有因果关系，火灾的结果应当归属于被告人蒙某的实行行为，其应当对结果负责。主要理由如下：

1. 被告人的实行行为具有结果回避的可能性

因果关系的判断以具有结果回避可能性为前提。本案中，被告人明知涉案燃油助力车系盗窃来的赃车，电门锁存在故障，需要手动接拆电门线来点火、熄火，存在接触不良、短路等安全风险。之后，被告人亲自使用过该车辆，驾驶时可以明显感觉到脚踏板存在发热现象。综合上述情形，通常情况下一个正常人应当可以据此判断该车有电气故障，存在自燃的可能，被告人应当能预见却因疏忽大意没有预见，并作为租户在负有安全管理注意义务的情况下将该车停进拥挤、狭小停满助力车的一楼大厅（本可以将车停放在外面的）。故被告人的上述行为具有侵害法益的现实危险，其实行行为具有结果回避的可能性。

2. 被告人的实行行为与危害结果之间具有因果关系

行为与结果之间有无因果关系先要以条件说为标准进行判断，即当能确定没有实行行为就没有侵害结果时，就可以肯定二者之间具有因果关系。本案中，如果被告人没有把存在电气故障的燃油助力车放在一楼大厅，就不会造成一人死亡、一人重伤、四十辆助力车被烧毁的严重后果，故可以肯定二者之间具有因果关系。而且根据合法则的条件说，可以得到同一的结论，即本案因果法则关系的存在是能够得到现代科学知识认可的。根据火灾物证鉴定中心对涉案燃油助力车电瓶及部分线路残骸、线路总成残骸的痕迹性质进行鉴定，证实该车曾发生过一次短路和二次短路，系存在电气故障，与拆线点火、脚踏板发热之间可以相互印证，监控视频最终也证明正是脚踏板处起火蔓延才导致了本案严重后果，故二者之间存在因果关系，可以排除辩护人认为的系其他电气故障引发自燃的可能。

3. 失火的结果即使存在第三者介入的情况下也应当归属于被告人的实行行为

结果归属是一种规范评价，建立在事实的因果关系基础之上。之前笔者已经论证了被告人的实行行为与危害结果之间具有因果关系，现在还需要再进行结果归属的判断，即被告人是否要对结果负责。本案中，被告人将存在电气故障的燃油助力车放在拥挤、狭小停满助力车的一楼大厅，危险已经现实化。因一楼大厅停放了大量的助力车，致使走道狭窄、空间拥挤。由于涉案车辆挡住其他租户的用车、出行，他人势必会对涉案车辆进行挪动，第三者的行为属于必然会发生、通常会发生的行为，介入因素异常性较小，即使导致结果的发生，也应当将结果归属于被告人的实行行为，亦即被告人应当对失火的结果负责。

编写人：广西壮族自治区桂林市七星区人民法院　周毅峰

7

交通运输肇事后找人顶包构成“逃逸”

——李某政交通肇事案

【案件基本信息】

1. 裁判书字号

广西壮族自治区贺州市中级人民法院（2021）桂11刑终123号刑事裁定书

2. 案由：交通肇事罪

【基本案情】

2020年12月18日，被告人李某政无驾驶资格驾驶桂J4××××号小型汽车沿省道S201线由贺州市钟山县往贺州市平桂区望高镇方向行驶。当日23时许，该车行驶至S201省道38公里+700米处时，与行人杨某现发生碰撞，造成杨某现受伤经送医院抢救无效死亡及车辆损坏的道路交通事故，李某政承担事故的主要责任。事故发生后，李某政拨打电话叫其儿媳胡某芳到现场，后李某政与胡某芳合谋，确定由胡某芳冒充肇事车辆驾驶员。之后，胡某芳向交警谎称是其驾驶车辆发生交通事故，李某政亦谎称是胡某芳驾驶车辆发生交通事故。公安机关对交通事故案件侦查后掌握了相关证据，于 2021 年 3 月 10 日对李某政涉嫌犯交通肇事罪立案侦查后，李某政仍指认肇事司机是胡某芳。直至 2021 年 3 月 16 日，李某政才承认是自己驾驶车辆发生交通事故。案发后，李某政家属代为赔偿了被害人家属丧葬费 37500 元，李某政、桂 J4××××号小型汽车所投保的保险公司与被害人家属达成了由保险公司赔偿被害人家属 185897.8 元、李某政赔偿被害人家属 130000 元的民事调解协议，李某政在民事诉讼中已当庭给付被害人家属 20000 元，李某政取得了被害人家属的谅解。

【案件焦点】

被告人李某政交通运输肇事后找人顶包的行为是否应认定为“逃逸”。

【法院裁判要旨】

广西壮族自治区贺州市平桂区人民法院经审理认为：被告人李某政违反交通运输管理法规，无驾驶资格驾驶机动车辆在道路行驶过程中，发生致一人死亡的重大交通事故，负事故的主要责任，且在交通运输肇事后逃逸，其行为确已触犯《中华人民共和国刑法》第一百三十三条之规定，构成交通肇事罪。公诉机关指控被告人李某政犯交通肇事罪成立。对于公诉机关提出被告人李某政不属于交通运输肇事后逃逸，建议本院对被告人李某政在三年以下有期徒刑或者拘役这一法定刑幅度内量刑的意见，经查，被告人李某政主观上是为了逃避法律制裁，客观上实施了与其儿媳胡某芳串通，编造胡某芳交通肇事的虚假事实，企图逃避法律制裁的潜逃藏匿行为，即使被告人李某政未离开肇事现场，亦无法掩盖其交通肇事后逃逸的本质，其行为符合《道路交通事故处理程序规定》第一百一十二条之规定，应当认定为交通运输肇事后逃逸，依法应当判处三年以上七年以下有期徒刑，公诉机关的该项意见不妥，本院予以纠正。被告人李某政当庭自愿认罪，可以酌情从轻处罚。被告人李某政及其家属赔偿了被害人家属的部分经济损失，取得了被害人家属的谅解，可以酌情从轻处罚。对于公诉机关建议本院对被告人李某政适用缓刑的意见，经查，被告人李某政交通运输肇事后串通其儿媳编造虚假事实企图逃避法律制裁的行为，使司法机关耗费大量人力物力以侦办案件，延误了公平正义实现的进程，严重违背了公正、诚信的社会主义核心价值观，综合被告人李某政的犯罪情节及社会危害性，本院认为不宜对其适用缓刑，故对于公诉机关的该量刑建议，本院不予支持。

广西壮族自治区贺州市平桂区人民法院依照《中华人民共和国刑法》第一百三十三条和《最高人民法院关于审理交通肇事刑事案件具体应用法律若干问题的解释》第二条、第三条之规定，作出如下判决：

被告人李某政犯交通肇事罪，判处有期徒刑三年。

一审宣判后，被告人李某政提出上诉。上诉人李某政及辩护人提出：(1) 一审法院认定上诉人构成交通肇事逃逸错误。上诉人在事故发生后一直在现场，没有逃逸的行为，上诉人也承担了赔偿责任；(2) 一审法院对上诉人不适用缓刑错误。一审法院已认定上诉人交通肇事逃逸，又以该情节对上诉人不适用缓刑，属重复评价；(3) 上诉人具有认罪认罚、自首、取得谅解等情节，请求二审法院改判，并适用缓刑。

广西壮族自治区贺州市中级人民法院经审理查明，原判认定上诉人李某政犯交通肇事的犯罪事实清楚，证据确实充分。相关证据均已在一审开庭审理时当庭出示并经质证。本院经依法全面审查，对一审判决所认定的事实及所列的证据予以确认。

广西壮族自治区贺州市中级人民法院针对上诉人及辩护人的上诉和辩护意见，根据查明的事实、在案证据以及法律规定，评判如下：

(1) 对上诉人及辩护人提出一审法院认定上诉人构成交通肇事逃逸错误的上诉和辩护意见。经查，李某政违反交通运输管理法规，无证驾驶机动车辆在行驶过程中，发生致一人死亡的重大交通事故，负事故的主要责任。事故发生后，李某政虽未离开现场，但在交警询问时否认其是肇事司机，并编造他人是肇事司机的虚假事实，企图逃避法律制裁，应当认定为交通肇事后逃逸。对上诉人及辩护人的前述上诉和辩护意见，本院不予采纳。

（2）对上诉人及辩护人提出上诉人具有自首情节的上诉和辩护意见。经查，公安机关经过侦查已掌握上诉人交通肇事的犯罪事实，2021 年 3 月 12 日上诉人被刑事拘留，同日因病取保候审，其于 3 月 16 日到公安机关接受调查，系依法履行法定义务，不属于自动投案，不构成自首。对上诉人及辩护人的前述上诉和辩护意见，本院不予采纳。

（3）对上诉人及辩护人提出原判对交通肇事逃逸这一情节既在量刑时予以体现，又在是否适用缓刑时予以考量，属于重复评判的上诉、辩护意见。本院认为，缓刑是刑罚执行方式，而非量刑结果，对被告人是否适用缓刑，应当对被告人的犯罪事实、性质、社会危害性，以及被告人所具有的法定、酌定情节等进行全面考量，上述活动并非对案件定罪量刑的再一次评价。故对上诉人及辩护人的前述上诉和辩护意见，本院不予采纳。

（4）对上诉人及辩护人提出请求二审予以改判并适用缓刑的上诉和辩护意见。本院认为，上诉人交通肇事后逃逸，依法应当判处三年以上七年以下有期徒刑，原判对上诉人判处有期徒刑三年，量刑适当。考虑到上诉人交通肇事后找人顶包的行为严重损害司法公正，严重违背社会主义核心价值观，原判没有对上诉人适用缓刑，是正确和恰当的。故对上诉人及辩护人提出的前述上诉和辩护意见，本院不予采纳。

广西壮族自治区贺州市中级人民法院经审理认为：上诉人李某政违反交通运输管理法规，无证驾驶机动车辆在道路行驶过程中，发生致一人死亡的重大交通事故，负事故的主要责任，其行为构成交通肇事罪。原判定罪准确。原判根据上诉人的犯罪事实、性质、社会危害性，并综合考量其当庭认罪、取得被害人家属谅解等情节，对其所判处的刑罚，量刑适当。原审适用法律正确，审判程序合法。

广西壮族自治区贺州市中级人民法院依照《中华人民共和国刑事诉讼法》第二百三十六条第一款第一项的规定，裁定如下：

驳回上诉，维持原判。

【法官后语】

本案的争议焦点是李某政交通运输肇事后找人顶包的行为是否应认定为“逃逸”。根据《道路交通事故处理程序规定》第一百一十二条第一项之规定，“交通肇事逃逸”，是指发生道路交通事故后，当事人为逃避法律责任，驾驶或者遗弃车辆逃离道路交通事故现场以及潜逃藏匿的行为。综合本案证据，笔者认为，本案中被告人李某政交通运输肇事后找人顶包的行为应认定为“逃逸”。主要理由如下：

1. 被告人李某政交通运输肇事后找人顶包的行为符合“潜逃藏匿”情形，属于司法解释所规定的为逃避法律追究而逃跑的行为

被告人李某政虽在交通肇事后未离开现场，但其为逃避法律追究，实施了未如实表明驾驶员身份并让其儿媳胡某芳顶包的行为，造成其虽在事故现场但未被警察调查、控制，随时可以自行离开的情况，其也确实在胡某芳被警察带走后离开了现场，完成了“逃跑”行为。直到数月后，公安机关掌握了相关证据，李某政才被采取了强制措施，属于“潜逃藏匿”的情形，客观上符合《最高人民法院关于审理交通肇事刑事案件具体应用法律若干问题的解释》所规定的为逃避法律追究而逃跑的行为。

2. 认定李某政的行为构成交通运输肇事后逃逸符合立法原意

刑法设置交通肇事罪逃逸情节的目的是促使在面临肇事后果时，被害人及其家属能合理信赖肇事者能主动报警、并保护现场，以使其过失犯罪行为得到追诉，而被害人及其家属得到及时的救治、应有的赔偿及心灵的慰藉。若肇事者以找人顶包的方式潜逃藏匿，则无法及时追诉其犯罪行为，被害人及其家属所受的心灵伤害也会因此而加重。而不认定肇事者找人顶包的行为为“逃逸”，则会导致其罪行不相适应，进而导致司法公信力下降。故认定李某政交通运输肇事后找人顶包的行为构成交通运输肇事后逃逸符合立法原意。

编写人：广西壮族自治区贺州市平桂区人民法院　邓绍江

8

刑事审判中从旧兼从轻原则的适用

——徐某妨害安全驾驶案

【案件基本信息】

1. 裁判书字号

黑龙江省绥化市中级人民法院（2021）黑12刑终34号刑事判决书

2. 案由：妨害安全驾驶罪

【基本案情】

2019年12月12日9时许，被告人徐某在某村路口乘坐汝某驾驶的××路公交车。徐某误将5元纸币（车资2元）投入收款箱，因找零钱一事与正在驾驶车辆的驾驶员汝某发生争执，随即用手拉扯汝某驾驶车辆的右手臂，致使正在行驶中的公交车失控，与路旁路灯杆相剐，造成车体损坏。事故发生时，公交车内有乘客20余人。

【案件焦点】

一审判决后二审判决前新的刑法条款生效，二审判决是否适用新修订的刑法。

【法院裁判要旨】

黑龙江省绥化市北林区人民法院经审理认为：被告人徐某因支付车资问题与公共汽车司机发生口角，对行驶中载客的公共交通工具的驾驶人员使用暴力，干扰公共交通工具正常行驶，危及公共安全，尚未造成严重后果，其行为已构成以危险方法危害公共安全罪，被告人到案后能如实供述自己的罪行，愿意接受处罚，对其可以从轻处罚。案发后，能够主动赔偿被害人的损失，取得谅解，可酌定从轻处罚。认定被告人徐某犯以危险方法危害公共安全罪，判处有期徒刑三年。

一审宣判后，被告人徐某不服，提起上诉。黑龙江省绥化市中级人民法院经审理认为：上诉人徐某因自身视力残疾多付车费问题而与驾驶公共交通工具的驾驶人发生口角，对行驶中载客的公共交通工具的驾驶人员使用暴力，干扰公共交通工具正常行驶，危及公共安全，尚未造成严重后果，其行为已构成妨害安全驾驶罪。原审判决认定事实清楚，但因上诉人徐某的行为被2020年3月1日起开始实施的《中华人民共和国刑法修正案（十一）》修改为妨害安全驾驶罪，故对原审判决认定上诉人犯以其他危险方法危害公共安全罪的定性予以纠正。上诉人徐某系1971年出生，案发时49岁；危险驾驶罪系行为犯，并不以发生实际危害结果为犯罪构成要件。故上诉人徐某所提自己年岁已高、未造成任何实际危害后果的上诉理由不能成立，不予采纳。所提能够认罪悔罪、系初犯、偶犯、及身患严重疾病的上诉意见与查明的事实相符，予以采纳。作出如下判决：

一、撤销黑龙江省绥化市北林区人民法院（2020）黑1202刑初70号刑事判决；

二、上诉人徐某犯妨害安全驾驶罪，判处有期徒刑六个月，缓刑一年。

【法官后语】

近年来，在行驶中的公共交通工具上抢夺方向盘、殴打驾驶人员等干扰公共交通工具正常行驶的行为时有发生，严重威胁道路交通安全和司机、乘客、人民群众的人身安全。为加强对公共交通安全的刑法保护，《中华人民共和国刑法修正案（十一）》在刑法第一百三十三条之一后增加一条，作为第一百三十三条之二："对行驶中的公共交通工具的驾驶人员使用暴力或者抢控驾驶操纵装置，干扰公共交通工具正常行驶，危及公共安全的，处一年以下有期徒刑、拘役或者管制，并处或者单处罚金。前款规定的驾驶人员在行驶的公共交通工具上擅离职守，与他人互殴或者殴打他人，危及公共安全的，依照前款的规定处罚。有前两款行为，同时构成其他犯罪的，依照处罚较重的规定定罪处罚。”修改后，对于干扰公共交通工具正常行驶，危及公共安全的，处一年以下有期徒刑，并处或者单处罚金。同时构成其他犯罪或严重后果的，再依想象竞合的原理适用重罪。本次修改防止轻行为判处重刑罚，体现以人为本的思想，彰显罪责刑相适应的原则。

刑法第十二条对刑法溯及力采取从旧兼从轻原则。按照现行有效的法律不认为犯罪或处刑较轻的，适用现行有效的法律。本案案发于2019年12月12日，一审于2020年11月5日9时开庭审理并于2020年12月28日作出一审判决，此时刑法修正案（十一）还没有施行。一审判决徐某以危险方法危害公共安全罪，量刑标准是在三年以上十年以下有期徒刑。二审于2021年3月15日作出判决，此时刑法修正案（十一）已施行，新设立的妨害安全驾驶罪量刑标准是一年以下有期徒刑、拘役或者管制，并处或者单处罚金。按照我国刑法关于溯及力问题采取从旧兼从轻的原则，由于妨害安全驾驶罪之处刑比以危险方法危害公共安全罪较轻，故二审法院根据从旧兼从轻原则，对该案适用修正后的刑法规定，并依据刑事诉讼法有关规定撤销一审判决，改判徐某犯妨害安全驾驶罪，判处有期徒刑六个月，缓刑一年。

在刑事审判活动中，如果一审判决后二审判决前新的刑法条款生效，二审判决是否适用新的刑法条款要看新条款是否有利于被告人，如果有利于被告人，适用新刑法；如果不利于被告人，适用原刑法。本案二审阶段的改判，真正体现了从旧兼从轻原则的内在精神和价值追求，是在罪刑法定原则的基础上最大限度地保护被告人的合法权益，充分体现了刑罚教育改造犯罪人，预防犯罪，保卫社会安全的目的和“惩办与宽大相结合”的刑事政策。

编写人：黑龙江省绥化市中级人民法院　张军

9

对无证私售成品汽油之行为的刑法认定

——闫某某、赵某某危险作业案

【案件基本信息】

1. 裁判书字号

河南省平顶山市中级人民法院（2021）豫04刑终504号刑事判决书

2. 案由：危险作业罪

【基本案情】

2019年6月至2020年7月，被告人闫某某在未经有关部门批准，也未取得危险化学品经营许可证的情况下，多次通过非法途径购买汽油，并将购置的汽油存放在租赁的汝州市汝南办事处三佳公司南隔壁院子内，用普通塑料桶和铁桶存储分装后对外销售。至案发前销售金额共计166911.5元，违法所得6万元。被告人赵某某明知闫某某未取得危险化学品经营许可证，仍帮助闫某某对存储的汽油进行管理销售。案发后，赵某某主动到汝南派出所投案；闫某某向汝州市公安局上缴违法所得3万元。

【案件焦点】

对无证私售成品汽油之行为的刑法认定。

【法院裁判要旨】

河南省汝州市人民法院经审理认为：被告人闫某某、赵某某以不合格油品冒充合格油品进行销售，二被告人的行为均已构成销售伪劣产品罪。且系二人以上共同故意犯罪，公诉机关指控的罪名成立。被告人闫某某、赵某某自愿签署《认罪认罚具结书》，归案后如实供述自己的罪行，到案后及庭审中认罪态度较好，且积极退缴部分违法所得，可酌情从轻处罚。被告人赵某某主动到公安机关投案，如实供述自己的罪行，系自首，依法可以从轻或减轻处罚。二被告的辩护人提出的“二被告系初犯、偶犯、认罪认罚”的辩护意见和本院查明的事实一致，予以采纳。犯罪分子违法所得的一切财物，应当予以追缴或者责令退赔；扣押物品由公安机关依法予以处理。

河南省汝州市人民法院依照《中华人民共和国刑法》第一百四十条、第二十五条、第六十七条、第七十二条第一款、第七十三条、第五十二条、第五十三条、第六十一条、第六十四条之规定，作出如下判决：

一、被告人闫某某犯销售伪劣产品罪，判处有期徒刑一年，并处罚金人民币 10 万元；

二、被告人赵某某犯销售伪劣产品罪，判处有期徒刑六个月，缓刑一年，并处罚金人民币 6 万元；

三、被告人闫某某退缴至公安机关的违法所得 3 万元，依法追缴，上缴国库；剩余违法所得 3 万元，依法继续追缴；

四、公安机关扣押的物品，由扣押机关依法予以处理。

闫某某以一审量刑过重为由提起上诉，其辩护人辩护意见为认定闫某某犯销售伪劣产品罪不适当，闫某某的行为符合危险作业罪的犯罪构成。河南省平顶山市中级人民法院经审理认为：闫某某、赵某某，违反有关安全管理规定，未经依法批准或者许可，擅自从事危险物品经营、存储等高度危险的生产作业活动，具有发生重大伤亡事故或者其他严重后果的现实危险，其行为均已构成危险作业罪，且系二人以上共同故意犯罪。赵某某犯罪后自动投案并如实供述自己的罪行，是自首，依法可从轻处罚。闫某某辩护人提出“闫某某构成危险作业罪”的意见予以采纳，原判定性错误，予以纠正。闫某某、赵某某到案后认罪认罚，主动退缴部分违法所得，可依法从宽处理。

河南省平顶山市中级人民法院依照《中华人民共和国刑事诉讼法》第二百三十六条第一款第三项，《中华人民共和国刑法》第一百三十四条之一、第二十五条、第六十七条、第七十二条第一款、第七十三条、第六十一条、第六十四条之规定，作出如下判决：

一、维持河南省汝州市人民法院（2021）豫0482刑初562号刑事判决的第三项、第四项；

二、撤销河南省汝州市人民法院（2021）豫0482刑初562号刑事判决的第一项、第二项；

三、上诉人（原审被告人）闫某某犯危险作业罪，判处有期徒刑七个月；

四、原审被告人赵某某犯危险作业罪，判处有期徒刑六个月，缓刑一年。

【法官后语】

对于无证私售成品汽油的行为构成犯罪的，刑法修正案（十一）生效之前的司法实践中绝大多数以非法经营罪来定罪处罚，也有个别案例、判决以行为人无证私售的成品汽油经依法鉴定为不合格产品且达到定罪量刑标准，按照生产、销售伪劣产品罪定罪量刑。刑法修正案（十一）新增危险作业罪后，各地陆续出现对无证私售成品汽油的行为以危险作业罪定性处罚的首例判决。对于同一行为存在三种刑法条文的法条竞合，究竟以哪一法条、哪一罪名来对被告人的行为进行刑法规制，需要我们在办案实践中严格把握。

一、两被告人的行为不构成非法经营罪

在司法实践中，以往认定无证私售成品汽油构成非法经营罪，一是从行政许可角度，二是从维护公共安全角度。可是，随着我国已经明确放开、扩大成品油的市场准入，对成品油相关政策的理解和非法经营罪的认定发生了根本性的转变，从以上两个角度来论证无证经营成品油的行为构成非法经营罪已经不再适当。

（一）从违反行政许可角度来看

从该角度来认定无证经营成品汽油的行为构成非法经营罪，主要就是该行为违反了2004年《国务院对确需保留的行政审批项目设定行政许可的决定》和2006年商务部出台的《成品油市场管理办法》。但是，2019年国务院办公厅发布《关于加快发展流通促进商业消费的意见》，正式取消石油成品油批发、仓储经营资格审批，并将成品油零售经营资格审批及管理工作下放至地市级人民政府。2020年7月商务部出台规定，正式废止《成品油市场管理办法》。自此，从违反行政许可角度认定无证私售成品汽油行为构成非法经营罪已无法理依据。

（二）从维护公共安全角度审视

以往认定无证私售成品汽油行为构成非法经营罪的角度理由之二，就是该行为违反了《危险化学品安全管理条例》中未经许可任何单位和个人不得经营危险化学品的规定。可是，我们仅从该条例名称就可看出该条例规定和保护的法益并非市场许可、准入制度，而是危化品引起的公共安全隐患，从侵害法益角度来看应将无证私售成品汽油行为认定为危害公共安全类犯罪比较适当。因此，在一定意义上，刑法修正案（十一）新增危险作业罪就是对非法经营危化品的一次修正，也是对非法经营罪适用犯罪的合理限缩，即将原来由非法经营罪调整的“未经许可经营危险化学品”的行为纳入新增危险作业罪的打击范围，用调整安全生产领域的新增罪名来维护公共安全。

二、在案证据不足以证实被告人的行为构成生产销售伪劣产品罪

在案证据证实，公安机关当场查获闫某某、赵某某未售出汽油150升左右，价值579元，且经鉴定该查获批次汽油为不合格产品。在闫某某上家未到案不能证实其向闫某某所售全部批次成品汽油来源和质量的情况下，一审法院仅根据现场查获成品汽油为不合格产品，进而认定该批次900升（价值3474元）为不合格产品，并据此进一步推定闫某某全部所售批次均为不合格成品汽油，再根据闫某某的供述和收结款记录认定闫某某、赵某某犯罪数额为166911.5元，达到销售伪劣产品罪的立案追诉标准并据此予以判决，属于明显的有罪推定，故本案依照在案证据判决两被告人的行为构成生产、销售伪劣产品罪是不成立的。

三、两被告人的行为构成危险作业罪

本案中，被告人闫某某、赵某某，违反有关安全管理规定，未经依法批准或者许可，擅自从事成品汽油这一危险物品的经营、存储等高度危险的生产作

业活动，具有发生重大伤亡事故或者其他严重后果的现实危险，符合危险作业罪的犯罪构成。因此，二审遵照案件事实予以改判，以危险作业罪对两被告人定罪处罚是准确适当的。

编写人：河南省平顶山市中级人民法院　严风香　吴承鑫

10

销售有毒、有害食品案件中主观明知的认定及证据分析认定

——孙某某等销售有毒、有害食品案

【案件基本信息】

1. 裁判书字号

山东省临沂市中级人民法院（2021）鲁13刑终99号刑事附带民事裁定书

2. 案由：销售有毒、有害食品罪

【基本案情】

2018年12月至2019年8月，被告人李某通过微信从昵称“小兰儿”等不明身份的网友处大量购进声称具有减肥功能的、非正规渠道生产的“三无”减肥胶囊、粉末后，明知该减肥产品中含有有毒、有害物质，后期明知该有毒、有害物质为国家禁止在食品中添加的西布曲明成分，仍重新灌装后向被告人郭某等人销售。其中，向郭某销售减肥产品的金额为168800元。

2018年12月至案发，被告人郭某将从李某处购买的减肥胶囊加价后销售给被告人孙某某，由孙某某再次加价通过网络平台向不特定消费者销售。孙某某在收到买家订单和货款后，将买家姓名、收货地址、胶囊种类、数量等信息，通过微信发送给郭某，郭某根据该信息从临沂市罗庄区将包装好的减肥胶囊邮

寄给孙某某的买家。其间，2019 年 4 月至 2019 年 8 月底，被告人郭某、孙某某明知上述减肥胶囊含有有毒、有害物质，后期明知该有毒、有害物质为国家禁止在食品中添加的西布曲明成分，仍通过微信、淘宝等平台大量销售，销售金额为 1010400 元（已扣除运费 52375 元）。

经检测技术公司检测，临沂市公安局罗庄分局自李某、郭某、孙某某处扣押的减肥产品中均检出西布曲明成分。

【案件焦点】

销售有毒、有害食品案件中被告人主观明知的认定。

【法院裁判要旨】

山东省临沂市罗庄区人民法院经审理认为：犯罪故意的明知包括确定的明知和可能的明知，对于本罪明知的程度，只要明知可能是有毒有害食品，并不需要对成分予以明确，成分明确的可定罪，不明确的亦可定罪。本案中，（1）郭某、孙某某在销售涉案产品之前，在较长一段时间内食用过各种减肥产品，对减肥产品及西布曲明成分主观上的认知度较普通人更高。在销售过程中，二被告人在网络聊天中也多次提到市面上的减肥药压根不存在正规的，正规的减肥药效果不好，认可“有效果的抑制食欲药不可能没有违禁成分”的说法。郭某于 2019 年 7 月 19 日对涉案产品自行检测后，二被告人明知涉案产品中含有西布曲明，仍大量销售，并在微信聊天中提到销售者和消费者都明知有效果的减肥产品中都含有西布曲明，不含西布曲明的没有效果等；（2）郭某从李某处进货为散装的胶囊，无正规包装，无生产厂家、生产日期、成分等，无食品质量合格证明及合法有效的来历凭证。郭某为孙某某代发除未能向孙某某提供食品质量合格证明及合法有效的来历凭证外，包装为自己定制的锡纸袋和牛皮纸袋，标签仅标有名称、食用方法和规格。对于涉案产品的产地，二被告人商量以日本美容院代购欺骗消费者。二被告人应当预见到涉案“三无”减肥食品可能存在安全隐患，可能含有有毒、有害成分；（3）2019 年 4 月至 8 月，逾百名消费者陆续向二被告人反映食用涉案产品后出现不同程度的副作用，包括厌食、口干、头痛头晕、心慌、胸闷气短、失眠、月经紊乱、便秘、腹泻、脱发等，与西布曲明副作用一致。反馈人数之多，二被告人不仅未产生警觉心理，反而以各种理由搪塞、欺骗消费者，甚至拉黑拒绝沟通，足以反映出二被告人对涉案产品可能是乃至确定是有毒有害产品是明知的；（4）2019 年 4 月至 8 月，二被告人在明知淘宝平台对其销售三无产品进行提示预警，市场监督管理部门对其销售不合格产品立案调查的情况下，不仅继续销售涉案产品，而且以伪造检测报告、产品三证、通过不正当途径购买相关产品的授权、食品生产许可证编号、包装等，企图躲避相关部门的调查；（5）在三被告人处查扣的减肥胶囊和粉末，经随机抽样检测，均检出国家禁用的非法添加物质西布曲明成分。以上足以证实，二被告人即使在 2019 年 7 月 19 日前尚未明确知道涉案产品中有毒有害成分为西布曲明，2019 年 4 月至 2019 年 7 月 18 日也明知涉案产品可能是有毒有害产品，二被告人销售明知掺有有毒、有害非食品原料的食品，均构成销售有毒、有害食品罪。

关于犯罪数额的认定问题，现有证据能够充分证明郭某于 2019 年 4 月至 8 月，明知涉案产品掺有有毒、有害的非食品原料而向孙某某销售，二被告人之间的交易有郭某每日记账、聊天记录、微信和支付宝转账明细予以证实，且孙某某供述其未从郭某处购买或让郭某代发除涉案产品以外的其他产品，无其他经济往来，其转给郭某的都是支付涉案产品的款项，郭某辩称给孙某某代发过带有蓝帽子标识的正规产品，亦与本案载明的证据和查明的事实不符，以上证据可以相互印证，证实郭某于 2019 年 4 月至 8 月向孙某某销售涉案减肥胶囊金额为 1010400 元（已扣除期间运费 52375 元）。郭某当庭提供照片一张，内容为塑料袋盛装的蓝色、黑色胶囊五袋，主张其为侦查机关未搜查到的家中留存的部分减肥胶囊，但该照片未显示拍摄时间和地点，照片内容亦无法证实与本案的关联性，故对郭某的辩解意见及其辩护人的辩护意见均不予采纳，本院认定郭某的犯罪数额为 1010400 元。关于孙某某犯罪数额的认定，公诉机关指控孙某某淘宝店铺销售金额 2722015 元，现有证据不能证明该数额均是孙某某销售涉案减肥胶囊的销售金额，且孙某某辩解称淘宝交易存在刷单，以及部分涉案减肥胶囊通过微信平台销售等，公诉机关指控孙某某犯罪数额为2722015元事实不清，证据不足，本院不予认定。本院按照有利于被告人的原则，以2019年4月至8月有充分证据证明孙某某在该段期间内明知涉案产品掺有有毒、有害的非食品原料，而从郭某处购买后销售，向郭某转账的1010400元认定其犯罪数额。

据此，一审判决：

一、被告人孙某某犯销售有毒、有害食品罪，判处有期徒刑十一年，并处罚金人民币220万元；

二、被告人郭某犯销售有毒、有害食品罪，判处有期徒刑十年，并处罚金人民币210万元；

三、被告人李某犯销售有毒、有害食品罪，判处有期徒刑四年，并处罚金人民币40万元；

四、被告人孙某某、郭某分别向公益诉讼起诉人临沂市罗庄区人民检察院支付赔偿金人民币10104000元，被告人李某向公益诉讼起诉人临沂市罗庄区人民检察院支付赔偿金人民币1688000元，于本判决生效后三十日内履行。

五、被告人孙某某、郭某、李某自本判决生效后十日内分别通过国家级媒体向社会公众赔礼道歉。

郭某、孙某某不服一审判决，提起上诉。山东省临沂市中级人民法院经审理认为：上诉人郭某、孙某某曾在较长一段时间内食用过各种减肥产品，对减肥产品及西布曲明成分主观上的认知度较高。在销售过程中，二人网络聊天多次提到市面上的减肥药压根不存在正规的，正规的减肥药效果不好，认可“有效果的抑制食欲药不可能没有违禁成分”的说法；上诉人郭某从李某处进货为散装的胶囊，无正规包装，无生产厂家、生产日期、成分等，无食品质量合格证明及合法有效的来历凭证，郭某为孙某某代发除未能向孙某某提供食品质量合格证明及合法有效的来历凭证外，包装为自己定制的锡纸袋和牛皮纸袋，标签仅标有名称、食用方法和规格，二人应当预见到涉案“三无”减肥食品可能存在安全隐患；特别是在2019年4月至8月，多名消费者陆续反映食用涉案产品后出现不同程度的副作用，二人以各种理由搪塞、欺骗消费者，甚至拉黑拒绝沟通；在明知淘宝平台对其销售三无产品进行提示预警，市场监督管理部门对其销售不合格产品立案调查的情况下，伪造检测报告、产品三证、通过不正当途径购买相关产品的授权、食品生产许可证编号、包装等继续销售涉案产品，企图躲避相关部门的调查；郭某于2019年7月19日对涉案产品自行检测后，明知涉案产品中含有西布曲明，仍大量销售，并在网络聊天中提到销售者和消费者都明知有效果的减肥产品中都含有西布曲明，不含西布曲明的没有效果等，二上诉人对2019年4月后所销售的涉案产品中可能含有西布曲明是明知的。故一审法院认定二上诉人2019年4月至2019年8月底所销售产品金额即为犯罪数额是正确的。据此，二审裁定如下：

驳回上诉，维持原判。

【法官后语】

本案主要涉及如何根据在案证据对被告人明知是有毒有害食品而进行销售的主观故意的认定。

销售有毒、有害食品罪以主观上明知为该罪构成要件，司法实践中，被告人及辩护人主张无罪的主要抗辩理由即主观上不明知。因此，对于这一类案件，承办法官需从证据出发分析认定行为人的认识能力、行为表现等主、客观因素，对行为人的心理状态进行综合分析判断，进而依据相关法律规定认定事实，作出最终裁判。就本案体现的典型性问题，应当根据以下审判思路予以正确把握。

1. 销售有毒、有害食品罪的主观故意，包括知道和应当知道两种情形

食品安全法律、法规对食品生产经营从业人员规定了保障食品安全的义务，认定行为人是否明知其销售的食品有毒、有害，并不能简单以行为人的口供承认知道或不承认知道来认定或否定，需要结合在案的客观证据予以综合认定。客观证据能否推定出行为人知道或应当知道食品有毒、有害是认定的关键，行为人只要意识到掺入的物质可能是有毒、有害的非食品原料，就应当认定为明知。同时，行为人对销售的食品中所含有的有毒有害成分不需要明确，成分明确的可定罪，不明确的亦可定罪，如本案中行为人辩解称感觉涉案减肥产品可

能含有违禁成分，但不知道是西布曲明，该辩解不影响行为人主观上明知的认定。

2. 结合行为人犯罪前、犯罪时、犯罪后的行为表现，综合判断其认知能力

（1）食品直接关乎人身健康安全，长期、专门从事食品加工、销售等行业的，行为人应当自负高度的注意义务，对行业规范具备高度的认知水平。即使不是专门从事食品销售行业的从业人员，长期接触某类食品，对该类食品必定具备高于常人的认知水平；如因危害食品安全违法犯罪行为受到行政处罚或者刑事处罚，再次实施相关犯罪的，也应当直接认定为明知。本案中郭某、孙某某在销售涉案产品之前，在较长一段时间内食用过各种减肥产品，对减肥产品及西布曲明成分主观上的认知度较普通人更高，二人在网络聊天中也多次提到市面上的减肥药不存在正规的，正规的减肥药效果不好，认可“有效果的抑制食欲药不可能没有违禁成分”“不含西布曲明的没有效果”的说法。

（2）在销售有毒、有害食品过程中，违反规定未获取食品质量合格证明、检验检疫证明等有关证明文件，无法提供正规进货渠道的相关证据，与正规的操作流程不符，故意采取隐蔽方式销售，或以明显低于市场价格进货或者销售且无合理原因的，都可以认定行为人主观上对销售有毒、有害食品具有一定的概括认识。例如，本案中郭某进货均为散装的胶囊，无正规包装，无生产厂家、生产日期、成分等，无食品质量合格证明及合法有效的来历凭证，其自行包装后为孙某某代发；对于涉案产品的产地，行为人称系日本美容院代购欺骗消费者；通过微信平台、代发等销售渠道销售产品等。

（3）以各种违规手段躲避相关部门调查的，或案发后转移、隐匿、销毁涉案食品、财务账册、进销货记录的，可以认定行为人主观上对销售有毒、有害食品的明知。例如，本案中行为人在销售过程中，销售平台对其销售三无产品进行提示预警，市场监督管理部门对其销售不合格产品立案调查，行为人不仅继续销售涉案产品，而且以伪造检测报告、产品三证、通过不正当途径购买相关产品的授权、食品生产许可证编号、包装等，企图躲避相关部门的调查。

（4）善于运用其他证据佐证行为人主观上的明知，如上下线之间对所销售

产品的评述、消费者对产品的反馈等。例如，本案中行为人在销售过程中，逾百名消费者陆续向二被告人反映食用涉案产品后出现不同程度的副作用，包括厌食、口干、头痛头晕、心慌、胸闷气短、失眠、月经紊乱、便秘、腹泻、脱发等，与西布曲明副作用一致。反馈人数之多，二被告人不仅未产生警觉心理，反而以各种理由搪塞、欺骗消费者，甚至拉黑拒绝沟通，足以反映出二被告人对涉案产品可能是乃至确定是有毒有害产品是明知的。

综上，司法实践中认定销售有毒、有害食品案件中行为人的明知，并不是要求行为人“完全确定知道”，只要在案证据可以推定其应当知道或可能知道即可。在证据认定分析过程中应当着重审查行为人是否履行了法律法规规定的义务，并将义务履行情况作为判定是否明知的重要依据，同时结合行为人在犯罪前、犯罪时、犯罪后的行为表现，综合判断其认知能力。本案综合运用以上认定原则，最终认定行为人主观上的明知，有效打击了此类犯罪，同时处以高额惩罚性赔偿金消除其再犯能力，形成社会警示效果。

编写人：山东省临沂市罗庄区人民法院　陈娣

11

违规运输危险化学品类危险驾驶罪的“抽象—具体危险犯”定位

——谢某平、宋某全危险驾驶案

【案件基本信息】

1. 裁判书字号

重庆市第一中级人民法院（2019）渝 01 刑终 827 号刑事裁定书

2. 案由：危险驾驶罪

【基本案情】

2017 年 1 月 15 日起至案发，谢某平和宋某全二人合伙经营液化气。2019 年 2 月 24 日晚，谢某平、宋某全违反危险化学用品管理规定，由宋某全驾驶不符合运输危险化学用品规范的小型面包车，谢某平跟车在某路附近路段运输液化气。同日 22 时许，二人在某路××号附近卸货时被群众发现并报警，后二人弃车逃离现场。民警从现场小型面包车上查获液化气气罐 23 个，其中 5 个气罐内储存的液体为二甲醚。

2019 年 3 月 1 日 5 时许，谢某平在不具有危险化学用品运输资格的情况下，驾驶不符合运输危险化学用品规范的小型面包车在道路上运输装有二甲醚液化气的气罐。当其行驶至某路某小区附近路段时，经群众举报后被民警捉获。民警当场查获液化气罐 24 个，其中 3 个气罐内储存的液体为二甲醚。

【案件焦点】

行为人违反危险化学品安全运输管理规定的"注意义务"能否认定构成危险驾驶罪。

【法院裁判要旨】

重庆市渝北区人民法院经审理认为：被告人谢某平、宋某全违反危险化学品安全管理规定运输危险化学品，危及公共安全，其行为均已构成危险驾驶罪。谢某平到案后如实供述犯罪事实，依法从轻处罚；宋某全犯罪后自首，依法从轻处罚。依照《中华人民共和国刑法》第一百三十三条之一第一款第四项、第二十五条第一款、第六十七条第一款、第三款、第五十二条之规定，判决：

一、被告人谢某平犯危险驾驶罪，判处拘役三个月，并处罚金 6000 元；

二、被告人宋某全犯危险驾驶罪，判处拘役一个月，并处罚金 2000 元。

上诉人谢某平提出其在 2019 年 2 月 24 日并未实际驾驶车辆，不构成危险驾驶；其到案后有坦白情节和悔罪表现，请求二审对其改判适用缓刑。

经二审审理查明的事实和证据与一审相同，法院予以确认。

重庆市第一中级人民法院经审理认为：上诉人谢某平、原审被告人宋某全违反危险化学品安全管理规定运输危险化学品，危害公共安全，其行为均已构成危险驾驶罪。谢某平与宋某全二人合伙经营液化气。2019 年 2 月 24 日晚，谢某平、宋某全违反危险化学品管理规定，采取由宋某全直接驾驶小型面包车，谢某平跟车送气罐的方式，共同运输液化气气罐至某路××号附近卸货时被群众发现报警后逃离。二人在共同犯罪中的地位相当，只是分工不同。谢某平是否具体驾驶车辆，不影响认定其与宋某全之间的共同犯罪行为构成危险驾驶罪。故谢某平提出其 2019 年 2 月 24 日未实际驾驶车辆，不构成危险驾驶罪的上诉意见，不予采纳。鉴于谢某平到案后如实供述主要犯罪事实，系坦白，依法从轻处罚；宋某全犯罪后自动投案，并如实供述自己的犯罪事实，系自首，依法从轻处罚。

原判根据谢某平、宋某全危险驾驶的犯罪事实、情节等，在法定刑幅度内判处刑罚，量刑适当。谢某平案发前多次违反液化气营运监管规定被行政处罚，仍继续实施非法运输行为，其不符合适用缓刑的条件。谢某平及其辩护人请求二审改判适用缓刑的意见，不予采纳。

综上，原判决认定事实和适用法律正确，量刑适当。审判程序合法。依照《中华人民共和国刑事诉讼法》第二百三十六条第一款第一项之规定，裁定如下：

驳回上诉，维持原判。

【法官后语】

行为人违反危险化学品安全运输管理规定的“注意义务”，违规运输行为已经作用于行为客体，虽未使法益处于高度具体、现实的危险状态，但经法官对行为人违规运输行为及危害后果的危险性进行判断，认为其违规运输危险化学品行为具有发生爆炸、泄漏、燃烧的高度可能，达到危及公共安全的程度，即可认定其构成危险驾驶罪。

将危险化学品的违规运输纳入刑法规制范围，提前预防危险可能向实害转化，从而将法益抽象化并保护前置化，符合社会公众对公共安全的期待。司法实践中，对违规运输危险化学品类危险驾驶罪认定标准不统一，主要源于该类型犯罪是“抽象危险犯”还是“具体危险犯”的争议。实际上，该争议也是由于刑法传统的危险犯二分法造成了“抽象危险犯”处罚范围泛化和“具体危险犯”司法认定异化现象。为了解决上述问题，可探讨将“抽象—具体危险犯”作为“具体危险犯”和“抽象危险犯”之间的第三类危险犯，对传统的“抽象危险犯”认定范围进行限缩；即实践中对于尚未造成具体、现实危险的行为，有无必要进行刑事处罚，需要法官对行为导致危害后果的危险性存在与否进行实质判断。如果存在相应高度危险性，对应行为构成犯罪，且无论相应危险是否具体、现实出现。违规运输危险化学品类危险驾驶罪属于“抽象—具体危险犯”，行为人违反了运输危险化学品的注意义务，危险行为已经作用于行为客体；是否以危险驾驶罪论处，由法官对该行为的危险性是否达到“危及公共安全”的程度进行判断。

随着社会经济的发展，危险化学品的广泛运用与社会大众的安全生产生活愈加紧密。危险化学品在违规运输过程中易受到明火、摩擦、撞击等危险，是将运输风险转变为现实危害的主要原因。因此，必须对违规运输危险化学品行为进行有效规制。我国刑法规定了危险驾驶罪、危险物品肇事罪、爆炸罪等罪名，以强化对违规运输危险化学品犯罪的惩罚和预防。但目前实践中对违规运输危险化学品以危险驾驶罪论处的争议分歧较大。笔者查询中国裁判文书网，了解到截至2021年8月30日，因运输液化气被判危险驾驶罪的有425件，其中天津165件占比39%。有观点认为，液化气在川渝地区乃至全国，系人民群众日常生活普遍使用的化学品，如果对违规运输液化气行为不加区别的以危险驾驶罪论处，可能导致刑法介入泛化，在全市范围内造成打击面过宽等问题。笔者认为谢某平涉及两次连续性违法犯罪事实，宋某全虽然仅涉及一次，但其作为合伙人，与谢某平长期共同经营，同时其作为合法运输人员，本应遵守危险化学品安全运输规定，却参与违规运输危险化学品，且数量大；结合谢某平有同类行为两次行政处罚记录、宋某全有抢劫犯罪前科，均有进行刑事处罚的必要。类似案件是否有刑法打击必要性，虽有斟酌必要，但该问题涉及面广，需要针对个案把握刑法介入尺度，具体问题具体分析具体裁判。本案经重庆市第一中级人民法院、重庆市高级人民法院审判委员会讨论，均决议驳回上诉，维持原判。

本案中，被告人谢某平、宋某全长期经营液化气站，明知运输液化气罐的安全管理规定，仍驾驶不符合运输危险化学用品规范的小型面包车运输装有二甲醚液化气的气罐，被公安机关查获后仍不悔改，继续违规运输液化气，且数量大。其中，第一次从面包车上现场查获液化气气罐 23 个，其中 5 个气罐内储存有液化气；第二次现场查获液化气罐 24 个，其中 3 个气罐内储存有液化气。从查获情况反推，谢某平等人驾驶不符合安全运输标准的面包车从加气站出来直至进入闹市区，从各购买人退还的空气罐和准备继续配送的液化气数量来看，其长途运输液化气单次超过 20 罐。经组织应急救援专家对瓶装液化气的爆炸危险进行论证，认为“瓶装液化石油气、二甲醚在运输过程中因强烈日光照射或接近热源（明火加热灯）；违章野蛮装卸和运输；使用产生火花的工具；气瓶间碰撞；明火、重击、雷电、静电、电气火花及其他点火源都有引发燃烧爆炸的危险性和可能性。气瓶泄漏，乱倒残液，液化石油气与空气混合达到一定浓度进入爆炸极限时，遇点火源都可能因其燃烧爆炸”。鉴于相关论证意见显示谢某平等人违规运输情形有发生爆炸的可能；同时，谢某平等人在面包车的“狭窄空间内单次存放超过 20 罐液化气”，且“均未采取任何安全防范措施”。综合考量其运输路线长，且长距离闹市区域行驶，认定其“危及公共安全”的可能性极高，构成危险驾驶罪。

编写人：重庆市第一中级人民法院　陈其琨

12

公共安全受侵害危险状态下严格控制缓刑的适用

——杨某某放火案

【案件基本信息】

1. 裁判书字号

安徽省亳州市中级人民法院（2021）皖 16 刑终 325 号刑事裁定书

2. 案由：放火罪

【基本案情】

2021 年 2 月 14 日 18 时许，被告人杨某某与其前夫吴某因家庭矛盾发生争吵，杨某某到吴某家中，将二楼窗户和玻璃移门砸毁，并点燃二楼一间卧室的被子，随后，从厨房拎出煤气罐放置一楼东间卧室地面上，用打火机点燃卧室内的衣服、床、被子、家具等物品。着火后，杨某某逃出房屋。因火势向外蔓延被邻居发现并报警，消防大队、派出所民警到达现场后将正在燃烧的煤气罐拿到院内扑灭。经鉴定，被烧损毁的财物价格为 11447 元。

【案件焦点】

放火罪中，被告人的行为尚未造成严重后果，事后赔偿征得被害人谅解，同时满足适用缓刑的刑度条件，能否对被告人宣告缓刑。

【法院裁判要旨】

安徽省亳州市涡阳县人民法院经审理认为：对于被告人杨某某及其辩护人提出杨某某具有自首情节的辩护意见，经查，抓获经过载明案发后，侦查人员在杨某某母亲家中找到杨某某并带至公安机关接受调查，杨某某无主动投案的情节，不符合自首的构成要件，故对辩护人所提该节辩护意见，不予采纳。杨某某具有坦白、认罪认罚及取得被害人谅解的情节，可依法对其从轻处罚。辩护人所提与之相同的辩护意见，予以采纳。因本罪侵犯的客体是公共安全，故被害人的谅解行为不适宜作为对杨某某判处缓刑的依据，杨某某不能正确处理个人矛盾，采取危害公共安全的方式泄愤，情节恶劣，社会危害大，不宜判处缓刑，故对公诉机关的量刑建议不予采纳。被告人杨某某因家庭矛盾故意放火，引发火灾危害公共安全，尚未造成严重后果，其行为已构成放火罪，依法应予惩处。

安徽省亳州市涡阳县人民法院依照《中华人民共和国刑法》第一百一十四条、第六十七条第三款、第六十四条及《中华人民共和国刑事诉讼法》第二百零一条的规定，作出如下判决：

一、被告人杨某某犯放火罪，判处有期徒刑三年；

二、公安机关扣押在案的打火机一个，予以没收。

杨某某诉称其具有自首情节，原判量刑过重，请求对其从轻处罚，并适用缓刑的辩解提起上诉。安徽省亳州市中级人民法院经审理认为：杨某某不能正确处理与他人的纠纷，故意放火，引发火灾危害公共安全，尚未造成严重后果，其行为已构成放火罪，依法应予惩处。杨某某到案后如实供述所犯罪行，具有坦白情节、且认罪认罚并取得被害人谅解，依法可对其从轻处罚。对杨某某所提其具有自首情节的上诉理由及辩护人与之相同的辩护意见，经查，侦查机关出具的抓获经过载明，系在杨某某母亲家中将杨某某带至公安机关，虽杨某某母亲家距离案发现场较近，但并无证据证明杨某某具有将自己置于公安机关控制之下的意愿，不能视为自动投案，缺乏自首的构成要件，依法不能认定为自首，故对其此节上诉理由及辩护人与之相同的辩护意见不予采纳。对杨某某所提原判量刑过重，请求对其从轻处罚并适用缓刑的上诉理由及辩护人与之相同的辩护意见，经查，杨某某不能正确处理与被害人吴某之间的纠纷，为泄私愤，损毁被害人家中玻璃，并在被害人家中多处故意放火，且将载有煤气的煤气罐放置在放火点，危害公共安全，火势已经蔓延造成被害人家中财物损失的后果，幸有邻居发现及时报警处置，才尚未造成更加严重的后果，杨某某主观恶性较大，不属于犯罪情节较轻，不宜对其适用缓刑，原判综合考量杨某某犯罪的事实、性质、情节及对于社会的危害程度，所作量刑并无不当，故对其此节上诉理由及辩护人与之相同的辩护意见均不予采纳。综上，原判认定事实清楚，证据确实、充分，定罪准确，量刑适当。审判程序合法。故杨某某的上诉理由，不能成立，应予驳回。

安徽省亳州市中级人民法院依照《中华人民共和国刑事诉讼法》第二百三十六条第一款第一项的规定，作出如下裁定：

驳回杨某某的上诉，维持原判。

【法官后语】

放火罪侵害的法益是公共安全，即不特定的多数人的生命、健康或者重大公私财产的安全，属于严重的刑事犯罪，即使尚未造成严重后果，只要存在危害公共安全的可能性，即可成立本罪。放火罪的法定刑为三年以上有期徒刑，所以如果不存在自首、重大立功或者未成年人犯罪的量刑情节，不会考虑缓刑的适用，由于本罪侵害客体系公共安全，即使存在被害人谅解的情节，也不能成为对被告人适用缓刑的依据。

我国刑法将放火罪视为危害公共安全的危险犯，放火罪区别于一般的放火行为，放火罪的构成以发生了危害公共安全的具体危险为标准，而不以侵害结果发生为必要条件。回归本案中，被告人为泄私愤，损毁被害人家中玻璃，并在被害人家中多处故意放火，且将载有煤气的煤气罐放置在放火点，已经存在严重危害公共安全的危险，并且放完火之后，自己置之不理，邻居发现后报警，才未造成更加严重的后果。说明被告人主观恶性很大，适用缓刑的刑期条件尚且不提，认为适用缓刑的实质条件不能达到要求，故对被告人适用实刑，能够更好地满足刑法保护法益与保障人权的双重效果。

由于公共安全的重要性，刑法设置本章罪名，更好的保护公共安全。放火行为在日常生活中时有发生，大多数都是为了泄私愤，一时冲动而引发，已经将放火行为升格为放火罪，自身却浑然不知，最终危及不特定的多数人的生命、健康或者重大公私财产的安全，即使尚未造成实害结果，也不影响认定构罪。本案的焦点问题是能否对被告人适用缓刑的刑罚处罚方法，缓刑设置的初衷是为了更好改造犯罪，把罪犯放在社会上监督改造，可以促进犯罪分子的教育改造工作，进而促进社会治安综合治理，维护社会安定。本案中，被告人为了私人恩怨，不顾公共安全，实施放火行为，并且没有丝毫控制火势的意图，已经严重危及公共安全，故对其不适用缓刑，才能更好地实现震慑犯罪与保障公共安全的要求。

作为裁判者，要准确把握刑法各罪名与制度的适用，量刑过程中，法官存在一定的自由裁量权，裁量过程中，要综合考虑具体量刑情节和刑法制度制定的目的与意义，在裁量范围内量刑，才能罚当其罪，实现惩罚犯罪与保障人权的双重目的，获得良好的法律效果和社会效果，实现司法真正的公平正义。

编写人：安徽省亳州市涡阳县人民法院　王炯

13

交通肇事逃逸的认定及附带民事诉讼原告人的资格审查

——朱某某交通肇事案

【案件基本信息】

1. 裁判书字号

北京市第二中级人民法院（2021）京02刑终576号刑事附带民事裁定书

2. 案由：交通肇事罪

【基本案情】

2020年9月16日12时许，被告人朱某某驾驶一辆小型轿车（车牌号：蒙A4××××）由南向北行至本市某路时，适有被害人赵某（男，殁年53岁）在道路中心东侧躺卧。朱某某驾驶的小型轿车从赵某的身体上轧过，造成赵某死亡。经鉴定，赵某符合重度颅脑损伤引起死亡。经认定，朱某某负主要责任，赵某负次要责任。被告人朱某某于 2021 年 1 月 7 日被交警电话传唤到案。

另查，因被告人朱某某的犯罪行为给附带民事诉讼原告人造成的合理经济损失有死亡赔偿金 1512024 元，尸体冷藏费 10500 元、丧葬费 56443 元，共计人民币 1578937 元。

再查，涉案哈弗牌小型轿车（车号：蒙 A4××××）在保险公司投保有交强险（死亡伤残赔偿限额为 110000 元，医疗费用赔偿限额为 10000 元，财产损失赔偿限额为 2000 元）和商业三者险（保险金额为 500000 元），事故发生在保险期内。

又查，被害人赵某未婚未育，其父母均先于其死亡。赵某永、赵某猛、赵某志系赵某之兄，赵某梅、赵某青系赵某之姐。其中，赵某猛、赵某志先于赵某死亡。赵某同系赵某志之子、高某华系赵某志之妻，崔某兰系赵某猛之妻、程某系赵某猛之继子。

【案件焦点】

1. 交通肇事逃逸如何认定；2. 附带民事诉讼原告人的资格如何认定。

【法院裁判要旨】

北京市房山区人民法院经审理认为：被告人朱某某违反交通管理法规，驾驶机动车未确保安全，因而发生重大交通事故，造成一人死亡，负事故主要责任，其行为已构成交通肇事罪，依法应予惩处。北京市房山区人民检察院指控被告人朱某某犯交通肇事罪的事实清楚，证据确实、充分，罪名成立，予以支持，但指控被告人朱某某构成交通肇事后逃逸的证据不足，不予认定。鉴于被告人朱某某系经民警电话传唤到案，可视为自动投案，可对其酌予从轻处罚。关于被告人朱某某所提“其没有交通肇事，其行为不构成交通肇事罪”的辩解，及其辩护人所提“公诉机关指控被告人朱某某犯交通肇事罪的事实不清、证据不足”的辩护意见，经查，结合在案行车记录仪所拍摄的视频、监控录像、多名证人的证言、现场勘验笔录及照片、鉴定意见等证据，能够认定被害人赵某系被告人朱某某驾驶的车辆碾压致死，朱某某的行为符合交通肇事罪的构成要件，故被告人朱某某的辩解及其辩护人的该项辩护意见均不能成立，均不予采纳。关于被告人朱某某所提其没有逃逸及其辩护人所提朱某某不存在逃逸行为的意见，经查，在案证据尚不足以证实被告人朱某某系明知其驾车发生交通事故后为逃避法律追究而逃跑，不足以认定为逃逸，故对于被告人朱某某的该项辩解及其辩护人所提该项辩护意见，酌予采纳。

因被告人朱某某的犯罪行为给附带民事诉讼原告人造成的合理经济损失，依法应由涉案车辆所投保的保险公司在交强险范围内先行赔偿，不足部分，由北京市分公司在商业三者险范围内承担70%的赔偿责任，仍不足的，由被告人朱某某予以赔偿。朱某某及其诉讼代理人关于朱某某“不应承担民事赔偿责任”的辩解，没有事实和法律依据，本院不予采纳。各原告人所主张的诉讼请求合法有据的部分，予以支持，过高和无据的部分，不予支持。具体而言，其所提死亡赔偿金一项，原告人主张按照城镇居民标准予以赔偿，结合被害人赵某所从事的工作及法院“统一城乡居民赔偿标准”的有关通知，可按照2020年北京市城镇居民人均可支配收入的标准予以计算；所提丧葬费一项，原告人的主张过高，本院按照北京市上一年度城镇单位就业人员月平均工资标准计算六个月；所提停尸费（含尸体冷藏费）一项，尸体冷藏费以其所提交的票据上的金额为准，其余费用应属于丧葬费的赔偿范围，不予支持；所提精神抚慰金一项，不属于刑事附带民事诉讼的受案范围，不予支持；保险公司所提“不同意在商业三者险的赔偿范围进行赔偿”的意见，如前所述，在案证据尚不足以证实被告人朱某某系明知其驾车发生交通事故后为逃避法律追究而逃跑，不能认定朱某某有逃逸情节，故对其所提该项意见，不予采纳。关于北京市分公司所提原告人的主体资格的意见，经查，本案的原告人赵某永系赵某之兄，赵某梅、赵玉某系赵某之姐，均系赵某的近亲属，根据《中华人民共和国刑事诉讼法》第一百零一条的规定，其均有权提起附带民事诉讼，故对于其所提该项意见，不予采纳；本案的原告人赵某同系赵某志之子、高某华系赵某志之妻，原告人崔某兰系赵某猛之妻、程某系赵某猛之继子，均不属于赵某的近亲属范围，且死亡赔偿金、丧葬费不属于赵某的遗产，亦不符合代位继承的相关法律规定，故赵某同、高某华、崔某兰、程某均不具有原告资格，对于保险公司所提该项意见，予以采纳，对于该问题，可另行通过刑事附带民事裁定予以处理。

综上，根据被告人朱某某犯罪的事实、犯罪的性质、情节和对于社会的危害程度以及原告人的经济损失情况，依照《中华人民共和国刑法》第一百三十三条、第六十一条、第三十六条第一款，《中华人民共和国道路交通安全法》第七十六条，《中华人民共和国刑事诉讼法》第一百零一条第一款以及《最高人民法院关于适用〈中华人民共和国刑事诉讼法〉的解释》第一百七十五条、第一百九十二条之规定，判决如下：

一、被告人朱某某犯交通肇事罪，判处有期徒刑一年六个月；

二、被告单位保险公司于本判决生效之次日起十日内，在交强险范围内赔偿附带民事诉讼原告人赵某永、赵某梅、赵某青死亡赔偿金人民币 11 万元；在商业三者险范围内赔偿原告人赵某永、赵某梅、赵某青死亡赔偿金共计人民币 50 万元；

三、被告人朱某某于本判决生效之次日起十日内，赔偿附带民事诉讼原告人赵某永、赵某梅、赵某青死亡赔偿金、丧葬费、尸体冷藏费共计人民币 528276.9 元；

四、驳回附带民事诉讼原告人赵某永、赵某梅、赵某青的其他诉讼请求。

案件宣判之后，被告人朱某某提起上诉。北京市第二中级人民法院经审理认为：北京市房山区人民法院根据朱某某犯罪的事实、性质、情节和对于社会的危害程度，以及根据各附带民事诉讼原告人的经济损失情况，作出的刑事附带民事判决，定罪及适用法律正确，量刑适当，审判程序合法，民事赔偿判决合理，应予维持。遂裁定：

驳回上诉，维持原判。

【法官后语】

本案看似是一个普通的交通肇事案件，但背后却隐藏着非常复杂的法律关系，就刑事部分而言，涉及罪与非罪、逃逸与否的问题；就民事赔偿部分而言，涉及代位继承能否成立以及部分附带民事诉讼原告人是否适格的问题。控方认为被告人的行为构成交通肇事罪，而且是交通肇事逃逸，应当判处三年以上七年以下有期徒刑，而辩方则认为在案证据不足以证实被害人是被被告人驾车碾轧致死，不构成犯罪，被告单位保险公司则认为原告人不具有原告资格。可以说，各方的争议还是比较大的。从案件的处理来看，合议庭经过仔细研究，就刑事部分，最终认定被告人朱某某的行为构成交通肇事罪，但不足以证实被告人是明知发生了交通事故而逃逸，未认定其有逃逸情节；就民事部分，最终认定部分原告人不具有原告资格，驳回了其起诉。该处理结果最终得到了二审法院的支持。现就案件的相关争议问题分析如下。

1. 关于罪与非罪的认定问题

本案当中，的确没有直接证据证实是被告人朱某某驾车将被害人碾轧致死，但间接证据之间能够形成完整的证据链证实是被告人朱某某驾车从被害人身上碾轧过去并致被害人死亡。主要理由有以下几点：一是从被害人颈部、胳膊提取到的伤痕和被告人驾驶车辆的轮胎纹路是一样的，这是本案最为直接、有力的证据。二是从经过事发路段的奔驰车的行车记录仪记录的视频来看，该车上山和下山的时间相差20多分钟，该车上山时，被害人当时处于路边睡觉状态，奔驰车也没有轧到被害人，被害人也没有受伤。但是在该车下山时，可以明显看到被害人已倒在血泊当中，可以断定被害人的伤亡是发生在奔驰车上山和下山之间。三是结合被害人的多名工友的证言来看，在案发时段，只有一辆白色奔驰车和一辆红色哈弗轿车通过该路段，而该路段比较偏僻，车辆比较少，在现场的工人注意到车辆的情况也符合常理。因此，在排除奔驰车是肇事车辆的情况下，可以锁定是被告人驾驶的红色哈弗轿车碾轧并造成被害人死亡。四是结合被告人的供述来看，他在供述过程中也表示，虽然在行车途中没有看到有人躺在路边，但车辆行驶过程中也曾有颠簸。因此，对在案证据进行综合判断，能够认定是被告人驾驶的车辆从被害人身上碾轧过去造成被害人死亡。此外，从奔驰车驾驶的情况来看，如果驾驶人谨慎驾驶的话，是可以看到躺在路边的被害人的，而被告人驾驶车辆未确保安全，未注意到该情况，从而导致所驾驶车辆碾轧被害人致死，其行为构成交通肇事罪应当不存在疑问。

2. 关于逃逸与否的认定问题

关于逃逸的认定问题，需要从证据及法律规范两个方面来进行认定。从证据角度看，本案认定被告人明知自己的车辆碾轧他人而逃离现场的证据达不到确实、充分的程度。总结起来主要有以下几点理由：一是从案发现场来看，案发路段是一条蜿蜒崎岖的山路，而被害人所躺地点是一个斜坡，而且在一个拐弯处的树影之下，的确较难发现。二是从被害人身上的伤痕（轮胎印迹）来看，主要碾轧的是胳膊和脖子。也就是说，车辆不是从头部碾轧过去的，从常理来看，车辆的震动不会特别明显，被告人的确不一定意识到车辆碾轧路边行人的情况。三是从被告人驶离案发现场的表现来看，确实也不像明知自己的车辆已经轧到人而逃离现场。因为他们在离开案发现场几十米以后，还要求被害人的工友挪车，如果真的知道自己的车辆轧人了，想逃逸的话，应当避免被关注才是正常的选择。而且通往山上的路有两条，被告人可以选择没有人的路走，或者直接掉头后离开现场。四是从被告人的供述及随行的其妻子的证言来看，均否认在车辆行驶过程中轧到人或者有剧烈的震动。五是从常情常理来看，如果行为人明知其驾车碾轧了他人，通常不至于还像什么事情都没有发生似的到山上摘野枣。所以，综合这些证据来看，尚不足以证实被告人明知自己驾驶的车辆轧到人而离开现场。

从法律规范的角度来看，最高人民法院的司法解释对“交通肇事后逃逸”作出了明确规定，是指在发生交通事故后为逃避法律追究而逃跑的行为。从该规定来看，认定逃逸需要具备两个条件，一是有逃跑行为，二是逃跑的目的是逃避法律追究。关于逃跑，比较常见的情形是明知道发生了交通事故而离开现场。本案当中，被告人虽然离开了现场，但如前所述，现有证据尚不足以认定被告人明知其驾驶的车辆发生了轧人的事故。关于逃避法律追究的认定，主要表现为销毁、隐藏证据，拒不配合民警调查等行为。本案当中，并没有证据证实被告人曾经对其所驾驶的车辆进行过冲洗等销毁、隐匿证据的行为。民警在勘验车辆的时候，虽然没有从车辆上提取到被害人的人体组织等物证，但不能据此得出被告人对车辆进行过处理的结论。因为从被害人的伤情来看，有车轮胎印纹的部位并没有明显的皮肤破损及流血症状，其所流血液是从耳朵内流出。也就是说，车辆轧过被害人身体之时，车辆上的确不一定粘有被害人的人体组织，不能认定被告人曾经对车辆上的物证、痕迹等进行过处理。此外，被告人是在接到民警的电话以后就主动到公安机关接受调查，并不存在逃逸等行为。所以从法律规范的角度来看，在案证据也不足以认定被告人是为了逃避法律追究而逃跑。

总之，本案无论是从事实的认定来看，还是从法律规范的分析来讲，都不足以认定被告人属于交通肇事后逃逸。公诉机关指控被告人构成交通肇事后逃逸的证据不足，不应认定。

3. 关于七名原告人是否适格的问题

本案当中，由于被害人被发现时已经死亡，并没有产生医疗费等费用，可以主张的钱款主要是死亡赔偿金和丧葬费两项。对于这两项的性质，已经形成了共识，都不属于遗产，因为这两项费用的来源是基于被害人的死亡而产生，不是其生前的合法财产，所以，从逻辑上讲，不能按照遗产的规定来处理。但是，从司法实践来看，虽然不是遗产，但对这两项钱款进行分割时，也要参照遗产的规定进行处理。如果按照遗产进行处理，就关涉到谁具有原告资格的问题。本案当中，提起附带民事诉讼的原告人有七人，有被害人的哥哥、姐姐、侄子和嫂子。从查明的事实来看，被害人赵某未婚未育，其父母均先于其死亡，其兄赵某猛、赵某志先于赵某死亡。其兄赵某永，其姐赵某梅、赵某青健在。原告人赵某同系赵某志之子、高某华系赵某志之妻，崔某兰系赵某猛之妻、程某系赵某猛之继子。可以说，本案的人物关系和法律关系均比较复杂，加之民法典对原继承法有关继承的部分内容进行了一些修改，还涉及法律适用的溯及力等问题，需要逐一进行梳理。

根据原继承法第十条的规定，继承开始后，由第一顺序继承人——配偶、子女、父母继承，第二顺序继承人——兄弟姐妹、祖父母、外祖父母不继承。

没有第一顺序继承人继承的，由第二顺序继承人继承。根据该条的规定，由于本案被害人没有第一顺序继承人，第二顺序继承人也仅有其兄、姐，应由其兄、姐进行继承。但被害人的两个哥哥先于其死亡，需考虑其哥哥的配偶、子女有无继承权的问题。而继承法第十一条规定，被继承人的子女先于被继承人死亡的，由被继承人的子女的晚辈直系血亲代位继承。代位继承人一般只能继承他的父亲或者母亲有权继承的遗产份额。从该条的规定来看，被害人的侄子和嫂子均不具有继承权。

民法典对继承的顺序问题延续了原继承法的规定，但对代位继承作出了新的规定。该法第一千一百二十八条第二款规定，被继承人的兄弟姐妹先于被继承人死亡的，由被继承人的兄弟姐妹的子女代位继承。也就是说，民法典赋予了被继承人的兄弟姐妹的子女代位继承权。因此，本案当中，需要考虑被害人的侄子是否有继承权的问题。虽然继承法在民法典颁布之后已经废止，但本案发生于民法典施行之前，需要考虑是适用民法典的规定还是原继承法的规定。《最高人民法院关于适用〈中华人民共和国民法典〉时间效力的若干规定》第一条第二款规定，民法典施行前的法律事实引起的民事纠纷案件，适用当时的法律、司法解释的规定，但是法律、司法解释另有规定的除外。该规定第二条进一步规定，民法典施行前的法律事实引起的民事纠纷案件，当时的法律、司法解释有规定，适用当时的法律、司法解释的规定，但是适用民法典的规定更有利于保护民事主体合法权益，更有利于维护社会和经济秩序，更有利于弘扬社会主义核心价值观的除外。根据前述司法解释的规定，本案并没有特别的需要适用民法典新规定的事由，因此应该适用原继承法的相关规定。由此可以得出结论，本案被害人的侄子和嫂子并不具有原告人资格。

此外，刑事诉讼法第一百零一条第一款规定，被害人由于被告人的犯罪行为而遭受物质损失的，在刑事诉讼过程中，有权提起附带民事诉讼。被害人死亡或者丧失行为能力的，被害人的法定代理人、近亲属有权提起附带民事诉讼。从该款的规定来看，被害人死亡的，其近亲属有权提起附带民事诉讼。该法第一百零八条第六项规定，近亲属是指夫、妻、父、母、子、女、同胞兄弟姊妹。

从该项的规定来看，本案被害人的侄子、嫂子不属于近亲属的范围，显然不具有原告人资格。民法典第一千零四十五条第二款规定，配偶、父母、子女、兄弟姐妹、祖父母、外祖父母、孙子女、外孙子女为近亲属。该款对近亲属的规定虽然广于刑事诉讼法的规定，但同样不包含被害人的侄子、嫂子。因此，从法律关于近亲属的规定来看，本案被害人的侄子、嫂子也不具有原告人资格。

事实上，死亡赔偿金应当是对死者的近亲属的补偿，丧葬费是死者的近亲属为其办理丧事而支付的费用，原则上也应当给付死者的近亲属。而对于近亲属以外的人，一般不应当享有获得赔偿的权利。再加上死亡赔偿金和丧葬费本不属于遗产，严格意义上来讲，也不能按照继承法的规定来进行处理。即便司法实践当中，为了分配已经实际取得的死亡赔偿金和丧葬费，可参照继承法的规定来进行处理。但这是以获得死亡赔偿金和丧葬费为前提，具体到这个案件当中，死亡赔偿金和丧葬费等费用尚未实际获得，只是处于主张权利的阶段。所以，不宜参照原继承法或者民法典中有关继承的规定进行处理。

综上，本案中，作为被害人侄子的赵某同、程某，作为被害人嫂子的崔某兰、高某华都不具有原告人资格，应当裁定驳回其起诉。

编写人：北京市房山区人民法院　陈艳飞

14

具备公共性的小区内道路属于法律规定的“道路”

——郭某某危险驾驶案

【案件基本信息】

1. 裁判书字号

山东省威海市中级人民法院（2021）鲁10刑终107号刑事裁定书

2. 案由：危险驾驶罪

【基本案情】

2020 年 10 月 18 日 19 时 50 分许，被告人郭某某酒后驾驶小型轿车在威海市环翠区张村镇某小区北区内沿小区道路行驶的过程中，与王某某驾驶的小型轿车因错车发生争执，群众报警后，派出所民警将双方带至派出所进行处理，其间王某某报警称郭某某涉嫌酒后驾驶机动车。交通民警到场发现郭某某有酒后反应，呼气检测结果为 216 毫克/100 毫升。后民警将郭某某带至医院采集血样。经检验，郭某某静脉血液中乙醇含量为 220.24 毫克/100 毫升。

【案件焦点】

案涉小区是否属于封闭小区、该小区内道路是否属于法律规定的“道路”。

【法院裁判要旨】

山东省威海市火炬高技术产业开发区人民法院经审理认为：对于郭某某及其辩护人提出的案涉小区道路不具有公众性，不属于法律规定的道路的辩解及辩护意见。经查，视频资料显示，案涉小区门口的挡车杆一直处于抬起状态，在车辆进入小区时，门口保安人员并未进行查询、登记、阻拦，且视频显示外卖、快递等社会车辆均可随意进入小区，故案涉小区并非社会车辆不允许进入的封闭管理小区，小区内道路具有公共性，属于法律规定的“道路”。郭某某违反道路交通安全法规，在小区内道路上醉酒驾驶机动车，其行为构成危险驾驶罪。

山东省威海火炬高技术产业开发区人民法院依照《中华人民共和国刑法》第一百三十三条之一第一款第二项、第六十七条第三款、第五十二条、第五十三条之规定，作出如下判决：

被告人郭某某犯危险驾驶罪，判处拘役二个月零十五天，并处罚金人民币 4000 元。

宣判后，郭某某以与一审辩解理由相同的理由提起上诉。山东省威海市中级人民法院经审理认为：本案案发地点位于某小区北区，管辖单位为威海市某物业服务有限公司。根据物业管理人员的证言和公安执法记录仪录像等证据，小区西出入口虽然设有门岗和道闸，但门卫对进入小区的车辆一般情况下并不阻拦、过问和登记，也即小区采取的是不完全封闭式的管理模式，允许社会车辆进入，并且小区内北区与南区交界处南区一侧有社区党群服务中心、镇文化站等承担社会公共服务功能的单位，不可避免地会有社会车辆进入小区到上述单位办事，因此小区内通行的机动车在对象上是不特定的，事发道路具有公共性，属于《中华人民共和国道路交通安全法》规定的在单位管辖范围但允许社会机动车通行的"道路"。郭某某醉酒后在小区内道路上驾驶机动车，其行为已构成危险驾驶罪，故其所提该上诉理由与查明事实不符，不能成立。

山东省威海市中级人民法院依照《中华人民共和国刑事诉讼法》第二百三十六条第一款第一项之规定，裁定：

驳回郭某某的上诉，维持原判。

【法官后语】

认定居民小区内道路是否属于《中华人民共和国道路交通安全法》第一百一十九条第一项规定的在单位管辖范围但允许社会机动车通行的"道路"，实践中通常以小区是否实行封闭式管理作为标准。如果小区采取开放式管理模式，社会车辆可自由进出小区的，该类小区内道路具有公共性，属于法律规定的在单位管辖范围但允许社会机动车通行的地方的"道路"；如果小区采取封闭式管理，非小区业主车辆不允许进入小区，或者因特定事由需要进入小区但须征得受访业主和管理单位同意的，该类小区内道路不具有公共性，不属于"道路"；如果小区采取的是半封闭式管理模式，非业主车辆在履行登记手续或者交纳一定费用后即可进入小区的，该类小区内道路因允许社会车辆通行，具有一定的公共性，属于法律规定的"道路"。

分析居民小区属于开放式管理小区还是封闭、半封闭式管理小区，应当进行实质性审查，而不能仅依据小区四周有无围墙或者门口有无拦车杆、保安人员等进行判断。实践中有不少小区虽然四周建有围墙，小区入口处也设置拦车杆并有门卫或者保安人员值守，但拦车杆大部分时间均处于竖起状态，门卫或者保安人员对于进出车辆也不管不问，社会车辆可自由出入小区，该类小区不能认定为封闭式管理小区。

在本案二审审理过程中，合议庭为核实案涉小区性质，到小区进行了实地走访，走访发现该小区内分为南、北两个区，两区分别由不同的物业公司进行管理，南区实行封闭式管理。事发道路自北区西门穿越北区一直延伸至南区，至社区服务中心、镇文化站北侧后，在道路中间设置一道拦车道闸，作为南北两区的分界。本案发生在北区内，北区有东、西两个出入口，西出入口（西门）设有门卫室和挡车杆，但挡车杆大部分时间处于竖起状态，保安人员不登记查验进出车辆。东出入口无保安人员和挡车杆，车辆可自由进出，出入口外为公交车终点站。经核实北区物业管理人员，该公司对北区实行半封闭式管理。综合上述情况能够认定，虽然开发商与物业服务公司在前期物业服务合同中约定小区实行封闭式管理，但因种种原因，管理单位实际上并未对小区实行封闭式管理，社会车辆可自由进出小区，故小区内道路具有公共性，应当认定为《中华人民共和国道路交通安全法》规定的“道路”，且本案公安交通管理部门亦认为案涉道路属于其管理范围内的道路。

编写人：山东省威海市中级人民法院　牛建军　董浩

二、破坏社会主义市场经济秩序罪

（一）生产、销售伪劣商品罪

15

通过“活牛注水”的方式生产出的肉制品是否属于伪劣产品

——某辉、孙某进生产、销售伪劣产品案

【案件基本信息】

1. 裁判书字号

江苏省徐州市中级人民法院（2021）苏03刑终427号刑事裁定书

2. 案由：生产、销售伪劣产品罪

【基本案情】

2018年1月中下旬至2018年10月，某辉、孙某进在殷某全（另案处理）雇用下，从安徽省萧县及周边地区收购活牛，后由黄某欢、朱某龙（均另案处理）驾车运输至某村吴某礼的出租院内，由孙某进采用将水管插入牛口中的方式对活牛进行注水，后将注水后的活牛送至生态食品公司殷某全承包的屠宰车间内，由某辉现场管理，进行宰杀，再将分割好的注水牛肉贩售给单某军（已判刑）等人，在徐州市区多个农贸市场进行销售。经查，某辉、孙某进生产、销售注水牛肉的金额为1000余万元。

【案件焦点】

1. 通过“活牛注水”的方式生产出的肉制品是否属于伪劣产品；2. 行为人生产、销售相关肉制品是否构成生产、销售伪劣产品罪。

【法院裁判要旨】

江苏省徐州市铜山区人民法院经审理认为：关于某辉、孙某进生产、销售的注水牛肉能否认定为伪劣产品问题。经查认为，某辉、孙某进等人为牟取非法利益，通过用水泵抽井水，将水管直接从活牛口中插入胃内强制注水的方式，增加肉品重量，该行为导致肉品品质降低，扰乱市场经营秩序，应当界定为“以次充好”的生产、销售伪劣产品的行为。

江苏省徐州市铜山区人民法院依照《中华人民共和国刑法》第一百四十条、第二十五条第一款、第二十七条、第六十四条之规定，作出如下判决：

一、某辉犯生产、销售伪劣产品罪，判处有期徒刑十二年，并处罚金人民币200万元；

二、孙某进犯生产、销售伪劣产品罪，判处有期徒刑十年，并处罚金人民币150万元；

三、扣押在案的伪劣产品及犯罪工具予以没收，由扣押机关依法处理。

某辉、孙某进均持原审辩解提起上诉。江苏省徐州市中级人民法院经审理认为：某辉、孙某进与他人结伙，以次充好，生产、销售伪劣产品，销售金额在200万元以上，其行为均已构成生产、销售伪劣产品罪。经查，某辉、孙某进等人为牟取非法利益，在租用的简陋厂房内，不考虑强行注入活牛的水质及使用的注水工具卫生状况，违反国家有关法律规定，对活牛进行强行注水。该行为势必会破坏活牛体内的水平衡，导致牛肉组织间隙或体腔内有过量的体液滞留，使注水肉的感官性状和组织学特性发生改变，导致单位肉品中有效营养成分比例降低；强行注入的水质及使用的注水工具卫生状况不明，易引起病原微生物污染，加速肉品的腐败速度。宰杀后对外出售牛肉制品的行为，欺骗了消费者，威胁了消费者身体健康，损害了消费者利益，破坏了市场经济秩序，属于“以次充好”的生产、销售伪劣产品行为。原审法院认定二上诉人的犯罪数额有充分证据证实且有利于上诉人，量刑时充分考虑了二上诉人所具有的量刑情节，量刑符合法律规定，亦与二上诉人所犯罪行相适应，量刑是适当的。故某辉、孙某进的上诉理由不能成立，应予驳回。

江苏省徐州市中级人民法院依照《中华人民共和国刑事诉讼法》第二百三十六条第一款第一项的规定，作出如下裁定：

驳回上诉，维持原判。

【法官后语】

本案的处理重点主要在于通过“活牛注水”的方式生产出的肉制品是否属于伪劣产品。《中华人民共和国刑法》第一百四十条规定，生产、销售伪劣产品是指在产品中掺杂、掺假，以假充真，以次充好或者以不合格产品冒充合格产品的行为。2001 年《最高人民法院、最高人民检察院关于办理生产、销售伪劣商品刑事案件具体应用法律若干问题的解释》对于“掺杂、掺假”“以假充真”“以次充分”“不合格产品”的含义进行了明确。其中规定“以次充好”是指以低等级、低档次产品冒充高等级、高档次产品，或者以残次、废旧零配件组合、拼装后冒充正品或新产品的行为。

具体到本案中，《生猪屠宰管理条例》规定，生猪定点屠宰厂（场）以及其他任何单位和个人不得对生猪或者生猪产品注水或者注入其他物质。同样作为畜产品的活牛显然也不得对其注水或者注入其他物质。某辉等强行给活牛注水，势必造成牛肉品质、性状变化及食用口感、安全性降低。认定涉案注水牛肉为低等级、低档次产品冒充高等级、高档次产品符合社会公众的普遍认知。《畜禽肉水分限量》标准的发布规范了畜禽肉的含水量。但是该标准系对通过正常方式养殖的畜禽宰杀后，肉与肉制品水分含量进行检测的相关标准，显然不包括本案中违反活牛生长规律，强行向其胃中注水增重后宰杀的肉与肉制品。注水后的牛肉产品的质量是否合格亦不能简单套用《畜禽肉水分限量》标准来认定。安徽省某畜牧兽医水产站工作人员对某辉等的生产、销售进行日常监管中，检测项目并不包括活牛及牛肉制品中的含水量，且因工作人员监管工作不到位导致被处理，监管过程形同虚设。但某辉等人通过“活牛注水”的方式生产出的肉制品很湿，有的甚至滴水，颜色发浅发白，牛肉制品含水量较大，肉眼可辨。故二审法院认为，某辉等人以次充好的行为清晰明确，不属于解释规定的难以确定“以次充好”的情形，不需要委托相关检验部门鉴定。某辉等人为牟取非法利益，生产、销售“注水牛肉”的行为无端增加了消费者的支出，威胁消费者身体健康，损害了消费者利益，破坏了市场经济秩序，其行为属于以次充好的生产、销售伪劣产品行为。

为保障食品安全，国家陆续颁布实施一系列法律法规，形成较为完整的质量监督法律体系。《最高人民法院、最高人民检察院关于办理危害食品安全刑事案件适用法律若干问题的解释》规定，将对畜禽注水或者注入其他物质的行为，虽不足以造成严重食物中毒事故或者其他严重食源性疾病，但符合刑法第一百四十条规定的，可以生产、销售伪劣产品罪定罪处罚。上述司法解释的出台也为通过“活牛注水”的方式生产出的肉制品认定为伪劣产品提供了明确的法律依据。

编写人：江苏省徐州市中级人民法院　张健

江苏省徐州市铜山区人民法院　张平

16

销售假冒的“壮阳”类产品，如何定罪

——吴某某销售有毒、有害食品案

【案件基本信息】

1. 裁判书字号

重庆市合川区人民法院（2020）渝0117刑初610号刑事判决书

2. 案由：销售有毒、有害食品罪

【基本案情】

2019年3月至2019年9月，被告人吴某某为牟取非法利益，通过互联网购进“虫草鹿鞭丸”“黄金玛卡”等保健食品成品、半成品后，在其位于某小区的租赁房屋进行包装，再通过微信平台以快递发货的方式对外销售。截至2019年9月，吴某某销售上述保健食品的金额共计135813.5元。2019年9月9日，合川区公安局民警于某小区将吴某某抓获，随后从其租赁的该小区××栋××号、××栋××号、××号房屋内查获“虫草鹿鞭丸”“黄金玛卡”等几十种保健食品及大量胶囊、片剂等半成品。经重庆市食品药品检验检测研究院检验，查获的保健食品中除了一种黑色颗粒外均检出西地那非成分。

【案件焦点】

1. 销售假冒的“壮阳”类产品是构成销售假药罪还是销售有毒、有害食品罪；2. 销售过程中产生的快递费，是否应计入销售金额。

【法院裁判要旨】

重庆市合川区人民法院经审理认为：针对控辩双方的争议焦点，评析如下：

1. 关于被告人吴某某的辩护人提出被告人吴某某不构成销售有毒、有害食品罪，其销售的“虫草鹿鞭丸”等“壮阳药”系“以非药品冒充药品”的假药，而非保健食品；重庆市合川区市场监督管理局出具的《关于对“德国黑金刚”等产品认定意见的函》将涉案产品认定为保健食品不具有真实性，不得作为定案依据；在案证据不足以认定已销售及被扣押的产品均含有“西地那非”；被告人主观上仅具有明知假药的故意，对于“西地那非”是属于有毒有害的非食品原料，被告人并不明知；即使涉案产品在审理时根据2019年12月1日实施的《中华人民共和国药品管理法》的规定，不再认定为假药，但也不能径直以更重的销售有毒、有害食品罪定罪处罚，应当遵循从旧兼从轻原则，以行为时的法律规范予以认定。

本案案发后，公安机关依法扣押了被告人吴某某尚未销售的大量涉案产品，并依法委托重庆市合川区市场监督管理局对此进行认定，该局对其中的27种产品认定为保健食品。该局出具的《关于对“德国黑金刚”等产品认定意见的函》程序合法，依据的相关材料客观真实，适用的法律准确，本院认为应当作为本案定罪的依据。公安机关依法委托具有检测资质的重庆市食品药品检验检测研究院对查获的涉案产品进行检测，除一种黑色颗粒外均检出“西地那非”成分外；其中已认定为保健食品的27种涉案产品均检出“西地那非”成分；结合被告人吴某某的供述和辩解、证人证言、销售记录等证据，吴某某销售的产品中绝大部分是上述27种产品，故足以证实吴某某已销售的及查获的27种产品中掺有“西地那非”。在案证据证实，吴某某明知其销售的产品属于保健食品，且明知其中掺有对人体有害的“西地那非”，而客观上“西地那非”又属于《保健食品中可能非法添加的物质名单》中所列物质。对涉案产品的认定，适用的是行政法规，不能遵循从旧兼从轻原则。综上，被告人吴某某犯销售有毒、有害食品罪事实清楚，证据确实充分，辩护人提出其不构成销售有毒、有害食品罪及理由不成立，不予采纳。

2. 关于公诉机关指控被告人吴某某通过微信网络平台以快递发货的方式对外销售涉案产品，销售金额共计22万余元。辩护人认为，指控的销售金额事实不清，证据不足。首先，快递费57991元应当从销售金额中扣除；其次，公诉机关销售金额统计有误，应当结合U盘记载的销售金额、快递单、被害人陈述等证据综合认定；最后，退货的金额也应扣除。

在本案中，公诉机关指控的销售金额包括快递费、未经保健食品认定或者“西地那非”检测以及根据在案证据无法查实被告人销售的是何种产品的销售金额。根据销售有毒、有害食品罪的构成要件，此罪的销售金额应是行为人直接销售明知掺有有毒、有害的非食品原料的食品获取的收入，不包括在销售过程中产生的与销售有毒、有害食品对价无关的其他费用，公诉机关指控的销售金额不当，应扣除上述金额。故本院对公诉机关指控被告人吴某某销售金额22万余元，属其他情节严重的意见不予支持；对辩护人及代理人提出的此方面意见予以采纳。在案证据证实，公诉机关指控的被告人销售有毒、有害食品中，并未出现退单的情形，故辩护人提出的退货的金额应扣除的意见不成立，本院对此不予采纳。

被告人吴某某销售明知掺有有毒、有害的非食品原料的食品，其行为已触犯国家刑法，构成销售有毒、有害食品罪，依法应在五年以下有期徒刑，并处罚金的幅度内处以刑罚。被告人吴某某归案后如实供述自己的罪行，系坦白，依法可以从轻处罚。被告人吴某某销售有毒、有害食品的行为，侵害了不特定消费者的合法权益，损害了社会公共利益，在承担刑事责任的同时，还应当承担相应的民事责任，附带民事公益诉讼起诉人的公益诉讼部分请求于法有据，应予支持。对扣押在案的保健食品及大量胶囊、片剂等半成品应予以没收。据此，根据被告人吴某某的犯罪事实、性质、情节及社会危害程度，依照《中华人民共和国刑法》第一百四十四条、第六十七条第三款、第五十二条、第五十三条、第六十四条，《最高人民法院关于适用〈中华人民共和国民法典〉时间效力的若干规定》第一条第二款，《中华人民共和国侵权责任法》第二条、第四条第一款、第六条第一款、第十五条、第二十一条、第四十五条、第四十六条，《中华人民共和国食品安全法》第六十三条、第一百四十八条第二款，《最高人民法院、最高人民检察院关于检察公益诉讼案件适用法律若干问题的解释》第二十条之规定，并经本院审判委员会讨论决定，判决如下：

一、被告人吴某某犯销售有毒、有害食品罪，判处有期徒刑三年三个月，并处罚金 5 万元；

二、对扣押在案的“虫草鹿鞭丸”“黄金玛卡”等几十种保健食品及大量胶囊、片剂等半成品予以没收，交由重庆市合川区公安局依法处理；

三、附带民事公益诉讼被告人吴某某于本判决生效后十日内在全国性新闻媒体上公开向社会公众赔礼道歉；

四、附带民事公益诉讼被告人吴某某于本判决生效后十日内在全国性主要媒体上发布召回公告，并将召回的有毒、有害保健食品交由重庆市合川区公安局依法处理，消除安全隐患；

五、附带民事公益诉讼被告人吴某某于本判决生效后十日内向附带民事公益诉讼起诉人重庆市合川区人民检察院支付赔偿金 1358135 元。

判决后，检察机关未抗诉，被告人亦未上诉，本判决已发生法律效力。

【法官后语】

本案的争议主要有两个：其一，案件如何定性，即罪名的确定；其二，销售金额的认定，销售过程中产生的快递费是否应扣除。

一、罪名的确定

销售假冒的“壮阳”类产品是构成销售假药罪还是销售有毒、有害食品罪，一直以来，意见分歧很大。导致争议的关键点就是“壮阳”类产品属于药品还是保健食品无法形成统一意见。笔者认为，药品与保健食品最重要也是最根本的区别就在于使用目的。药品是指用于预防治疗诊断人的疾病，有目的地调节人的生理机能，并规定有适应症或者功能主治，用法用量的物质；而保健食品虽然也能调节人的机能，但只用于特定的人群，不以治病为目的。显然，“壮阳”类产品虽然也能调节人的某种机能，但只用于特定的人群，也不以治病为目的，更符合保健食品的特性，应认定为保健食品。

假冒的“壮阳”类产品的生产者，为了提供这类产品的效用，一般会添加“西地那非”。而“西地那非”是“有毒、有害的非食品原料”。销售者明知添加了“西地那非”的假冒的“壮阳”产品而予以销售，属于销售明知掺有有毒、有害的非食品原料的食品的行为，应当定销售有毒、有害食品罪。

二、销售金额的认定

销售金额对此罪的定罪量刑有重要影响，因此准确认定销售金额对被告人精准定罪量刑尤为关键。传统销售模式下的销售金额的认定，相对比较简单，因为消费者只要支付相应的购买产品的对价，并不会产生其他费用。但在如今流行的网购模式下，消费者购买产品除支付所购产品对价外，还有可能要承担相应的快递费。对于快递费是否应计入销售金额，一种意见认为快递费属于犯罪成本，应当计入；另一种意见认为快递费不是销售者销售产品取得的对价，也未实际占用该笔费用，不应计入。笔者同意后一种意见，因为此罪的销售金额应是行为人直接销售明知掺有有毒、有害的非食品原料的食品获取的收入，不包括在销售过程中产生的与销售有毒、有害食品对价无关的其他费用；销售金额不等同于犯罪金额，即使快递费属于犯罪成本，亦不当然属于销售金额。

编写人：重庆市合川区人民法院　黄明　陈玉蓉

17

食品经营者销售有毒、有害食品主观“明知”的认定问题

——韩某某销售有毒、有害食品案

【案件基本信息】

1. 裁判书字号

江苏省无锡市中级人民法院（2021）苏02刑终193号刑事裁定书

2. 案由：销售有毒、有害食品罪

【基本案情】

被告人韩某某于2012年前后以自己的身份在某网站上开设店铺，名称为“保健驿站”，2018年3月29日，韩某某注册成立“某路保健驿站店”（系个体工商户），同年6月1日取得食品经营许可证，经营范围为预包装食品销售（不含冷藏冷冻食品），散装食品销售（不含冷藏冷冻食品，不含散装熟食销售）。2018年年初，被告人韩某某与自称“张经理”，网名为“蝮蛇片”的上家联系，并从“蝮蛇片”处购进三种包装分别为蓝盒、黄盒红字、黄盒绿字的“蝮蛇木瓜压片糖果”，然后通过其淘宝店铺进行销售。该三种产品包装内附有内容一致的说明书，均载明“以上诸药对风湿、类风湿、颈椎病、肩周炎、关节炎、各种疼痛症及亚健康人群等有辅助作用”“不适宜人群：孕妇、哺乳期妇女及14周岁以下儿童不宜适用”“食用限量：8克/天”“本产品不代替药品”等内容。多名消费者购买服用后表示有止痛效果。

2018年12月底开始，被告人韩某某发现产品供货环节出现问题，遂微信

咨询“蝮蛇片”，“蝮蛇片”称“现在查地太严”，在意识到其售卖的“蝮蛇木瓜压片糖果”可能有质量问题，且明知作为食品销售的该产品有明显止痛效果的情况下，韩某某仍继续销售上述三种“蝮蛇木瓜压片糖果”，2019 年 1 月至 7 月，销售金额为 9.6 万余元。

2019 年 7 月 8 日，被告人韩某某在其居住地被公安机关抓获，并在现场查获上述三种“蝮蛇木瓜压片糖果”，其中，扣押到蓝盒 240 盒、黄盒红字 591 盒、黄盒绿字 209 盒，价值共计 1.5 万余元。

经无锡市市场监督管理局认定，三种“蝮蛇木瓜压片糖果”产品中含有双氯芬酸钠、醋酸泼尼松，应当认定为“有毒、有害的非食品原料”。

【案件焦点】

如何认定被告人韩某某明知销售的食品中掺有有毒、有害非食品原料。

【法院裁判要旨】

江苏省无锡市锡山区人民法院经审理认为：被告人韩某某经营淘宝网店名为“保健驿站”，其实际经营项目应为预包装食品销售，散装食品销售，不含保健类食品；其在网络上与身份不明确的“张经理”联系，从“张经理”处购进“蝮蛇木瓜压片糖果”后进行售卖，该产品说明书中有“以上诸药对风湿、类风湿、颈椎病、肩周炎、关节炎、各种疼痛症及亚健康人群等有辅助作用”“不适宜人群：孕妇、哺乳期妇女及 14 周岁以下儿童不宜适用”“本产品不代替药品”等与普通食品说明明显不相符的内容；购买的人向其反映吃了有止痛作用，多人在其网上称该产品为“药”，其也回复“治疗范围一样、临床主要用于各种癌痛”等体现药物特征的内容；2018 年年底供货出现问题后，其询问“张经理”，对方称“做不出来，查得也厉害”，其发现实体店里看不见该产品，以前卖这类产品的商铺也不卖，并发现在郑州林诺实业有限公司食品生产许可品种明细表中无“蝮蛇木瓜压片糖果”产品，其应当明知“蝮蛇木瓜压片糖果”并非普通食品，且应当知道该产品中掺有有毒、有害的非食品原料。

江苏省无锡市锡山区人民法院依照《中华人民共和国刑法》第一百四十四

条、第六十四条之规定，作出如下判决：

一、被告人韩某某犯销售有毒、有害食品罪，判处有期徒刑二年，并处罚金人民币 225000 元；

二、公安机关扣押的“蝮蛇木瓜压片糖果”、笔记本电脑 1 台、手机 1 部等，由公安机关予以没收。

案件宣判后，被告人韩某某提起上诉。江苏省无锡市中级人民法院经审理认为：现有证据可以认定韩某某主观上具有明知掺有“有毒、有害的非食品原料”而予以销售的故意。首先，韩某某所售产品与普通食品有明显区别。涉案产品说明书中明确载明“以上诸药对风湿、类风湿、颈椎病、肩周炎、关节炎、各种疼痛症及亚健康人群等有辅助作用”“不适宜人群：孕妇、哺乳期妇女及 14 周岁以下儿童不宜适用”“本产品不代替药品”等与普通食品说明明显不相符的内容，多名购买人也向韩某某反映吃了有止痛作用，并在与其网上聊天时称该产品为“药”等体现药物特征的内容，足见韩某某已经认识到所售产品并非普通食品。其次，韩某某所售产品的来源渠道并不正当，未尽到食品经营者的安全注意义务。韩某某的多次供述均证实，其仅知道进货的上家是网上认识的“张经理”，但对于“张经理”的具体信息、食品的生产地址等均未予以认真核实。2018 年年底，其发现上家发货迟延时曾联系过“张经理”，张经理回复称“国家管得严”，其当时对所售产品也产生过合理怀疑，也怕出问题准备不卖了，但因销量好，故销售至案发。据此，依照《中华人民共和国刑事诉讼法》第二百三十六条第一款第一项之规定，作出如下裁定：

驳回上诉，维持原判。

【法官后语】

认定韩某某是否应当明知其销售的涉案产品是否掺有有毒、有害非食品原料，可以从涉案产品的来源、包装、客户反馈、食品者审核义务等多个方面进行认定。

首先，从产品外包装来看。按照《中华人民共和国食品安全法》《保健食品注册与备案管理办法》等法律法规规定，保健食品的包装上须有保健食品标识及保健食品批准文号，保健食品应当进行注册或备案。而本案中的产品的外包装不仅没有“蓝帽子”标志的保健食品标识、无保健食品批准文号，而且涉案产品上载适宜人群、不适宜人群、食用量、食用方法等，并声明“本品不能代替药物”。上述内容明显违背一般人对普通食品的理解。

其次，从审核义务来看。根据《中华人民共和国食品安全法》及其实施条例的要求，食品经营者采购产品时应当查验供货者的许可证和食品出厂检验合格证或者其他合格证明，这也是确保食品安全的基本要求。本案中，韩某某从表面上看其尽到了一定的核查义务，但事实上对上家的身份情况不了解、对产品来源不清楚、对生产许可证号不一致未发现，2018年年底，上家出现供货不及时、许多店铺不再销售的异常现象，意识到有质量问题仍继续销售。综上，可以看出韩某某并没有真正履行食品销售者应尽的确保食品安全的经营义务。

最后，从客户反馈来看。客户对产品使用情况的反馈，以及被告人对客户反馈的回应可以看出被告人是否知道产品是普通食品还是保健食品。韩某某从销售起就知道涉案食品对风湿、关节炎等疾病的疼痛具有缓解作用，且在销售过程中，逐渐发现其具有有效的止痛效果，根据客户的反映可以看出买卖双方对涉案食品经服用即“有疗效”这一点都是确认且明知的，双方均未将涉案食品当成普通食品，因为一般人都知道食品（包括保健食品）无毒、无害，不可能发挥药物所具有的治疗功能。

被告人韩某某作为食品经营者，未履行其作为食品经营者保障食品安全的基本义务，在网络上销售掺有有毒、有害的非食品原料的食品，其中不少购买人系老年人，而老年人基于体质特点，受到有毒、有害食品侵害后产生的副作用更大，故作为食品经营者在销售食品时，更应该注重食品安全，从源头保护消费者特别是老年消费者舌尖上的“安全”。

编写人：江苏省无锡市锡山区人民法院　卢凤生　王闻

18

销售伪劣种子罪的主观认定及“伪劣”种子的认定

——刘某某等生产、销售伪劣种子案

【案件基本信息】

1. 裁判书字号

新疆生产建设兵团第八师中级人民法院（2019）兵08刑终111号刑事附带民事判决书

2. 案由：生产、销售伪劣种子罪

【基本案情】

2015年年初，被告人刘某某在某村租种三十亩土地培育了一批葫芦瓜种子，并和农业发展公司签订种子委培生产协议。其间，该公司技术员在田间检查时发现刘某某培育的种子出现杂交等现象，不能再将其培育的种子称为种子，让其自行处理。2015年10月29日，在某村，被告人刘某某将该批其自行培育的种子向被告人赵某称为“××9号”葫芦瓜种子，并以100元/公斤的价格将该批种子出售给赵某，共计重1393公斤，被告人赵某通过银行转账支付给被告人刘某某13.93万元。2015年11月底，被害人刘某某等人到甘肃省酒泉市欲购买一批葫芦瓜种子回新疆种植，经孙某安介绍，被害人认识了时任农业发展公司销售经理的被告人王某某，被告人王某某称可以向被害人出售“××9号”葫芦瓜种子，并答应次日带被害人到农业发展公司位于某乡的仓库查看种子情况。被告人王某某与被害人谈好之后，遂与被告人赵某联系，被告人赵某将从被告人刘某某处购得的葫芦瓜种子运到农业发展公司位于某乡的仓库，被告人王某某安排人员将种子重新统一包装并放入农业发展公司的库房内。11月26日，被害人到农业发展公司库房查看种子之后，遂以155元/公斤的价格购买了1380余公斤的葫芦瓜种子，并通过银行转账给被告人王某某支付21.4万元，随后，被告人王某某通过银行转账给被告人赵某转账16.8万元，剩余款项归被告人王某某所有。2016年被害人播种之后发现葫芦瓜颜色各异、结籽率不高的异常情况，给被害人魏某某等人造成经济损失1025121.1元。“××9号”系杂交一代西葫芦品种，纯度在95%以上，经蔬菜种子质量监督检验测试中心鉴定，涉案种子品种纯度为52.7%。

公诉机关认定被告人王某某、赵某、刘某某销售伪劣种子，其行为触犯《中华人民共和国刑法》第一百四十七条之规定，应当以生产、销售伪劣种子罪追究三被告人的刑事责任。

被告人及辩护人辩称其主观对种子是否是假种子并不明知，且鉴定结论未考虑当时天气和耕种、种植是否合理等因素，鉴定结论不明确。

【案件焦点】

销售伪劣种子罪的主观认定及“伪劣”种子的认定。

【法院裁判要旨】

新疆生产建设兵团下野地垦区人民法院经审理认为：被告人刘某某作为种子生产者，明知其所培育的葫芦瓜种子未经检验合格，仍以“××9号”种子的名义出售给被告人赵某，被告人赵某明知被告人刘某某出售的种子无任何生产标识，仍将刘某某所售的种子作为“××9号”予以收购，并将其收购的“种子”让被告人王某某帮助销售，后被告人王某某将该批“种子”销售给被害人魏某某等人，使生产遭受重大损失，经鉴定，该批涉案“种子”纯度未达到合格种子标准，三被告人的行为已经构成销售伪劣种子罪。

新疆生产建设兵团下野地垦区人民法院依照《中华人民共和国刑法》第一百四十七条、第二十五条第一款、第五十二条、第五十三条、第六十四条，《中华人民共和国种子法》第四十九条，《最高人民法院、最高人民检察院关于办理生产、销售伪劣商品刑事案件具体应用法律若干问题的解释》第七条之规定，作出如下判决：

一、被告人刘某某犯销售伪劣种子罪，判处有期徒刑七年零六个月，并处罚金（人民币）18万元；

二、被告人赵某犯销售伪劣种子罪，判处有期徒刑七年零六个月，并处罚金（人民币）18万元；

三、被告人王某某犯销售伪劣种子罪，判处有期徒刑七年零六个月，并处罚金（人民币）18万元；

四、被告人刘某某、赵某、王某某违法所得214000元，予以追缴。

一审宣判后，三名被告人提起上诉，新疆生产建设兵团第八师中级人民法院经审理认为：一审认定的基本事实清楚，基本证据充分，上诉人赵某、刘某某系共同犯罪，刘某某虽不与赵某、王某某构成共同犯罪，但是其销售伪劣种子的行为与被害人损失结果的发生具有紧密的联系，其犯罪行为与本案危害后果的发生具有刑法上的因果关系，因此刘某某应当和赵某、王某某共同对本案危害后果的发生承担责任。鉴于本案被害人遭受的损失数额发生变化，本院采纳检察机关发表的出庭意见，对三上诉人的量刑以及各被害人的损失数额予以调整。

新疆生产建设兵团第八师中级人民法院依照《中华人民共和国刑法》第一百四十七条、第二十五条第一款、第五十二条、第五十三条、第六十四条、第三十六条，《最高人民法院、最高人民检察院关于办理生产、销售伪劣商品刑事案件具体应用法律若干问题的解释》第七条，《中华人民共和国刑事诉讼法》第二百三十六条第一款第一项、第二项，《最高人民法院关于适用〈中华人民共和国刑事诉讼法〉的解释》第一百五十五条第一款的规定，作出如下判决：

一、维持新疆生产建设兵团下野地垦区人民法院（2018）兵0801刑初74号刑事附带民事判决第一项至第三项的定罪部分以及第八项；

二、撤销新疆生产建设兵团下野地垦区人民法院（2018）兵0801刑初74号刑事附带民事判决第一项至第三项的量刑部分以及第四项至第七项；

三、上诉人（原审被告人）刘某某犯销售伪劣种子罪，判处有期徒刑七年，并处罚金人民币11万元；

四、上诉人（原审被告人）赵某犯销售伪劣种子罪，判处有期徒刑七年，并处罚金人民币11万元；

五、上诉人（原审被告人）王某某犯销售伪劣种子罪，判处有期徒刑七年，并处罚金人民币11万元；

六、上诉人（原审被告人）刘某某、赵某、王某某共同赔偿附带民事诉讼原告人魏某群经济损失191324.3元、鉴定费33000元，共计224324.3元，于本判决生效后十日内支付；

七、上诉人（原审被告人）刘某某、赵某、王某某共同赔偿原审附带民事诉讼原告人刘某丰经济损失206029.46元，于本判决生效后十日内支付；

八、上诉人（原审被告人）刘某某、赵某、王某某共同赔偿原审附带民事诉讼原告人魏某忠经济损失97791.9元，于本判决生效后十日内支付；

九、上诉人（原审被告人）刘某某、赵某、王某某共同赔偿原审附带民事诉讼原告人杨某仁经济损失100810.33元，于本判决生效后十日内支付；

十、驳回原审附带民事诉讼原告人魏某群、刘某丰、魏某忠、杨某仁的其他诉讼请求。

【法官后语】

1. 对于伪劣种子的“认定标准”问题

被告人刘某某、赵某、王某某生产、销售的种子就是刑法意义上的“伪劣种子”。对于何为“假种子”和“伪劣种子”，种子法第四十八条作了界定：“……下列种子为假种子：（一）以非种子冒充种子或者以此种品种种子冒充其他品种种子的；（二）种子种类、品种与标签标注的内容不符或者没有标签的。下列种子为劣种子：（一）质量低于国家规定标准的；（二）质量低于标签标注指标的；（三）带有国家规定的检疫性有害生物的。”

种子法第八十九条同时规定：“违反本法规定，构成犯罪的，依法追究刑事责任。”该规定即为刑法第一百四十七条生产、销售伪劣种子罪的渊源。具体分析刑法第一百四十七条规定的罪名，销售伪劣种子罪中的“伪劣种子”就是指达不到标准的不合格的种子或者带有国家规定的检疫性有害生物的种子。本案中，被告人刘某某作为种子生产者，明知其所培育的葫芦瓜种子未经检验合格，仍以“××9号”种子的名义出售给被告人赵某，被告人赵某明知被告人刘某某出售的种子无任何生产标识，仍将刘某某所售的种子作为“××9号”予以收购，并将其收购的“种子”让被告人王某某帮助销售。后被告人王某某将该批“种子”销售给被害人，使生产遭受重大损失。刘某某、赵某、王某某在既无生产许可证又无经营许可证的情况下，种植繁育未经审定的葫芦瓜种子，收割后向农户销售，无种子生产许可证号、经营许可证号、产地检疫证号，系三无产品，依法应认定为“伪劣种子”。

2. 伪劣种子的鉴定问题

生产销售伪劣种子罪是结果犯，办理此类案件需以“使生产遭受较大损失”为前提。科学认定损失是办案关键。如果采用“种植—收获—鉴定”的方式对种子质量进行鉴定，需要从培育到收获全过程对涉案种子进行质量鉴定。此种方式所需时间较长，且受气候、土壤、田间管理等因素影响，鉴定结果不具有权威性。公安机关委托蔬菜种子质量监督检验测试中心采用SNP[①]分子标记形式对涉案种子的DNA[②]图谱进行分析检验所测定的种子纯度为52.7%，不符合“××9号”系杂交一代西葫芦品种，纯度在95%以上的种子纯度标准。本案中，涉案种子经有鉴定资质的鉴定机构鉴定纯度未达到合格种子标准，属于“质量低于国家规定标准的”的情形，依法应认定为“伪劣种子”。采用SNP分子标记形式对涉案种子的DNA图谱进行分析检验，从涉案种子DNA图谱方面进行鉴定，更具有权威性。

编写人：新疆生产建设兵团下野地垦区人民法院　马涛

---

① SNP（Single Nucleotide Polymorphism）一般是指单核苷酸多态性，主要是指在基因组水平上由单个核苷酸的变异所引起的基因序列多态性。

② DNA（Deoxyribo Nucleic Acid），脱氧核糖核酸是生物细胞内含有的四种生物大分子之一核酸的一种。

（二）走私罪

19

从事代理报关业务的人员未依法履行义务，配合走私分子报关、通关，并收取高额代理费用的，应以走私犯罪的共犯论处

——刘某等走私珍贵动物制品案

【案件基本信息】

1. 裁判书字号

广东省高级人民法院（2021）粤刑终 428 号刑事裁定书

2. 案由：走私珍贵动物制品罪

【基本案情】

2017 年上半年，同案人陈某成和被告人陈某宗（以下简称“被告人陈氏父子”）安排同案人胡某强和被告人王某山、庄某伟等人在 A 国收购象牙原牙 8289.05 千克，封装于 67 个订制木箱和 5 个包装袋内，并购买 IPXU330××××货柜，将装有象牙的木箱夹藏于货柜内，柜门端以柳桉木板作为掩饰，伺机走私入境。2017 年 8 月 3 日，上述货柜从 A 国经 B 国运至 C 国港口后，通过海运进入我国山东烟台。被告人蔡某端将货柜交由通关团伙被告人丛某军、张某、刘某通关。被告人丛某军于 2017 年 8 月 8 日通过被告人刘某以某国际货代公司作为申报单位，持 42012017100002××××号报关单，以木业公司作为经营单位及收

货单位，将货柜内货物伪报为原产国D国的非端部接合红柳桉木板材，向烟台海关申报一般贸易进口，从而走私入境。随后，由被告人蔡某端安排，将该象牙原牙货柜从山东烟台使用汽车运输至被告人张某铭位于区电缆旧厂内予以藏匿。上述象牙原牙价值人民币345379846.35元。

2017年9月至12月，被告人陈氏父子伙同被告人蔡某端、林某勇共同出资，由被告人陈氏父子安排同案人胡某强、被告人王某山和庄某伟等人在A国收购象牙原牙，封装于62个定制木箱内，并购买IP×U330××××货柜，将装有象牙的木箱夹藏于货柜内，柜门端以柳桉木板作为掩饰，伺机走私入境。2018年2月3日，上述货柜从A国经B国运至C国港口后，通过海运进入我国山东烟台。被告人蔡某端将货柜交由通关团伙被告人丛某军、张某、刘某通关。被告人丛某军于2018年2月5日通过被告人刘某以某国际货代公司作为申报单位，持42012018100000××××号报关单，以木业公司作为经营单位及收货单位，将货柜内货物伪报为原产国的非端部接合红柳桉木板材，向烟台海关申报一般贸易进口，从而走私入境。象牙原牙走私入境后，根据被告人蔡某端的要求，该象牙原牙货柜从山东烟台使用汽车运输至被告人张某铭位于某区电缆旧厂内予以藏匿。同案人陈某成与被告人蔡某端、林某勇密谋后，于2019年3月29日起，由被告人蔡某端、林某勇组织被告人张某铭、林某锋、林某闪等人在电缆旧厂拆分象牙并计划运往同案人陈某成指定地点的过程中，于2019年3月30日被海关缉私人员抓获归案。上述货柜及象牙原牙也在上述地点被扣押。经检验，上述货柜内夹藏象牙原牙共计2748根，重量共计7481.77千克；经司法鉴定中心鉴定，均为非洲现代象象牙原牙，非洲象被列入《濒危野生动植物种国际贸易公约》附录I，价值人民币311742910.59元。

【案件焦点】

从事代理报关业务的人员明知报关货物的进口及委托报关等事宜存在异常，未依法履行合理审理义务向海关如实申报进口信息，配合走私分子报关、通关，并收取高额代理费用的，能否认定为走私珍贵动物制品罪的共犯。

【法院裁判要旨】

广东省中级人民法院经审理认为：对于本案被告人刘某是否认定为走私珍贵动物制品罪共犯的问题。经查，（1）本案中，负责报关的刘某未依法向海关如实申报委托人的情况。此外，涉案木材存在明显的绕道报关进口的可疑现象，不符合成本最小化的商业规则。（2）每一票进口刘某收取的代理费用均达10多万元，在海关缉私部门向其调查时，拒不供认涉案货物货主的真实身份，谎称“王某军”委托其通关，试图误导侦查。（3）在收取代理费用方式上，每次刘某都是收取现金，收受现金也没有纳入财务账，模式非常隐秘，明显带有反侦查特点。（4）刘某的供述证实，其曾和徐某刚谈过，自己感觉到货物可能存在问题。（5）证人徐某刚的证言还证实，其和刘某说过，对方接货搞得很神秘的，车下高速后，对方带着他们转了很久才去到卸货点，而且带路的车还会换。综上，足以认定刘某具有走私的主观故意，应认定其构成走私珍贵动物制品罪。

广东省中级人民法院依照《中华人民共和国刑法》第一百五十一条第二款、第一百五十五条第一项、第一百五十六条、第三百二十二条、第三百四十一条第一款、第三百一十二条第一款、第六条、第七条、第二十五条第一款、第二十六条第一款、第四款、第二十七条、第六十七条、第五十二条、第五十三条、第五十七条、第五十九条、第六十九条、第六十四条、第七十二条第一款、第三款、第七十三条第一款、第三款及《最高人民法院、最高人民检察院关于办理走私刑事案件适用法律若干问题的解释》第九条第三款第二项、《最高人民法院关于审理破坏野生动物资源刑事案件具体应用法律若干问题的解释》第五条第一款第一项之规定，判决如下：

一、被告人刘某犯走私珍贵动物制品罪，判处有期徒刑四年六个月，并处罚金人民币30万元；

二、被告人陈某宗等16人分别被以犯走私珍贵动物制品罪，非法收购、出售珍贵、濒危野生动物制品罪，偷越国（边）境罪，掩饰、隐瞒犯罪所得罪定罪处罚。

宣判后，被告人刘某等人不服上诉，广东省高级人民法院经审理作出刑事裁定：

驳回上诉，维持原判。

【法官后语】

在本案中对于被告人刘某的处理，难点在于认定：受托报关的被告人刘某是否与走私分子具有从事走私犯罪的共同犯意。对于走私故意考察的内容集中于：是否明知相关行为会造成逃避海关监管、破坏我国对外贸易监管制度的后果，有无造成相关危害后果的动机和目的。在被告人否认主观明知的情况下，可以通过司法推定来认定被告人的主观犯意。

具体到本案中，本案被告人刘某为报关人员，长期从事货物进口报关业务。对于刘某是否具有与走私分子从事走私犯罪的共同犯意问题，一审、二审法院都认为本案可以从行为人的身份职责、代理报关通关等业务的收益及收费方式、对行为违法性认识等方面进行综合分析。

1. 从行为人的身份职责角度分析。《中华人民共和国海关法》第十条规定："报关企业接受进出口货物收发货人的委托，以委托人的名义办理报关手续的，应当向海关提交由委托人签署的授权委托书，遵守本法对委托人的各项规定。……报关企业接受委托人的委托办理报关手续的，应当对委托人所提供情况的真实性进行合理审查。"第二十四条规定："进口货物的收货人、出口货物的发货人应当向海关如实申报，交验进出口许可证件和有关单证。"故报关企业依法应当对委托人所提供情况的真实性进行合理审查，且应当向海关如实申报。在本案中，负责报关的刘某未依法向海关如实申报委托人的情况，其向海关申报的涉案进口货物的经营单位和收货单位并不真实，且在涉案木材进口地为位于我国南方的D国，且木材全部的销售地都在福建或安徽，故直接从D国通过海运进口到我国南方的港口，花费的时间及费用最为经济。现蔡某端将该木材绕道北上C国，又从C国运至我国烟台后再通过陆路用汽车运输到位于烟台南向的福建或安徽，延长了运输时间，加大了运输成本，蔡某端的上述行为明显不符合成本最小化的商业规则，存在明显的绕道报关进口的可疑现象。刘某对蔡某端明显不合理的进口行为完全知情，仍接受丛某军的转委托为其通关，且未向海关申报、汇报其知悉的有关货物真实经营单位及货物异常的转口情况。

2. 从代理报关、通关等业务的收益及收费方式角度分析。被告人丛某军、张某均在庭审中指证，每一票进口刘某收取的代理费用均达10多万元，且有相应的银行流水记录、取现的金额，微信聊天记录和报关单证的应缴税额相互印证，故应认定刘某通过收取现金的方式，收取高额通关代理费用。在刘某每次代理其均可获取以万元为单位的超高收益的异常情况下，刘某并未按海关法的规定，对蔡某端经丛某军、张某等人提供的进口单证进行合理审查，且在海关缉私部门向其调查时，拒不供认涉案货物货主的真实身份，谎称“王某军”委托其通关，试图误导侦查。而在收取代理费用的方式上，每次刘某都是收取现金，对森盛公司、司机的费用也是用现金结算，收受的现金也没有纳入财务账，与正常的海关业务不同，模式非常隐秘，明显带有反侦查的特点。

3. 从行为人对自身行为违法性认识的角度分析。被告人刘某自己的供述证实，其曾和徐某刚谈过，自己感觉到货物可能存在问题，反映其具有违法可能性的认识。而证人徐某刚的证言还证实，其和刘某说过，对方接货搞得很神秘的，车下了高速后，对方带着他们转了很久才去到卸货点，而且带路的车还会换。刘某也和其说过，对方确实很神秘。

综上分析，足以认定受托报关的被告人刘某与委托其报关的被告人蔡某端、丛某军等走私分子具有从事走私犯罪的共同犯意。一审、二审法院认定被告人刘某伙同被告人蔡某端、丛某军等共同走私，并根据实际走私货物的性质，认定其构成走私珍贵动物制品罪予以定罪处罚，是正确的。

编写人：广东省广州市中级人民法院　林旭群

广东省广州市荔湾区人民法院　陈金超

20

“边民互市”贸易中走私犯罪的认定

——黄某走私普通货物案

【案件基本信息】

1. 裁判书字号

广西壮族自治区高级人民法院（2021）桂刑终178号刑事裁定书

2. 案由：走私普通货物罪

【基本案情】

被告人黄某与其妻子何某（另案处理）一起从事中药材经销生意，黄某负责从A国采购中药材并委托他人报关入境，后运输到玉林市交给何某销售。2017年11月起，为了偷逃税款，黄某委托农某珍、农某斌、黄某珍（均已起诉）等人以假冒边民互市贸易方式将从A国货主处采购的中药材鸡血藤走私入境。在实施走私的过程中，A国货主先将鸡血藤运输到边境的边民互市贸易口岸，后黄某联系农某斌，告知装运中药材的A国车牌号和到达口岸的日期，农某斌接到通知后，将相关信息告知农某珍，由农某珍安排报送进境事宜。在农某珍的安排下，黄某珍负责接应装运中药材的A国车进入海关监管区，并收集边民身份证，以边民的名义向海关申报进口，农某斌负责组织平板车、面包车，将中药村从A国车上卸下并拉出海关监管区，再装运上黄某聘请的大货车后运到玉林市交给何某销售。收到货物后，黄某将通关相关费用支付给农某珍。经查实，2017年11月至2019年4月，黄某委托农某珍等人走私鸡血藤1394吨，偷逃应缴税款人民币1063269.33元。其间，黄某支付给农某珍的清关费用合计人民币254800元。另查明，贵港海关侦查人员扣押了黄某存放在仓库内的34.26吨鸡血藤。

【案件焦点】

1. 被告人黄某是否具有走私普通货物的故意；2. 黄某借助“边民互市”免税政策走私中药材鸡血藤，该如何定罪处罚

【法院裁判要旨】

广西壮族自治区贵港市中级人民法院经审理认为：对于被告人黄某及其辩护人提出黄某不知晓“边民互市”的具体政策和操作模式，主观上没有走私的故意，不构成走私普通货物罪的意见。经查，被告人黄某与农某斌及张某的微信聊天记录证实黄某与农某斌、张某交流报关进口的情况，证人农某斌、农某珍亦证实已明确告知黄某是以“边民互市”的方式帮黄某报关进口的，结合黄某在侦查阶段的供述及黄某的从业经历、经营环境等情况，足以认定黄某对农某珍、农某斌以“边民互市”的方式帮助其报关进口鸡血藤是明知的。上述意见与查明的事实不符，不予采纳。

广西壮族自治区贵港市中级人民法院依照《中华人民共和国刑法》第一百五十三条第一款第二项、第五十二条、第五十三条、第四十五条、第六十四条和《最高人民法院、最高人民检察院关于办理走私刑事案件适用法律若干问题的解释》第十六条第一款之规定，作出判决如下：

一、被告人黄某犯走私普通货物罪，判处有期徒刑四年，并处罚金人民币70万元；

二、扣押在案的鸡血藤34.26吨，予以没收，由扣押机关贵港海关缉私分局依法处理。

宣判后，黄某不服，提起上诉至广西壮族自治区高级人民法院。二审审理过程中，黄某申请撤回上诉。广西壮族自治区高级人民法院依照《最高人民法院关于适用〈中华人民共和国刑事诉讼法〉的解释》第三百八十三条第二款、第三百八十六条的规定，裁定：

准许上诉人黄某撤回上诉。

【法官后语】

一、被告人黄某是否具有主观犯罪故意

走私普通货物是一种故意违反海关法律法规，逃避海关监管，偷逃税款的行为，属于直接故意。因此，本案中被告人黄某是否具有主观故意是认定罪与非罪的争议焦点。

笔者认为，被告人黄某具有实施走私普通货物的主观故意。根据刑法第十四条第一款的规定，故意由两个因素组成，一是行为人明知犯罪的所有客观方面要件，即刑法理论中的认识因素；二是行为人希望或放任这些客观要件的实现，即刑法理论中的意志因素。本案中，同案犯农某珍证实告诉过黄某所委托的中药材是从某口岸通关并以“边民互市”报关进口的；同案犯农某斌亦证实跟黄某说过是以“边民互市”方式将涉案中药材报关进境的，农某斌同时证实曾带过黄某到该“边民互市”口岸现场看过装卸货物；黄某与农某斌的微信聊天记录证实两人曾经就“边民互市”交易的单据进行过交流；黄某与张某的微信聊天记录证实两人交流过“边民互市”贸易的有关政策文件以及如何规避海关部门查处打击等问题。上述证据能够相互印证，证实黄某主观上知道农某珍、农某斌是以“边民互市”贸易方式将黄某所委托的中药材报关进境，黄某对其行为的违法性是有清楚认识的。并且黄某长期从事收购境外中药材的生意和委托他人报关的相关业务，理应知道合法正规的报关方式以及假借“边民互市”贸易方式实施走私活动两者之间在操作方式和报关流程方面的区别。因此，被告人黄某供述称不知道农某珍是以“边民互市”贸易方式将所委托的中药材报关进境，以及不了解边民互市政策操作流程的辩解与事实不符，而在案证据互相印证黄某具有假借边民互市贸易方式实施走私活动的主观故意。

二、被告人黄某借助“边民互市”走私中药材，是否构成走私普通货物罪

首先，“边民互市”贸易，指边境地区边民在我国陆路边境20公里以内，经人民政府批准的开放点或指定的集市上、在不超过规定的金额或数量范围内进行的商品交换活动。根据《边民互市贸易管理办法》的规定，边民通过互市贸易进口的生活用品（列入边民互市进口商品不予免税清单的除外），每人每

日价值在人民币8000元以下的，免征进口关税和进口环节税。超过人民币8000元的，对超出部分按照规定征收进口关税和进口环节税。根据《财政部、海关总署、国家税务总局关于边民互市进出口商品不予免税清单的通知》关于“边民互市进口商品不予免税清单”之规定：“边民通过互市贸易进口的商品应以满足边民日常生活需要为目的，边民互市贸易进口税收优惠政策的适用范围仅限生活用品（不包括天然橡胶、木材、农药、化肥、农作物种子等）。在生活用品的范畴内，除国家禁止出口的商品不得通过边民互市免税进口外，边民互市进口不予免税清单的商品见附件。”关于“边民互市出口商品不予免税清单”之规定：“除国家禁止出口的商品不得通过边民互市免税出口外，将应征收出口关税的商品列入边民互市出口商品不予免税清单。”由此可见，国家对边民互市贸易政策主要存在三个方面限制：一是交易主体限制，即边民互市只能由“边境地区居民”从事，应当以本人是否拥有《边民证》以判断是否属于“边境地区居民”；二是交易数额限制，即每人每日交易价值不得超过8000元，对超出部分应当征收关税；三是免税商品限制，即边民互市贸易进口税收优惠政策的适用范围限于生活用品（不包括天然橡胶、木材、农药、化肥、农作物种子等）。本案中，被告人黄某的行为并不符合上述边民互市贸易政策的规定，其通过将本应按一般贸易方式进口的货物通过“化整为零”的方式，假借边民互市货物委托他人报关入境，属伪报贸易性质的走私犯罪行为，也是假借“边民互市”贸易之名，行走私犯罪之实，其行为触犯了《中华人民共和国刑法》第一百五十三条的规定，应当以走私普通货物罪定罪处罚。

其次，根据刑法第一百五十三条第一款第三项的规定：“走私货物、物品偷逃应缴税额巨大或者有其他严重情节的，处三年以上十年以下有期徒刑，并处偷逃应缴税额一倍以上五倍以下罚金。”结合《最高人民法院、最高人民检察院关于办理走私刑事案件适用法律若干问题的解释》第十六条的规定，偷逃应缴税款在50万元以上不满250万元的，应当认定“偷逃应缴税款巨大”。本案中，被告人黄某委托农某珍、农某斌等假冒边民互市贸易方式将中药材鸡血藤从A国走私入境并运至玉林市销售，涉案鸡血藤共1394吨，经计核偷逃税款

1063269.33元，属数额巨大，故应当追究黄某的刑事责任，法院对其定罪量刑并无不当。

编写人：广西壮族自治区贵港市中级人民法院　郑雪霞

（三）妨害对公司、企业的管理秩序罪

21

筹建中的公司、企业工作人员可构成非国家工作人员受贿罪的主体

——陈某非国家工作人员受贿案

【案件基本信息】

1. 裁判书字号

广西壮族自治区钦州市中级人民法院（2021）桂07刑终137号刑事裁定书

2. 案由：非国家工作人员受贿罪

【基本案情】

2019年1月，被告人陈某与张某立、郑某作为发起人商议在某镇全额购买一砖厂后改建自营，并定好投资比例、改建方案及发起人具体分工。其中被告人陈某按照约定负责联系建窑的公司。在筹建过程中，被告人陈某联系曹某（窑公司法定代表人）称可将上述砖厂窑炉给曹某承建，并借机向曹某索要人民币150万元，曹某同意后于同年3月3日，与郑某签订了《新型环保旋转式节能窑炉委托代建合同书》，合同约定：曹某公司在上述砖厂建设新型环保旋

转节能窑，工程包干造价为人民币 1280 万元，工期为 110 天。曹某带队进场施工后，该公司会计熊某陆续收到郑某给付的工程款项，后分别于 2019 年 4 月 2 日、5 月 6 日、6 月 27 日，分三次将 150 万元人民币转给了陈某的妻子陈某华的银行账户，再由陈某华转账到陈某的银行账户。2020 年 12 月 24 日被告人陈某被抓获归案。

【案件焦点】

筹建中的公司、企业工作人员是否可构成非国家工作人员受贿罪的主体。

【法院裁判要旨】

广西壮族自治区钦州市灵山县人民法院经审理认为：关于被告人及辩护人提出的被告人陈某在长发砖厂没有任何职务，因此不存在利用职务便利索贿的事实，被告人并非公诉指控的非国家工作人员受贿罪的主体的意见。经查，2019 年 1 月，被告人陈某与张某立、郑某商议在灵山县伯劳镇从他人处全额购买砖厂股份后改建自营，并订好改建方案、投资比例及发起人具体分工。其中被告人陈某按照约定负责找公司承建窑炉。公司成立后，被告人陈某虽未任公司的任何职务，但在设立中公司存续期间，其作为发起人参与了改建方案的设定及按照分工负责找窑炉承建商。本院认为，非国家工作人员受贿罪的主体是公司、企业或者其他单位的工作人员，其既包括公司成立后在公司任职的工作人员，亦包括为达到设立公司的目的而履行相关职责的发起人。本案中，被告人陈某作为公司发起人之一，其按照约定负责找承建商建窑炉履行的是作为设立中公司发起人的职责，目的是使公司能够顺利成立并投产营业。因此，被告人陈某在本案中符合非国家工作人员受贿罪的主体。被告人陈某作为公司的发起人之一，利用其职务上的便利，索取他人财物，为他人牟取利益，金额达人民币 150 万元，数额巨大，其行为已触犯《中华人民共和国刑法》第一百六十三条的规定，构成非国家工作人员受贿罪。广西壮族自治区钦州市灵山县人民法院依照《中华人民共和国刑法》第一百六十三条、第五十二条、第五十三条、第六十四条及《最高人民法院、最高人民检察院关于办理贪污贿赂刑事案件适用法律若干问题的解释》第十一条第一款的规定，作出如下判决：

一、被告人陈某犯非国家工作人员受贿罪，判处有期徒刑三年二个月，并处罚金人民币30万元［刑期从判决执行之日起计算。判决执行以前先行羁押的，羁押一日折抵刑期一日，即自2021年4月13日起至2024年4月24日止（已扣减先行羁押的49天）；罚金限于判决发生法律效力后十日内缴纳。期满不缴纳的，强制缴纳］；

二、追缴被告人陈某的违法所得人民币150万元，没收上缴国库（现存于灵山县人民检察院账户）。

陈某持原审辩解提起上诉。广西壮族自治区钦州市中级人民法院经审理认为：上诉人陈某作为公司的实际发起人之一，利用其负责建设砖窑的便利，为他人牟取利益，索取他人钱财，数额巨大，其行为已触犯《中华人民共和国刑法》第一百六十三条的规定，构成非国家工作人员受贿罪。一审法院根据上诉人陈某犯罪的事实、性质、情节和对社会的危害程度，对其从轻处罚，判处有期徒刑三年二个月，并处罚金30万元，是在法律规定的幅度内对其从轻处罚，量刑适当。依照《中华人民共和国刑事诉讼法》第二百三十六条第一款第一项、第二百四十四条的规定，作出如下裁定：

驳回上诉，维持原判。

【法官后语】

本案中，被告人陈某参与筹建公司，且公司成立后并未在公司担任任何职务，对此，控辩双方均予以认可。在实务中，此类案件较常见的焦点是行为人的身份究竟是国家工作人员还是非国家工作人员，或者收受财物是否利用了职务的便利，又或者收受财物与为他人牟取利益之间是否存在刑法上的因果关系等问题。本案行为人具备非国家工作人员的身份无疑，其特殊之处在于，其在实施索要钱财的时间节点发生在公司成立前，且行为人在公司成立后并未在该公司任职，并非该公司的工作人员。根据刑法第一百六十三条的规定，非国家工作人员受贿罪的主体是公司、企业或者其他单位的工作人员，从法条的字面上理解，本案被告人的身份显然与该条文规定不符。因此，本案的争议焦点是在筹建公司过程中的筹备组成员是否具备非国家工作人员受贿罪的主体资格问题。笔者认为，本案中，虽然被告人陈某不具有成立后公司、企业人员的主体身份，但其在担任空心砖公司筹建组成员期间，利用职务上的便利，在建设空心砖公司的过程中，为他人牟取利益，索要150万元的行为，应当以非国家工作人员受贿罪定罪处罚。理由是：

(1) 刑法第一百六十三条既没有限定公司、企业的性质，也没有限定公司企业的存在状态，因此只要是依法设立的企业，其工作人员利用职务便利实施犯罪活动的，就应当适用刑法该条关于非国家工作人员犯罪的条款。同时，企业的成立需要一个过程，不能将依法设立的时间节点机械地理解为自取得营业执照时起。在筹建公司过程中，经常出现侵占、受贿、挪用等腐败问题，如不将筹建中的公司、企业认定为刑法意义上的公司、企业，会大量放纵此类犯罪行为。因此，非国家工作人员受贿罪的主体是公司、企业或者其他单位的工作人员，既包括公司成立后在公司任职的工作人员，亦包括为达到设立公司的目的而履行相关职责的发起人。这些发起人可能仅在公司设立过程中履行了相应的职责，但在公司设立后基于其他因素不在公司的股东名单甚至公司工作人员名单之列，但这些均不妨碍其作为非国家工作人员的受贿罪主体的理由。被告人陈某作为空心砖公司筹建组的负责人之一，实际履行了空心砖公司成立前的经营管理权，应当认定为企业成立前工作人员。对于其利用职务上的便利实施犯罪行为的，应当适用刑法关于非国家工作人员犯罪的条款进行处理。

(2) 被告人陈某索要他人财物150万元，与其在空心砖公司的筹建过程中为他人牟取的利益，有直接的因果关系。虽然最终代表空心砖公司与曹某签订《新型环保旋转式节能窑炉委托代建合同书》的是公司的法定代表人郑某佑，但在本案中，被告人陈某按照与筹备组成员的约定负责找人承建窑炉，目的是使公司能够顺利成立并投产营业，后最终敲定由曹某承建，陈某起到了关键性作用，亦属于履行与其职责的范畴。陈某在履行以上职务行为的过程中，为曹某牟取了承建窑炉的工程并趁机向曹某索要钱款150万元，因此被告人陈某在本案中符合非国家工作人员受贿罪的主体。

编写人：广西壮族自治区钦州市灵山县人民法院　宁彩霞

22

非法经营同类营业罪的“同类营业”的理解

——黄某旺非法经营同类营业案

【案件基本信息】

1. 裁判书字号

广西壮族自治区来宾市中级人民法院（2021）桂13刑终76号刑事裁定书

2. 案由：非法经营同类营业罪

【基本案情】

一、非法经营同类营业的事实

2010年2月至2018年3月，被告人黄某旺在先后担任投资公司副总经理、董事、总经理、董事长以及投资集团董事、副总经理期间，利用其负责项目招商工作、提前知晓招商项目信息及审核工程变更、工程款拨付的职务便利，采取挂靠其他有资质公司的方式，单独或伙同他人出资承揽经营与其任职公司同类营业的相关工程项目十四个（其中两个项目未开工建设），获取非法利润为230604996.22元。

二、对非国家工作人员行贿的事实

（1）2011年11月，被告人黄某旺以许某荣的名义挂靠建工集团第二建筑公司（以下简称二建公司）承接水环境整治工程高速路东西两侧绿化工程。由于工程款支付需要结算审核，黄某旺为尽快获得结算审计报告、减少核减项目总价，出资并授意许某荣送给核算机构咨询公司工作人员财物，后许某荣于

2016年下半年先后送给咨询公司的造价工程师覃15万元，送给咨询公司柳州分公司的负责人蒋某明20万元，送给咨询公司法定代表人陈某贤10万元，共计45万元。

（2）2012年下半年，被告人黄某旺为非法承揽其管理的水环境整治工程项目，找到时任二建公司防城港分公司副经理李某兴（已判刑），请求帮忙寻找具有水利工程建设资质的外省建筑公司挂靠。李某兴答应后与潘某艳、余某远共同出资成立了建工公司。2012年至2016年，黄某旺通过建工公司非法承揽某投资公司为业主的水环境整治的引水渠、草鞋渠、草鞋湖、麒麟渠等工程项目，约定由黄某旺按工程造价的1%支付挂靠费给建工公司，按工程造价的1.5%以“挂靠费”名义送给李某兴好处费。后黄某旺以“挂靠费”名义于2013年2月送给李某兴80万元，于2013年6月送给李某兴50万元，于2016年10月送给李才兴50万元，共计180万元。

（3）2011年及2013年，被告人黄某旺非法承揽投资公司作为业主的水环境整治工程（环境治理部分）高速东渠、引水渠Ⅱ、Ⅲ、Ⅳ标段项目工程。2016年至2017年，上述两个工程项目进入结算审核阶段，黄某旺为尽快获得项目结算审计报告、减少核减项目总价，出资并授意许某荣送给核算机构相关人员财物。后许某荣于2016年上半年的一天、2016年下半年的一天、2018年春节前的一天分别送给负责上述项目审计核算的工程管理公司来宾分公司负责人辛某荣10万元，共计30万元。收到款项后，工程管理公司于2016年8月出具了引水渠Ⅱ、Ⅲ、Ⅳ标段项目的结算审计报告，于2018年2月出具了高速东渠项目的工程结算价审核报告。

（4）2012年至2013年，被告人黄某旺与许某荣、余某强非法承揽了水环境整治桥涵工程盘古桥项目。2012年，造价公司受评审中心委派，负责盘古桥项目的造价预算审核，具体由该公司总经理陈某宏（已判刑）负责。黄某旺为尽快获得预算审核报告以及减少核减总价，支付40万元给许某荣并授意其送给审核单位人员，许某荣授意余某强找到陈某宏商议。2012年10月下旬的一天，余某强在陈某宏的办公室送给陈某宏现金40万元。2013年6月，造价公司出具了《水环境整治桥涵工程盘古桥梁预算审核报告》。

（5）2011 年至 2013 年，被告人黄某旺以许某荣名义非法承揽了水环境整治工程高速西渠渠道部分工程项目。2014 年下半年，工程公司受评审中心委派，负责上述项目的结算审核，具体由周某松（已判刑）负责。黄某旺为尽快获得结算审核报告以及减少核减总价，支付 40 万元给许某荣并授意其送给审核单位人员。后许某荣找到周某松协调，并于 2015 年的一天，在南宁市送给周某松现金 20 万元。2015 年 10 月，工程公司出具了《水环境整治工程高速西渠渠道部分工程结算审核报告》。

三、受贿的事实

被告人黄某旺在担任投资公司董事、副总经理、总经理、董事长以及投资集团董事、副总经理期间，利用职务便利，在工程款项拨付等方面为他人谋取利益，先后多次收受他人财物共计 111486 元。

【案件焦点】

非法经营同类营业罪的“同类营业”的理解。

【法院裁判要旨】

广西壮族自治区来宾市兴宾区人民法院经审理认为：对于被告人黄某旺及其辩护人所提其所任职的国有公司没有相关施工资质，承揽的项目工程与其所任职的公司没有营业上的竞争，其不存在非法经营同类营业行为，不构成非法经营同类营业罪的辩解、辩护意见。经查，非法经营同类营业应具备两个要件：一是经营范围属于同类营业，二是行为形态具有竞争或利害冲突的关系。首先，从经营范围来看，投资公司经营范围中的市政工程、市政公共设施管理、城市园林绿化管理、花卉种植、城市设备安装等项目的延伸服务包含了市政工程及绿化工程的基础建设、施工和管理；工投公司的经营范围包含了水域基础设施投资、建设、开发经营、经营施工等。投资公司、工投公司对自己公司的项目工程可以选择自己组织施工，也可以选择发包给他人施工。黄某旺个人出资或与他人共同出资挂靠二建公司、某格公司、建工公司、冶金公司实际承揽施工其任职公司的项目工程，从经营范围的实质看，上述公司均对投资公司、工投公司的市政工程、绿化工程项目进行了经营，构成了同类营业。其次，从行为形态看是否具有竞争或利害冲突的关系。本案中，黄某旺作为国有企业的经理，未经股东会或者股东大会同意，利用职务便利，擅自决定或按照促使其事先选定的挂靠公司通过形式上合法的程序承揽了其任职公司的项目工程后自行施工，并从中牟取巨额非法利益。黄某旺的行为属于为自己牟取属于公司的商业机会，损害了其他公司平等获取承揽项目工程的公平竞争利益关系，也剥夺了投资公司、工投公司能够从众多平等竞争公司中选取优质公司来承揽本公司项目工程从而获取更好的工程质量或减少工程成本支出的机会，损害了公司的实际利益。投资公司、工投公司与承揽项目工程的二建公司、某格公司、建工公司、冶金公司之间发包与承包的交易行为属于具有利害冲突关系的纵向竞争行为。综上，黄某旺的行为，符合非法经营同类营业罪的主、客观构成要件，构成非法经营同类营业罪。被告人及辩护人关于本节的辩解及辩护意见，理由不成立，不予采纳。

广西壮族自治区来宾市兴宾区人民法院依照《中华人民共和国刑法》第一百六十五条、第一百六十四条第一款、第三百八十五条第一款、第三百八十六条、第三百八十三条第一款第一项、第二款、第六十九条第一款及第三款、第六十七条第二款及第三款、第六十四条、第六十二条、第六十一条，《最高人民法院、最高人民检察院〈关于办理贪污贿赂刑事案件适用法律若干问题的解释〉》第一条第一款、第七条、第八条、第十一条第三款、第十五条第一款、第十九条第一款的规定，作出如下判决：

一、被告人黄某旺犯非法经营同类营业罪，判处有期徒刑六年，并处罚金人民币 200 万元；犯对非国家工作人员行贿罪，判处有期徒刑三年六个月，并处罚金 20 万元；犯受贿罪，判处有期徒刑十个月，并处罚金人民币 10 万元。决定执行有期徒刑九年，并处罚金人民币 230 万元；

二、对被告人黄某旺退缴的违法所得 156484270. 36 元（其中，黄某旺退出 52793628. 22 元，来宾市监察委员会暂扣 103690642. 14 元），予以没收，由扣押机关来宾市监察委员会上缴国库；

三、没收被告人黄某旺使用违法所得以他人名义购买的房产四套；

四、继续追缴被告人黄某旺违法所得 66773838.86 元（其中，黄某旺已获得尚未退出的违法所得 39171434.66 元，黄某旺在投资公司尚未领取的违法所得 28362404.20 元），上缴国库。

黄某旺持原审辩解提起上诉。广西壮族自治区来宾市中级人民法院经审理认为：上诉人黄某旺利用担任国有公司副总经理、董事、总经理、董事长的职务便利，以出资挂靠公司承揽本公司工程的方式为自己经营与所任职公司同类的营业，获取非法利益数额特别巨大；黄某旺为牟取不正当利益，给予相关公司工作人员财物，数额巨大；黄某旺身为国家工作人员，利用职务上的便利，为他人牟取利益，非法收受他人财物，数额较大；其行为分别构成了非法经营同类营业罪、对非国家工作人员行贿罪、受贿罪。黄某旺一人犯数罪，应依法予以数罪并罚。原判认定事实清楚，证据确实、充分，定罪准确，量刑适当，审判程序合法。综上评判，黄某旺及其辩护人提出的上诉理由和辩护意见均不能成立。

广西壮族自治区来宾市中级人民法院依照《中华人民共和国刑事诉讼法》第二百三十六条第一款第一项的规定，作出如下裁定：

驳回上诉，维持原判。

【法官后语】

本案的处理重点主要在于对非法经营同类营业罪的“同类营业”的理解。

笔者认为，认定非法经营同类营业罪中的“同类营业”，应具备以下两个条件：一是经营范围属于同类营业；二是行为形态具有竞争或利害冲突关系。首先，非法经营同类营业罪中的“同类营业”，是指行为人违背竞业禁止义务从事与其所任职国有企业实际经营的同一类别的业务。“同类营业”中的“类”，是指国民经济行业分类国家标准中的“小类”，需结合国家统计局发布的统计用产品分类目录以及具体案情确定。换言之，行为人兼营公司、企业的经营范围与其所任职国有公司、企业的经营范围可能完全相同或者部分相同。

就行为人所兼营的企业而言，只要其中任一部分经营范围与其任职国有公司、企业注册登记经营范围中的实际经营范围属于同一类别，就应认定为同类营业。其次，从行为形态看是否具有竞争或利害冲突的关系。所谓具有竞争或利害冲突关系包括两个方面的内容：一方面是指自己经营或为他人经营的公司在同一区域内与自己任职的公司在市场份额、市场价格等方面进行竞争、抢夺市场，从而损害任职公司利益的横向竞争行为；另一方面是通过垄断自己任职公司的供货渠道，高价收购自己经营或为他人经营的公司的商品，低价销售商品给自己经营或为他人经营的公司进行转手倒卖等抢夺自己任职公司、企业的商业机会，损害任职公司利益的有利害冲突关系的纵向竞争行为。

具体到本案中，投资公司系投资集团全资子公司，投资公司经营范围包含了市政工程、市政公共设施管理、城市园林绿化管理、花卉种植、城市设备安装等；投资集团经营范围包含了水域基础设施投资、建设、开发经营、经营施工等。投资公司、工投公司对自己公司的项目工程可以选择自己组织施工，也可以选择发包给他人施工。黄某旺个人出资或与他人共同出资挂靠的几家公司具有河湖整治工程总承包、市政公用工程施工总承包、园林绿化工程等经营资质，这几家公司与其任职公司的经营范围都包含了市政工程类等项目，属于同类营业。实践中，非法经营同类营业的行为形态有横向竞争和纵向链接两种类型，笔者认为本案属于第二种类型。黄某旺作为国有企业董事、副总经理，未经股东会或者股东大会同意，利用职务便利，擅自决定由其所挂靠公司承揽其任职公司的项目工程，从中牟取巨额非法利益。黄某旺的行为剥夺了投资公司、投资集团择优选择其他公司的机会，损害了其任职公司利益。投资公司、投资集团与黄某旺所挂靠公司之间的发包与承包交易行为属于具有利害冲突关系的纵向链接行为。综上，笔者认为本案被告人黄某旺的行为符合非法经营同类营业罪的“同类营业”，构成非法经营同类营业罪。

编写人：广西壮族自治区来宾市兴宾区人民法院　覃仪晏　黄翠

（四）破坏金融管理秩序罪

23

如何认定高利转贷的违法所得

——王某群等高利转贷案

【案件基本信息】

1. 裁判书字号

广东省高级人民法院（2020）粤刑终419号刑事裁定书

2. 案由：高利转贷罪

【基本案情】

被告人王某群、林某纯为牟取非法利益，某小区2017年10月至2018年7月，以某投资公司的名义，假借购销商品需要周转资金为由，提供虚假购销合同等资料向某信用社申请贷款后将部分资金高利转贷给他人。具体事实如下：

2017年10月31日，被告人王某群、林某纯假借某投资公司因经营车载湿纸巾需要资金周转为由，向某信用社提交了相关虚假购销合同等材料，并提供了王某琪名下位于某路××号某小区××栋××房产作为抵押物，向某信用社申请贷款80万元。2017年11月16日，某信用社向某投资公司发放了80万元贷款。被告人王某群、林某纯在获得了上述贷款资金后，将其中的65万元高利转贷给王某琪使用。

2018年2月28日，被告人王某群、林某纯假借某投资公司因经营车载湿纸巾需要资金周转为由，向某信用社提交了相关虚假购销合同等材料，并提供了杨某雄名下位于某镇一土地作为抵押物，向某信用社申请贷款2950万元。2018年6月29日、7月2日，某信用社分别向某投资公司发放贷款1000万元、1950万元。被告人王某群、林某纯在获得了上述资金贷款后，将其中的2065万元高利转贷给杨某雄使用。其间，被告人吴某森明知被告人王某群、林某纯欲通过套取金融机构贷款资金高利转贷给杨某雄，仍积极为双方提供协调和联系，最终促成双方非法借贷成功。

经查证，被告人王某群、林某纯在上述高利转贷活动中，违法所得数额，包括赚取的利息差额以及虚构、虚增的相关费用合计为人民币3355350元。

【案件焦点】

如何认定高利转贷罪被告人非法获利的数额。

【法院裁判要旨】

广东省汕头市中级人民法院经审理认为：被告人王某群、林某纯以转贷牟利为目的，套取金融机构信贷资金后高利转贷给他人，违法所得数额较大，其行为均已构成高利转贷罪；被告人吴某森明知同案被告人王某群、林某纯套取金融机构信贷资金用于高利转贷，仍积极提供帮助，其行为也应以高利转贷罪予以定罪处罚。公诉机关指控被告人王某群、林某纯、吴某森所犯高利转贷罪的罪名成立。

被告人王某群为获取非法利益，高利转贷违法所得数额较大，其在共同犯罪中起主要作用，系主犯，应按照其所参与的全部犯罪处罚。被告人林某纯参与高利转贷违法所得数额较大，应依法予以惩处，鉴其在共同犯罪中起次要、辅助作用，系从犯，依法予以从轻处罚。被告人吴某森帮助被告人王某群、林某纯高利转贷成功，鉴其在共同犯罪中起次要、辅助作用，应认定为从犯，且事后并未从被告人王某群、林某纯高利转贷违法所得中直接分得非法利益，故依法予以从轻处罚。综上，根据被告人王某群、林某纯、吴某森的犯罪事实、情节、地位作用、认罪悔罪态度及其行为的社会危害程度等，依照《中华人民共和国刑法》第一百七十五条第一款、第二十五条第一款、第二十六条第一款和第四款、第二十七条、第六十四条之规定，判决：

一、被告人王某群犯高利转贷罪，判处有期徒刑二年八个月，并处罚金人民币 340 万元；

二、被告人林某纯犯高利转贷罪，判处有期徒刑一年六个月，并处罚金人民币 20 万元；

三、被告人吴学森犯高利转贷罪，判处有期徒刑一年六个月，并处罚金人民币 10 万元。

上诉人王某群上诉称：（1）其主观上无意识其行为构成犯罪；（2）一审认定其违法所得数额有误；（3）一审判决对其量刑过重，请求二审改判其缓刑。

上诉人吴某森上诉称：一审判决认定其犯高利转贷罪的事实错误，请求二审改判无罪。

广东省高级人民法院经审理，确认一审法院认定的事实和证据。

广东省高级人民法院经审理认为：上诉人王某群、原审被告人林某纯以转贷牟利为目的，套取金融机构信贷资金高利转贷他人，违法所得数额较大，其行为已构成高利转贷罪；上诉人吴某森明知王某群、林某纯套取金融机构信贷资金用于高利放贷，仍积极提供帮助，其行为亦构成高利转贷罪。在共同犯罪中，王某群起主要作用，系主犯，应按照其所参与的全部犯罪处罚；林某纯、吴某森在共同犯罪中起次要、辅助作用，系从犯，依法予以从轻处罚。原审判决认定事实清楚，证据确实充分，定罪准确，量刑适当，审判程序合法。依照《中华人民共和国刑事诉讼法》第二百三十六条第一款第一项的规定，裁定如下：

驳回上诉，维持原判。

【法官后语】

如何认定高利转贷的违法所得？

高利转贷罪，是指以转贷牟利为目的，将套取的金融机构信贷资金高利转贷给他人，违法所得数额较大的行为。根据刑法第一百七十五条的规定，违法所得是高利转贷罪的入罪条件之一，只有达到现行法律规定的数额标准才能入罪。实践中，对于违法所得的认定有不同的认识，一种观点认为，高利转贷罪的违法所得，是指将银行信贷资金以高于银行贷款利率转贷他人后所获取的利息差额部分的数额，故违法所得应是以高利转贷赚取的利息差额。另一种观点认为，除利息差外，其他虚增收取的各种费用也应计入违法所得。我们赞同第二种观点，理由如下：

关于违法所得，参考《最高人民法院、最高人民检察院关于适用犯罪嫌疑人、被告人逃匿、死亡案件违法所得没收程序若干问题的规定》第六条的规定，违法所得即“通过实施犯罪直接或者间接产生、获得的任何财产”。实践中，个别不法行为人利用能向金融机构获得贷款的特殊条件，将从金融机构以较低利息套取的贷款，转而以较高利率转贷他人，从中非法牟利，不仅使金融机构蒙受利率差的损失，而且行为人为了获取非法利息差，根本不严格审查转贷对方的还贷能力，导致金融机构资金到期不能归还的风险加大。与此同时，行为人在转贷牟取利息差的同时，还往往利用其本身的优势地位，以各种名义向贷款人收取各种费用，有的是虚构的（如所谓的担保费、保证金、手续费等），有的是在必要费用的基础上虚增的（如鉴定费用、保险费用等），这既增加了贷款人的负担，也使金融机构的贷款风险增加。此类行为，既不利于社会经济发展，也容易使金融秩序遭到破坏，应从严把握，依法予以从严惩处。本案中，被告人王某群、林某纯除赚取利息差额外，还向借款人虚增、虚设了一些费用。虽然王某群、林某纯向借款人虚增、虚设费用具有一定的合理性，也有部分相应的支出，但王某群、林某纯所获取的虚增、虚设的费用与其高利转贷犯罪活动之间具有因果关系，故应认定王某群、林某纯所获取的虚增、虚设的费用（扣除相关支出）系王某群实施高利转贷犯罪直接获得的财产，应当认定为违法所得。

编写人：广东省汕头市中级人民法院　郑家强

24

担保贷款资金是否属于高利转贷罪中的信贷资金

——邱某瑞、颜某高利转贷案

【案件基本信息】

1. 裁判书字号

江苏省涟水县人民法院（2020）苏0826刑初492号刑事判决书

2. 案由：高利转贷罪

【基本案情】

2015年2月11日，被告人邱某某伙同被告人颜某以转贷牟利为目的，将二人共同所有的某小区××幢××号门面房作为抵押，虚构向某太阳能热水器公司购买材料的理由，从某银行套取贷款140万元，并于2015年2月12日以月息3分的高利转贷给张某某。同日，张某某支付首月利息4.2万元。后因张某某未能还款，被告人颜某诉至法院。2017年2月13日，法院判决张某某归还颜某借款本金140万，并承担以140万元为本金，从2015年3月12日起至归还之日止，按照年利率24%计算的利息。至2018年5月14日，扣除支付给银行的贷款利息，邱某某、颜某共同获利总计491797.29元。2018年下半年，邱某某、颜某到张某某办公室退回张某某10万元。被告人邱某某、颜某实际共同获利391797.29元。在此过程中，被告人邱某某以自有资金60万元及从亲友处借得的80万元共计140万元于2016年1月7日归还上述到期银行贷款。2016年1月8日至2016年1月18日，被告人邱某某又将140万元分五笔贷出，其中80万元用于偿还亲友借款，60万元自用。2017年1月6日至同年1月13日，被告人邱某某又通过借新还旧方式将140万元贷款续贷。2018年5月14日，被告人邱某某、颜某在收到张某某归还的款项后将所欠银行贷款结清。

案发后，被告人邱某某、颜某向公安机关分别退出违法所得8万元、7万元；审理期间，被告人邱某某、颜某向法院分别退出违法所得115898.64元、125898.65元。

【案件焦点】

提供房产等抵押担保的贷款资金能否认定为高利转贷罪中金融机构的信贷资金。

【法院裁判要旨】

江苏省涟水县人民法院经审理认为：金融机构的信贷资金是指银行等金融机构可用于放贷的资产，而抵押贷款属于一种贷款方式。高利转贷罪所侵犯的法益是金融市场秩序，是否提供抵押不影响邱某某、颜某的行为定性。本案中，邱某某、颜某以转贷牟利为目的，虚构贷款用途，套取金融机构信贷资金高利转贷给他人，违法所得数额较大，其行为均已构成高利转贷罪，且系共同犯罪。邱某某、颜某归案后能够如实供述犯罪事实，依法可以从轻处罚；二人已退清违法所得，酌情从轻处罚。根据邱某某、颜某的犯罪情节、违法所得数额、认罪悔罪态度和退赃情况，依法对其判处刑罚。

江苏省涟水县人民法院依照《中华人民共和国刑法》第一百七十五条第一款、第二十五条第一款、第六十七条第三款、第七十二条第一款、第三款、第七十三条第一款、第三款、第六十四条之规定，作出如下判决：

一、被告人邱某某犯高利转贷罪，判处拘役六个月，缓刑一年，并处罚金人民币20万元；

二、颜某犯高利转贷罪，判处拘役六个月，缓刑一年，并处罚金人民币20万元；

三、暂存公安局账户人民币150000元，法院账户人民币241797.29元，系邱某某、颜某所退违法所得，依法予以没收，上缴国库。

宣判后，邱某某、颜某均未提起上诉，检察机关未提出抗诉，判决已经发生法律效力。

【法官后语】

本案中，行为人邱某某、颜某通过房产抵押贷款后高利转贷他人，对该案中担保贷款资金能否认定为信贷资金，审理中存在分歧。第一种观点认为，金融机构的信贷资金仅指金融机构的信用贷款，对于担保贷款，在行为人逾期不能还款时，金融机构可通过担保实现债权，并未危害金融机构的资金安全，故担保贷款资金不属于信贷资金。第二种观点认为，信贷资金是指金融机构可用于放贷的资金，包括担保贷款资金与信用贷款资金。

本文认为高利转贷罪中的信贷资金是指金融机构可用于各项贷款、有价证券等投资的资金，包括担保贷款资金与信用贷款资金。一方面，从民事司法实践对信贷资金内涵的认定来看，有一个不当限缩到正确认识的过程。《最高人民法院关于审理民间借贷案件适用法律若干问题的规定》第十三条第一项规定，套取金融机构信贷资金又高利转贷给借款人，且借款人事先知道或者应当知道的，民间借贷合同无效。另一方面，高利转贷罪系破坏金融管理秩序类犯罪，高利转贷行为侵犯的客体是国家金融机构信贷资金管理制度，而非金融机构的财产权益。行为人采用各种手段套取金融机构信贷资金后高利转贷他人，该行为严重扰乱了正常的金融秩序，破坏了金融业的健康发展。故行为人在贷款时提供担保的行为，虽然在一定程度上保证了金融机构的资金安全，但并不能阻却套取信贷资金后转贷行为对正常金融秩序的破坏。综上所述，高利转贷罪中的信贷资金包括信用贷款资金和担保贷款资金。

编写人：江苏省涟水县人民法院　付礼彬

25

行为人骗取贷款是在金融机构工作人员指导下完成的，不构成骗取贷款罪

——商某等骗取贷款案

【案件基本信息】

1. 裁判书字号

新疆维吾尔自治区巴音郭楞蒙古自治州中级人民法（2021）新 28 刑终 82 号刑事判决书

2. 案由：骗取贷款罪

【基本案情】

因某湖公司资金周转困难，宋某新安排苑某与某银行巴州支行工作人员对接联系贷款事宜。2013 年 1 月，经某银行巴州支行工作人员指导，苑某安排某湖公司职工尤某星、徐某、李某鸽、米某代四人，冒用苇田承包户身份，在某银行巴州支行办理个人农户贷款共计 2000 万元。某湖公司董事会决定为上述人员贷款提供担保。

经某湖公司董事会决议，决定用某湖公司职工冒充苇农身份再次向某银行巴州支行贷款，并给贷款人员提供担保。在宋某新的授意下，苑某负责和某银行巴州支行交通西路分理处主任梁某跃沟通联系，上诉人王某和商某铭对某湖公司贷款人员李某鸽做思想工作，某湖公司决定让吕某新、熊某疆、周某成、李某鸽、米某代 5 名员以苇农身份在某银行巴州支行贷款。2014 年 2 月、3 月，某银行工作人员梁某跃和李勇对 5 名贷款人员进行贷前调查，梁某跃明知 5 名贷款人员系某湖公司职工的情况下，向某银行支行贷审会出具了 5 人身份、资

产等符合农业大户发放贷款条件的调查报告，并经该行贷审会依流程审查并审议通过。同年3月7日，某湖公司为5000万贷款向某银行巴州支行提供了6555.71吨浆粕和8229.71吨的苇浆板的质押合同和抵押合同，质物评估价值为5000万元，并约定某银行巴州支行对质物享有优于其他任何债权人的受偿权。2014年3月10日，5名公司工作人员以苇农身份从某银行贷款5000万元，贷款期限1年，5000万元贷款用于某湖公司生产经营和偿还贷款等支出。2014年4月21日，某银行巴州支行以某湖公司担保的贷款4900万元不能归还为由，向新疆生产建设兵团第二师中级人民法院申请财产保全，法院对某湖公司提供的抵押物和某湖公司在某银行巴州支行营业部的300万元存款进行查封和冻结。2014年5月21日，因某银行巴州支行未在30日内依法提出诉讼，依法解除对某湖公司财产的查封和300万元存款的冻结。2014年8月29日，某湖公司和某银行支行对抵押物办理了动产抵押登记。案发时，尚有3970万元本金未归还。

【案件焦点】

贷款是在银行人员的指导下完成，实际使用人提供足额担保，贷款资料经过银行贷审会审核后发放贷款，能否认定银行陷入错误认识而发放贷款。

【法院裁判要旨】

新疆维吾尔自治区巴音郭楞蒙古自治州库尔勒市人民法院人民法院经审理认为：某湖公司为获得银行贷款，在公司董事长被告人宋某新的授意下，被告人苑某、王某、商某铭积极参与，使用虚假的贷款资料骗取银行贷款，给银行造成重大损失，被告人宋某新、苑某、王某、商某铭的行为已构成骗取贷款罪。

被告人及辩护人辩称贷款是在银行人员的指导下完成，银行并没有陷入错误认识而发放贷款，不符合“骗取”特征。经查，银行贷审会通过同意放贷的调查报告中显示贷款人是符合贷款条件的，银行人员指导某湖公司违法贷款不能代表银行单位的意愿，某湖公司相关人员与银行人员共同使用虚假材料，骗取银行贷款的行为，足以使银行陷入错误认识而发放贷款，相关银行工作人员也已经以违法发放贷款罪被提起公诉。故银行人员指导贷款的行为不影响本罪名的认定。某银行是否报案亦不影响本罪的成立。

关于某湖公司为第二次总计5000万元的贷款提供了足额担保，担保物未实现债权系银行怠于行使权利造成，某湖公司不应为此承担责任的辩护意见。经查，公诉机关指控某湖公司提供虚假的贷款资料，骗取某银行贷款共有两次，第一次四人共计贷款2000万元，第二次五人共计贷款5000万元。第一次2000万元的贷款某湖公司虽然使用欺骗手段，但贷款已经全部还清，并未给银行造成重大损失，故该次贷款不符合骗取贷款罪构成要件，不予认定构成犯罪。第二次5000万元贷款中某湖公司使用虚假贷款资料，虽然提供了担保，但最终银行巨额贷款无法追回，造成了银行重大损失，该损失与某湖公司相关被告人的行为之间具有因果关系，后期出现的客观情况不能成为各被告人免责的事由。故法院对被告人及辩护人关于贷款担保及损失责任的辩护意见不予采纳。

新疆维吾尔自治区巴音郭楞蒙古自治州库尔勒市人民法院依照《中华人民共和国刑法》第三百八十三条第一款第（三）项之规定，判决如下：

一、被告人宋某新犯骗取贷款罪，判处有期徒刑二年三个月，并处罚金5万元人民币；

二、被告人苑某犯骗取贷款罪，判处有期徒刑二年二个月，并处罚金3万元人民币；

三、被告人王某犯犯骗取贷款罪，判处有期徒刑二年，并处罚金2万元人民币；

四、被告人商某铭犯骗取贷款罪，判处有期徒刑一年十一个月，并处罚金1万元人民币。

被告人以相同理由上诉。新疆维吾尔自治区巴音郭楞蒙古自治州中级人民法院经审理认为：上诉人宋某新、苑某、王某、商某铭构成骗取贷款罪的事实不清，证据不足，巴州人民检察院认为构成骗取贷款罪的意见不能成立，理由如下：

第一，某湖公司为贷款5000万元采取欺骗手段，让某银行巴州支行陷入错误认识而发放5000万元贷款的证据不足。首先，某银行巴州支行两次贷款的经办人卢某和梁某跃均证实知道某湖公司的员工以苇农身份进行贷款，银行工作人员对贷款人员进行了指导；其次，根据梁某跃等人提交给章某以及贷审会成员的贷款审核资料的贷款人员个人信用报告显示，贷款人员的工作单位系某湖公司；再次，某湖公司为5000万元的贷款提供了真实、足额的抵押物，根据某银行巴州支行的要求，某湖公司于2014年3月7日提供了质押物，并办理了抵押登记手续；最后，银行工作人员具有贷后管理职责，5000万元的绝大部分贷款资金在一个月内最后转入某湖公司账户。现有证据不能证实某银行巴州支行对贷款的申请资料、财务报表、资金用途等进行了实质审查，亦不能排除某银行巴州支行在发放贷款及催缴贷款过程中，对某湖公司员工冒用苇农身份进行贷款以及贷款的实际使用人是某湖公司是明知的。因此，某湖公司提供虚假材料的欺骗手段使某银行巴州支行银行陷入错误认识而发放贷款的证据不足。

第二，某湖公司提供了真实足额的担保，某湖公司的骗取行为和造成某银行巴州支行重大损失之间因果关系的证据不足。首先，在案证据证实，某湖公司向某银行提供了真实足额的抵押物，发放贷款一个多月后，2014年4月21日，某银行巴州支行以某湖公司担保的贷款不能归还为由，向新疆生产建设兵团第二师中级人民法院申请财产保全，对某湖公司提供的抵押物和300万元存款进行查封和冻结，但一个月内，某银行巴州支行未依法提出诉讼，因怠于行使权利和其他原因，导致某银行巴州支行3970万元的本金无法实现的重大损失；其次，某湖公司提供的部分抵押物被人民法院执行后，其余抵押物的去向不明，是否系上诉人宋某新、苑某、王某、商某铭的行为造成亦证据不足。因此，某湖公司的骗取行为造成某银行巴州支行重大损失之间因果关系的证据不足。

现有证据证实某湖公司在贷款中向某银行巴州支行提供了虚假材料，因某湖公司的欺骗手段导致银行陷入错误认识而发放贷款和造成重大损失的证据不足，因此上诉人宋某新、苑某、王某、商某铭作为某湖公司的直接主管人员和直接责任人员，构成骗取贷款罪的证据不足，其行为不构成骗取贷款罪。上诉人和辩护人不构成骗取贷款罪的意见，本院予以采纳。

新疆维吾尔自治区巴音郭楞蒙古自治州中级人民法院根据本院审委会讨论决定，认定上诉人宋某新、苑某、王某和商某铭不构成骗取贷款罪。

【法官后语】

本案的处理重点在于如何认定金融机构是否受骗。行为人在贷款时提供了虚假材料，但对贷款提供了足额的担保，金融机构明知贷款材料虚假亦知贷款的用途而发放贷款，金融机关怠于行使权利和其他原因造成贷款无法收回的损失，行为人是否构成骗取贷款罪？

刑法的目的与任务是保护法益，但并不意味着对任何侵犯法益的行为都必须规定或者认定为犯罪，要采取谦抑的法益保护原则。贷款是平等民事主体之间基于自由协商达成的合意，因此，是否必须将所有提供了虚假资料的违规、违法贷款行为纳入刑法领域予以规制，必须在刑法的语境下考量。

一、罪名分析

骗取贷款罪是指自然人或者单位以欺骗手段取得银行或者其他金融机构贷款，给银行或者其他金融机构造成重大损失的行为。其构成犯罪的前提必须具备欺骗手段，且该欺骗手段足以使银行或金融机构产生错误认识，并在此错误认识的基础上发放贷款，最后造成银行或金融机构的重大损失。因此，根据犯罪要件分析，该罪名主观方面要求具有欺骗金融机构的故意，客观方面要求取得贷款使用了欺骗手段。

二、欺骗手段分析

构成本罪的前提是必须具备欺骗手段，且该欺骗手段必须足以使金融机构产生错误认识，并在此错误认识的基础上发放贷款。结合本案，某湖公司在申请贷款过程中的确使用了虚假的材料，因此，公诉机关、一审法院和二审出庭检察院均把使用欺骗手段认为是从办理贷款及办理催款转贷的过程中看，银行对贷款的实际使用人是明知的，并没有产生错误认识。故某湖公司用职工名义冒用苇农身份进行贷款的行为不能认定为骗取的手段。只有当行为人的欺骗手段使金融机构工作人员就发放贷款产生了认识错误，才属于采取欺骗手段。

三、从因果关系分析

现在证据无法证明借款人的欺骗行为与取得贷款以及造成贷款损失之间具有因果关系。某湖公司在申请贷款过程中使用了虚假的材料，但银行发放贷款并不是基于这些虚假材料，而是因为某湖公司向银行提供了足额的抵押物，而且经过评估该抵押物的价值和发放贷款的金额一致。同时，没有证据证实银行对某湖公司提供的贷款资料、担保资料进行了实质审查，无法认定银行因此陷入错误认识而发放贷款。因此，某湖公司即使有欺骗行为，但欺骗行为与其取得贷款之间没有因果关系。

综上，二审法院根据骗取贷款罪的构成要件，从以上几个方面分析得出行为人不构成骗取贷款罪的结论。

编写人：新疆维吾尔自治区巴音郭楞蒙古自治州中级人民法院　叶秀梅

26

非法吸收公众存款罪与合同诈骗罪的转化犯罪

——何某某、胡某等非法吸收公众存款、合同诈骗案

【案件基本信息】

1. 裁判书字号

湖北省荆州市中级人民法院（2021）鄂10刑终353号刑事裁定书

2. 案由：非法吸收公众存款罪、合同诈骗罪

【基本案情】

一、合同诈骗

2013年12月上旬，被告人何某某因承建火车站某还迁安置房项目即“××”小区项目缺资金周转，便通过路某某的介绍向张某某借款，承诺预付张某

某高额利息并发包其虚构的“××”小区二期部分门窗工程给张某某。当月12日，何某某以其实际控制的被告单位某城公司名义与张某某签订了借款1000万元的借款合同。

2014年1月25日，何某某找到路某某，以急需资金支付农民工工资为由，要张某某支付借款合同中的余款。张某某、路某某二人先后给何某某汇共计364万元。何某某收到汇款后，于当月分三次共计转支214万元至某城公司财务人员周某某的账户，均用于偿还他人欠款。何某某于当月分三次在湖南省长沙市从其银行卡中共计提取现金132万元，剩余款项留存于银行卡内，后逃匿至某村。所得款项已全部挥霍。

二、非法吸收公众存款

2011年2月21日，被告人何某某为承建火车站四维片区还迁房安置房项目即“××”小区项目，成立被告单位某城公司，由被告人胡某担任该公司法定代表人，何某某为该公司实际控制人。

2011年至2014年1月，何某某因开发“××”小区项目缺少资金，以某城公司需要资金开发“××”项目一期及其虚构的二期工程为由，承诺以低价抵押按规定不能买卖的还迁安置房项目“××”小区的房屋并支付高额利息（月息4分等）和发包建设工程等为诱饵，要求何某1等帮其介绍借款对象，共向社会公众李某某、张某1、杜某某、张某某、苏某某、林某某等70余人以借款和收取工程质量保证金为名非法吸收资金共计19534.9409万元，后归还本金及支付利息共计12011.3314万元（其中向多人支付超出本金的部分2844.1448万元），造成实际损失共计10367.7543万元。非法吸收资金过程中，被告人胡某根据何某某安排，参与洽谈、提供账户和在相关协议、借条上签字等。上述非法吸收的资金用于“××”工程项目和支付高额利息等开支。

【案件焦点】

何某某的行为是否由非法吸收公众存款罪转化为合同诈骗罪。

【法院裁判要旨】

湖北省荆州市荆州区人民法院经审理认为：何某某以非法占有为目的，在履行合同过程中，骗取他人资金364万元，数额特别巨大，其行为已构成合同诈骗罪；何某某、胡某作为某城公司直接负责的主管人员，违反国家金融管理法规，通过公开宣传，以支付高息、发包工程、低价抵押房屋等回报为诱饵，以某城公司名义变相吸收社会不特定对象资金，数额巨大，严重扰乱国家的金融管理秩序，某城公司、何某某、胡某的行为已构成非法吸收公众存款罪。依照《中华人民共和国刑法》第一百七十六条第一款和第二款，《中华人民共和国刑法》第二百二十四条、第二十五条第一款、第二十六条第一款和第三款、第三十条、第三十一条、第五十五条第一款、第五十六条第一款、第六十九条第一款和第三款、第七十二条第一款和第三款、第七十三条第二款和第三款之规定，判决如下：

一、某城公司犯非法吸收公众存款罪，判处罚金20万元；

二、何某某犯合同诈骗罪，判处有期徒刑十二年，并处罚金10万元，剥夺政治权利二年；犯非法吸收公众存款罪，判处有期徒刑五年，并处罚金20万元，数罪并罚，决定执行有期徒刑十五年，并处罚金30万元，剥夺政治权利二年；

三、胡某犯非法吸收公众存款罪，判处有期徒刑三年，缓刑四年，并处罚金5万元（已缴纳）；

四、责令何某某退赔张某某经济损失364万元；

五、责令某城公司退赔非法吸收的公众存款10367.7543万元（扣除已支付的利息），返还本案被害人；

六、对公安机关扣押的被告人何某某的款项15850元，返还本案被害人。

何某某及其辩护人以其不构成非法吸收公众存款罪、合同诈骗罪为主要上诉理由和辩护意见，提起上诉。湖北省荆州市中级人民法院经审理认为：原审判决认定事实清楚，适用法律正确，量刑适当，审判程序合法。何某某的上诉理由及其辩护人的辩护意见均不能成立，应予驳回。依照《中华人民共和国刑事诉讼法》第二百三十六条第一款第一项的规定，裁定如下：

驳回上诉，维持原判。

【法官后语】

本案的争议焦点在于何某某的行为是否由非法吸收公众存款罪转化为合同诈骗罪。非法吸收公众存款罪，是非法吸收公众存款或变相吸收公众存款，扰乱金融秩序的行为，侵犯的客体是国家金融管理制度，其主观上存在非法占用他人存款的故意。合同诈骗罪主观上是以非法占有为目的，虚构事实，隐瞒真相，骗取对方当事人财物。

具体到本案中，何某某明知“××”小区二期工程不存在，仍以发包“××”小区二期部分门窗工程为承诺，骗取张某某与其签订 1000 万元的借款合同，并以给农民工发放工资为由实际获得借款 364 万元。何某某的行为系利用他人介绍，借用合法经营的形式向社会公众筹集资金，以发包工程为回报，非法占用张某某资金 364 万元。但将占用资金部分偿还他人贷款后，何某某提取存款 132 万元逃匿并将该笔款项用于个人挥霍，其主观故意由非法占用变为非法占有，符合合同诈骗罪的犯罪构成要件。

在法律实践中，合同诈骗罪中诈骗的故意可能产生在行为人实施行为之初，可能产生在合法行为实施过程中，也可能产生在实施其他不法行为过程中。如行为人出于非法占有他人财物的目的，诱骗他人签订自始便不能履行的虚假合同，以达到其骗取对方钱财的目的。合同诈骗罪的故意也可能产生在合同签订之后，行为人在签订合同之初仅仅是普通的缔结合约的民事行为，但由于某种原因合同原先约定的条件不能实现，以至于合同不能履行，行为人有归还能力且应该归还合同相对方财物，但因其产生非法占有的故意而不愿归还已经到手的合同相对方的财物，便采取隐瞒真相、虚构事实等欺骗的手段使对方产生错误认识，从而达到占有他人财物的目的。合同诈骗罪中诈骗的故意也可能产生在实施其他不法行为过程中，如本案中何某某在工程建设中因资金周转问题产生非法吸收公众存款的犯意并实施了犯罪行为，但其在获得部分借款后非法占用的主观故意变化为非法占有的主观故意，并实施了逃匿并挥霍借款的行为，其犯罪行为由非法吸收公众存款罪转化为合同诈骗罪。在法律适用中，对于行为人的行为是否构成犯罪，构成合同诈骗罪还是其他罪名，应综合考虑行为人在签订合同时的实际履行能力、在合同的签订和履行过程中有无欺诈行为、在合同签订后对合同的履行有无实际行动、合同不能履行的原因以及是否承当违约责任等多方面进行综合考量，做到罪责刑相适应。

编写人：湖北省荆州市中级人民法院　李婷婷

27

自动投案时间应在行为人被司法管控之前

——潘某芸非法吸收公众存款案

【案件基本信息】

1. 裁判书字号

北京市第一中级人民法院（2021）京 01 刑终 113 号刑事裁定书

2. 案由：非法吸收公众存款罪

【基本案情】

自 2016 年以来，某联合公司在本市朝阳区的总部以及通过在本市海淀区、石景山区、顺义区等地设立分部的方式，以投资“苜蓿草种植”等项目为由，在超市、商场等公众场所发放传单、组织项目推介会等向社会公开宣传，并承诺返本付息及高额返利，与投资人签订借款合同及股权代持协议书，开展变相吸收公众存款活动。被告人潘某芸于 2016 年 4 月入职某联合公司，担任财务总监一职，负责全面管理总部及分部的合同保管、投资资金计算、员工工资及提成统计、发放等财务工作。被告人潘某芸在职期间，某联合公司吸收资金共计人民币 8000 万余元。

2018年10月16日，被告人潘某芸在派出所为其刚出生的小孩办理户籍业务时被户籍地公安机关发现为网上追逃人员，但潘某芸处于哺乳期，无法对其羁押，且由于当天本案办案单位无法从北京赶往其户籍地，亦无法对其办理取保候审书面手续。户籍地公安机关明确告知了潘某芸应该遵守的义务，让潘某芸先行回家，三日后再到案配合调查。10月19日，北京公安机关赶至潘某芸户籍地派出所，潘某芸如约到案，办理了正式的取保候审手续。

【案件焦点】

行为人被公安机关发现为网上追逃人员，但是由于客观情况所限暂时无法为其办理强制措施手续，因此让行为人暂时回家等候，并告诉行为人在日后指定时间自行前往公安机关配合调查，行为人如约到达公安机关的行为，是否可认定为自动投案。

【法院裁判要旨】

北京市海淀区人民法院经审理认为：被告人潘某芸变相吸收公众存款，扰乱金融秩序，数额巨大，其行为已构成非法吸收公众存款罪，依法应予惩处。被告人潘某芸系到公安机关办理户籍业务时被公安机关抓获，其并没有投案的主动性，不能认定具有自首情节。依照《中华人民共和国刑法》第一百七十六条第一款，第二十五条第一款，第二十六条第一款、第四款，第六十七条第三款，第五十三条第一款，第六十四条之规定，判决如下：

一、被告人潘某芸犯非法吸收公众存款罪，判处有期徒刑五年，罚金人民币20万元；

二、向被告人潘某芸追缴违法所得按比例发还集资参与人。

被告人潘某芸不服一审判决，提起上诉。

北京市第一中级人民法院经审理认为：上诉人潘某芸变相吸收公众存款，扰乱金融秩序，数额巨大，其行为已构成非法吸收公众存款罪，依法应予惩处。一审法院根据潘某芸犯罪的事实、犯罪的性质、情节和对于社会的危害程度所作出的判决，事实清楚，证据确实、充分，定罪和适用法律正确，量刑适当，审判程序合法，应予维持。潘某芸撤回上诉的申请符合法律规定。依照《中华人民共和国刑事诉讼法》第二百三十六条第一款第一项及《最高人民法院关于适用〈中华人民共和国刑事诉讼法〉的解释》第三百八十三条第二款、第三百八十六条之规定，裁定如下：

准许上诉人潘某芸撤回上诉。

【法官后语】

本案审理中有观点认为，潘某芸10月16日被公安机关发现为网上追逃人员，但是并未被采取任何强制措施，处于未羁押状态。公安机关于10月19日才对其办理了取保候审手续，10月19日这天潘某芸的到案行为能否认定为自动投案？笔者对此持否定态度。具体分析如下：

1. 自动投案要求行为人自愿将自己置于司法管控之下

自动投案，是成立自首的前提。自动投案并不考究行为人投案的动机和起因，其强调的是投案行为本身的主动性，即犯罪行为人在犯罪后自愿主动将自己交由司法机关控制。从行为人主观意志分析，自动投案时其主观上一是要能认识到自己的行为可能是犯罪，应当被国家追诉，其可能会承担刑事责任的后果，但是仍然愿意将自己交付司法机关控制，或者明知他人有可能将自己交由司法机关控制，但并未逃避。行为人的主观自愿性是自动投案的成立基础。本案中被告人潘某芸系办理户籍业务时被户籍民警发现其为网上追逃人员，其主观上并未认识到自己实施了犯罪或者应当承担法律上的不利后果，其当天去派出所的目的仅是给孩子办户籍，并非为了将自己交付于司法机关，不具备自动投案的主观心态。

2. 自动投案的时间点应在犯罪行为人被司法管控之前

行为人在“归案”之前，方能有案可投，行为人在未被司法机关控制之前的主动到案行为，才符合自动投案的基本逻辑。司法机关对行为人的控制，指的是司法办案机关对犯罪行为人具有的实际有效的管控状态。一方面司法机关知道犯罪行为系由该行为人实施；另一方面司法机关对行为人的人身自由状态可以有效管控。有效管控并非必然采取限制人身自由的相关措施，只要司法办案机关可以针对行为人采取一定的合法约束手段，即可视为对行为人的有效管控。如在确认行为人为犯罪实施者后，告知其已经涉嫌犯罪，有义务配合司法机关调查，这种有针对性的调查措施的宣布即可视为司法机关对行为人的有效管控。不能僵硬地将行为人是否被刑事讯问或被采取强制措施作为司法机关是否对行为人有效管控的判断标准。因为不管是刑事讯问或是刑事强制措施，都需要案件侦办机关履行相关的法律手续，所以在实践中，司法管控需要进行实质上的判断。

综上，行为人的自动投案只能发生在司法机关未识别到其为犯罪人或者识别到其为犯罪人，但是并未对其采取任何有针对性的管控措施前。此时行为人的自动投案行为可以有效节省司法机关侦查、追逃的司法资源，其自动投案行为才有积极意义，才具备量刑激励的前提条件。本案中潘某芸第一次到案后虽未被羁押或者履行强制措施手续，但是司法机关已经确认了其为本案犯罪的实施者，仅是由于客观上暂时无法对其采取强制措施，但告知了其应当履行的配合调查的义务，潘某芸虽然未受羁押，但是其与未被管控的犯罪分子存在本质上的区别，此时其已经负有配合调查的义务。潘某芸第一次到案时，就应视为被司法管控了，其到案具有非主动性，并非自动投案，不能认定为自首。

编写人：北京市第一中级人民法院　胡柳青青

28

提供真实担保下骗取贷款罪的认定

——张某鹏等非法吸收公众存款、骗取贷款案

【案件基本信息】

1. 裁判书字号

广东省广州市增城区人民法院（2020）粤0118刑初1371号刑事判决书

2. 案由：非法吸收公众存款罪、骗取贷款罪

【基本案情】

被告人张某鹏、黄某文从某银行贷款人民币794万元，从2017年11月10日至2019年5月10日，共还贷22期合计812629.4元，截至案发尚有7127370.6元贷款未被偿还。相应的申请贷款资料均是由房屋中介公司提供，被告人张某鹏、黄某文并非房地产估价结果报告的委托方。被告人张某鹏与某银行签订个人贷款保证合同，作为此笔贷款的保证人，涉案的房屋亦抵押给某银行作为抵押物，现有证据不足以证实某银行实际的损失金额。放款通知书证实贷款款项已全额转账至房屋原所有权人李某处，被告人张某鹏、黄某文未从中获取贷款金额。

【案件焦点】

骗取贷款犯罪中，被告人张某鹏、黄某文虽然在申请贷款过程中提供虚假的贷款资料，但其提供了真实的抵押和担保，现有证据是否能够认定其构成骗取贷款罪。

【法院裁判要旨】

广东省广州市增城区人民法院经审理认为：骗取贷款罪，虽不要求行为人具有非法占有的目的，但应以危害金融安全为要件。被告人虽然在申请贷款过程中提供虚假的贷款资料，但其提供了真实抵押和担保，银行等金融机构可通过民事途径实现债权，现有证据不足以证实被告人给金额机构造成损失，也没有危及金融安全。被告人的行为虽发生在刑法修正案（十一）之前，但是根据“从旧兼从轻”的原则，依法应对被告人适用修正后的刑法，其行为不构成骗取贷款罪。

广东省广州市增城区人民法院依照《中华人民共和国刑法》第一百七十五条之一，认为公诉机关指控被告人张某鹏、黄某文犯骗取贷款罪的证据不足，遂仅对被告人张某鹏、黄某文及其他被告人以非法吸收公众存款罪追究刑事责

任，未认定其骗取贷款罪。

被告人张某鹏、黄某文等人均未提出上诉，检察机关亦未抗诉，判决已发生法律效力。

【法官后语】

金融机构从事贷款业务本身便具有一定的市场风险，即使借款人没有任何欺诈行为也可能因为各种因素导致贷款无法收回，因此不能将贷款无法按期收回直接归因于借款人的欺骗行为，而应该综合认定借款人的欺骗行为是否将风险升高到了一般市场风险无法概括，需要刑法予以规制的程度。相较于提供虚假申请资料和虚假担保的情形，若借款人提供的担保是真实的，通常金融机构可以通过行使担保权挽回部分损失，其面临的风险较小，但这并不意味着风险就一定降低到了一般市场风险的范围内。在司法实务中，是否提供了真实的担保和未偿还的贷款金额均不能作为入罪或出罪的唯一标准，金融机构是否遭受了"重大损失"还应结合其他证据予以认定。

本案中，被告人张某鹏、黄某文通过中介公司获取银行贷款用于购买房屋，提供了虚假的工资证明、查册资料、房产证等资料，取得的款项支付给了房屋出卖方，其名下的涉案房屋抵押给银行作为抵押物。一方面，由于中介公司的介入，虚假证明资料是否全部或大多数由被告人张某鹏、黄某文伪造存疑，无法查明被告人伪造的资料与银行受骗发放贷款之间的因果关系。另一方面，被告人张某鹏、黄某文取得贷款后的用途与其向银行提交的申请一致，所有款项均被用于购买房屋，资金去向没有脱离银行所掌握的信息，贷款的保证人是被告人张某鹏，抵押的房屋亦归被告人所有。综合来看，银行实现担保物权的可能性较大，现有证据不足以证实渤海银行实际的损失金额，因此人民法院判决被告人的行为没有给银行造成重大损失，不构成骗取贷款罪。

在认定提供了真实担保的骗贷行为是否构成骗取贷款罪时，首先应该明确被告人的欺骗行为能否评价为骗取贷款罪中的骗取行为，这一骗取行为有别于民事中的欺诈，而是刑法所规制的危害行为，使信贷资金处于市场风险无法概括的危险之下。银行工作人员是基于被骗发放了贷款，不存在明知行为人提供虚假材料的情形，否则行为人不构成骗取贷款罪，而应考虑追究银行工作人员的违法发放贷款罪。行为人不能具有非法占有的目的，否则则成立贷款诈骗罪，而非骗取贷款罪。其次应结合资金的去向判断法益受侵害的风险，如行为人取得贷款之后的用途是否与申请时一致，若不一致是否将所得的贷款用于非法活动、个人挥霍或高风险投资，从而判断信贷资金安全面临的具体危险。最后因考虑金融机构行使担保权的成本，如若行为人表面上提供了相当数额的担保，表面上看确实不会造成重大损失，然而其担保抵押多为在信息不对称的情况下，以他人身份信息和抵押物进行的抵押，金融机构在行使其物上担保权时，虽物权取得并不存在法律上的问题，但诉讼时效之长，以及在此期间抵押物可能出现的种种情况都意味着，金融机构的资金回收将存在极大的风险。

编写人：广东省广州市增城区人民法院　周思军　郭洁

29

用资方的资金来源审查义务及帮助犯性质认定

——曾某某非法吸收公众存款案

【案件基本信息】

1. 裁判书字号

北京市朝阳区人民法院（2019）京0105刑初1754号刑事裁定书

2. 案由：非法吸收公众存款罪

【基本案情】

某某餐饮公司成立于2005年，该公司在厦门等地经营连锁餐饮店，实际负责人为曾某某。某某科技公司成立于2013年，实际经营地位于北京市朝阳区，公司经营“某某宝”股权众筹平台，负责人王某某。

某某科技公司找到曾某某合作，2015年8月至2016年，上述二公司多次签订《融资居间协议》，约定某某餐饮公司委托某某科技公司进行融资，某某科技公司收取融资款的4%或5%作为居间费用。

某某科技公司以旗下某某中心（有限合伙）的名义与某某餐饮公司签订《合伙协议》，由某某中心为实际投资人代持，以某某中心认购运营合伙企业出资份额的方式，将钱款投入项目企业。项目方每月支付1%的固定收益，每年度进行剩余利润分配。合伙协议还约定投资期满12个月后，实际投资人可以申请撤出投资，某某中心优先将股份转让给其他投资人，若3个月内无法完成转让的，由某某餐饮公司回购该份额，回购金额为投资本金。

后某某科技公司在其经营的“某某宝”平台上发布投资项目向社会公众进行资金众筹。以某某中心名义与投资人签订个人投资协议，承诺固定收益，称项目方保证回购本金。某某餐饮公司向投资该公司项目的投资人赠送特产礼包或厦门旅游礼包。经统计，有400余名投资人以上述方式向某某餐饮公司项目投资共计1800余万元，某某科技公司扣除相应居间费用后，向某某餐饮公司转款1700余万元。

【案件焦点】

非法集资犯罪中，融资机构非法吸收公众存款时，用资方使用资金是否有审查资金来源合法性的义务，是否构成非法吸收公众存款罪的帮助犯。

【法院裁判要旨】

北京市朝阳区人民法院经审理认为：

（1）曾某某作为用资方，没有直接向投资人募集资金。本案负责募集资金的是某某科技公司，与投资人签订协议，承诺向投资人还本付息的主体是某某中心。曾某某并未向投资人承诺还本付息和固定收益。在案无证据证明曾某某参与了融资的具体环节，被告人曾某某的定位属于“用资方”。

（2）某某餐饮公司与某某中心之间属于联营合同关系，具有共负盈亏、共担风险的性质，非还本付息的关系。涉案民事判决及仲裁裁决均否定某某餐饮公司与某某中心签订的协议，具有要求某某餐饮公司无条件归还本金、支付固定收益的效力。

（3）曾某某知道钱款来源于某某宝平台，不等同于其具有非法吸收公众存款的主观故意。用资方对资金来源的合法性不应具有审查义务。如果认为用资方与募资方对于资金来源承担同等责任，则无疑增加了用资方在融资中的法律风险，且现有证据无法证明，曾某某对于某某科技公司的具体融资模式具有明知，或明知资金来源于“不合格”投资人，不能认定其具有非法吸收公众存款的犯罪故意。

（4）曾某某提供投资项目、提供投资大礼包的行为，不属于非法吸收公众资金的帮助行为。曾某某在实体经营中有实际的用资需求而提供了真实的投资项目，该行为不应评价为帮助犯罪行为。现有证据不能证明以礼包吸引投资的方案系曾某某提出，或曾某某主动提供投资大礼包，曾某某应融资方要求为客户提供礼包的行为，不能评价为帮助犯罪的行为。

北京市朝阳区人民法院认为，北京市朝阳区人民检察院的撤诉申请符合法律规定，应予准许。依照《最高人民法院关于适用〈中华人民共和国刑事诉讼法〉的解释》第二百九十六条之规定，作出如下裁定：

准许北京市朝阳区人民检察院撤回对被告人曾某某的起诉。

【法官后语】

本案的主要问题有：曾某某所代表的某某餐饮公司，与融资平台签订《融资居间协议》，约定由融资方面向特定对方融资，但该平台实际上通过公开宣传，向不特定社会对象承诺固定收益，以变相吸收公众存款的方式融资。在委托融资协议合法，募资方却涉嫌非法吸收公众存款的情况下，用资方是否有审查资金来源合法性的义务，是否成立非法吸收公众存款罪的帮助犯？

前者涉及用资方法律义务的范围问题，即用资方在使用资金时是否需要对资金来源的合法性承担法律责任，如果认为二者承担同等责任，则无疑增加了用资方在融资中的法律风险，同时还要综合个案情况判断其是否具有审查的能力。

后者需要主客观相结合去考虑，看其主观上是否明知他人或平台通过非法吸收公众存款的方式融资，客观上是否实施了帮助吸引投资的行为。

一、用资方法律义务的范围

通常私募融资的模式涉及三方主体，即项目用资方（用资企业）、中介机构（融资理财公司及其融资平台）、投资者（集资参与人或称投资人）。

市场主体之间没有相互审查资金来源合法性的义务，用资方对投资人资金来源的合法性问题尽到一定的注意义务即可，并没有实际义务，也没有能力对合格投资人资金来源进行审查。依法备案成立的私募融资本身已经具备了法律合规性的要求，至于其投资标的的市场风险，应当由投资者自行判断并承担。过分追求对资金来源合法性的“洁癖”，将不利于市场经济的自由发展，限制交易和经营的积极性。

就本案而言，不管是生效的民事判决还是仲裁裁决均认可融资协议本身的合法性，作为用资方的某某餐饮公司虽然使用资金并承诺到期还本付息，但本身并不负责公开宣传，也不直接接触投资人，没有义务，也没有办法审查中介机构资金来源的合法性。

不过对非法吸收公众存款的行为进行处罚时，可以对非法吸收的资金进行处理，不能用于项目方继续使用，而是应当作为赃款处置，最大限度上挽回投资者的损失。

二、主观要件：是否明知融资方的非法行为

项目用资方是否要作为共犯对非法吸收公众存款罪负责，要以其主观上是否明知平台通过非法吸收公众存款融资为前提。

这里的“明知”，应当具有高度的盖然性，而不能是仅仅感知到其可能性。否则，就意味着市场主体一旦对他人资金来源具有一定程度的怀疑，就有停止合作或交易的义务。如此不仅要求用资方明知作为中介机构的融资理财公司是私募融资，同时还要了解融资公司股权众筹的具体业务形式和规模，不然就算没有完全认识，在主观上存在共同犯罪故意。为用资方主观上施加过多的条件，未免强人所难。

结合本案证据，能够认定被告人并未向投资人承诺还本付息和固定收益，无证据证明被告人参与了融资的具体环节，不能算作其明知平台非法融资的事实，也不认定其具有明知非法吸收公众存款的主观故意。

反之，如果认为被告人明知钱款来源于众筹平台就属于具有非法吸收公众资金的故意，就等于判定当时所有的类似平台都在实施非法吸收公众存款，这一论断过于武断。某某宝平台属于互联网众筹平台，在该平台上存在的项目不仅有音乐厨房项目，还有其他多个项目，如果认为曾某某构成非法吸收存款罪，则该平台上的所有用资方都涉嫌犯罪。

三、客观要件：是否利诱帮助扩大非法集资

构成非法吸收公众存款罪的共同犯罪，还需要满足客观条件，即是否实施了共同犯罪的帮助行为。

要研究用资方客观上是否提供实质帮助，首先要看用资方是否同样协议约定了返本付息的承诺，承诺了确定的回报；其次要看是否实施了某些宣传行为，具有一定的利诱性，帮助扩大募集资金。是否属于帮助利诱，要结合其主动动机进行考察，基于扩大集资规模为目的利诱与应用资方要求进行回馈的商业行为区分开来。

具体到本案中，不存在“固定返息”、无条件归还本金、支付固定收益的关系，曾某某不具有承诺还本付息的利诱行为。而且其投资项目并不是虚构的，提供项目介绍类投资大礼包也是正常的商业行为，在委托融资的市场行为中比较普遍，不能评价为非法吸收公众资金的帮助行为，因此不成立非法吸收公众存款罪的共犯。

编写人：北京市第一中级人民法院　张小旭
北京市朝阳区人民法院　秦梦圆

30

办理并出售空壳公司营业执照、银行账户的司法认定

——王某等收买、非法提供信用卡信息，买卖国家机关证件案

【案件基本信息】

1. 裁判书字号

陕西省渭南市中级人民法院（2021）陕 05 刑终 169 号刑事裁定书

2. 案由：收买、非法提供信用卡信息罪、买卖国家机关证件罪

【基本案情】

（1）被告人王某、胡某某为获取非法利益，对公司手续以及银行对公账户进行贩卖。2019 年 10 月以来，被告人张某某组织被告人樊某某收购公司营业执照及银行对公账户。被告人樊某某虚构注册公司可以办理贷款的事实，组织于某根（取保候审，现另案）、牛某超（取保候审，现另案）、赵某侠分别在渭南市临渭区、高新区注册“信息咨询公司”“商贸有限”“信息公司”，并在银行开设相应对公账户。张某某将贩卖公司营业执照及银行对公账户牟利一事告诉王某（在逃），王某同样虚构注册公司可以办理贷款的事实，组织李某（取保候审，另案）、王某（取保候审，另案）在临渭区注册“咨询服务公司”“广告公司”“有限公司”，并在银行开设相应对公账户。后张某某和王某将以上 6 套公司手续（包括的营业执照正副本、公司的公户及结算卡、银行优盾、公司的公章、公司法人私章、法人的身份信息、手机卡）交给被告人胡某某，胡某某让王某帮助其联系买家，王某微信联系昵称为“企业对公：马经理生活号”的一名南方口音男子（身份未查明）后，通过快递公司将胡某某手上 6 套公司手续按南方口音男子提供的地址邮寄卖出。被告人买卖的账户均系公安部

"长城 2 号"专项行动下发的电信诈骗涉案对公账户，账户已被电信诈骗团伙用于电信诈骗犯罪。

（2）自 2019 年以来，在明知贩卖的银行卡信息会被用于非法用途情况下，被告人张某龙先后多次将自己本人办理的以及组织被告人胡某奎、龚某蕾、李某、董某忠办理的 31 套银行卡信息（包括银行卡、优盾、电话卡、密码等）通过被告人王某进行贩卖，胡某奎又以同样方式安排任某、"郭某"（身份未查明）组织他人办理 10 余套银行卡信息通过王某进行贩卖。王某在某市将张某龙、胡某奎提供银行卡信息给上线孙某（绰号"水"，在逃），孙某又将银行卡信息卖给被告人刘某，后刘某将以上银行卡信息卖给某市的上线"胖子"（身份未查明），从中牟利。

【案件焦点】

王某、胡某的行为应按收买、非法提供信用卡信息罪一罪处罚，还是按收买、非法提供信用卡信息罪与买卖国家机关证件罪实行并罚。

【法院裁判要旨】

陕西省渭南市临渭区人民法院经审理认为：王某、胡某某、刘某、张某某、樊某某、张某龙收买、非法提供他人银行卡信息资料，足以使他人以信用卡持卡人名义进行交易，其行为已构成收买、非法提供信用卡信息罪；被告人王某、胡某奎、樊某华、张某龙买卖公司营业执照，其行为均已构成买卖国家机关证件罪。

陕西省渭南市临渭区人民法院依照《中华人民共和国刑法》第一百七十七条之一、第二百八十条、第二十五条、第六十七条、第六十五条、第六十九条、第七十条、第五十二条、第五十三条、第六十四条，《最高人民法院、最高人民检察院关于办理妨害信用卡管理刑事案件具体应用法律若干问题的解释》第三条，《中华人民共和国刑事诉讼法》第二百零一条之规定，作出如下判决：

一、被告人刘某犯收买、非法提供信用卡信息罪，判处有期徒刑四年六个月，并处罚金人民币 40000 元；

二、被告人王某犯收买、非法提供信用卡信息罪，判处有期徒刑四年，并处罚金人民币40000元；犯买卖国家机关证件罪，判处有期徒刑九个月，并处罚金人民币3000元。数罪并罚，决定执行有期徒刑四年四个月，并处罚金人民币43000元；

三、被告人胡某某犯收买、非法提供信用卡信息罪，判处有期徒刑三年，并处罚金人民币20000元；犯买卖国家机关证件罪，判处有期徒刑九个月，并处罚金人民币3000元。数罪并罚，决定执行有期徒刑三年四个月，并处罚金人民币23000元；

四、被告人张某某犯收买、非法提供信用卡信息罪，判处有期徒刑三年三个月，并处罚金人民币20000元；

五、被告人张某龙犯收买、非法提供信用卡信息罪，判处有期徒刑一年，并处罚金人民币10000元；犯买卖国家机关证件罪，判处有期徒刑六个月，并处罚金人民币2000元；与前犯帮助信息网络犯罪活动罪，判处有期徒刑一年二个月，并处罚金人民币40000元。数罪并罚，决定执行有期徒刑二年五个月，并处罚金52000元；

六、被告人樊某某犯收买、非法提供信用卡信息罪，判处有期徒刑一年三个月，并处罚金人民币15000元；犯买卖国家机关证件罪，判处有期徒刑九个月，并处罚金人民币2000元。数罪并罚，决定执行有期徒刑一年七个月，并处罚金17000元。

王某以其贩卖银行卡数量共31套为由、张某某以其认罪认罚为由分别提出上诉。陕西省渭南市中级人民法院经审理认为：原审判决认定上诉人王某及原审被告人胡某某、张某某、樊某某犯收买、非法提供信用卡信息罪、买卖国家机关证件罪；上诉人张某某1及原审被告人刘某犯收买、非法提供信用卡信息罪的事实清楚，证据确实、充分。上诉人王某、张某某1撤回上诉的申请符合法律规定，应予准许。

陕西省渭南市中级人民法院依照《最高人民法院关于适用〈中华人民共和国刑事诉讼法〉的解释》第三百八十三条第二款、第三百八十六条之规定，作出如下裁定：

驳回上诉，维持原判。

【法官后语】

综合分析，该行为应定两罪，实行数罪并罚。理由如下：

一、要坚持主客观相统一，但不能完全拘泥于行为人的供述

主客观相统一，是对被告人定罪处罚的基本原则。客观行为决定了被告人犯罪的性质，如果完全以被告人供述定案，那么定案会处于不确定状态。本案中，不管行为人主观上想卖公司的对公账户还是公司营业执照，有一点是明确的，那就是办理公司营业执照是办理对公账户的先行行为，非法办理公司营业执照也是犯罪，办理对公账户后，不代表先前办理的营业执照就没有用了。

二、从保护法益的角度来看，认定其侵犯两个法益更符合客观实际

在司法实践中，应严格地遵循客观判断先于主观判断的原则，才能保证定罪的准确性。本案所涉银行账户均被电信诈骗团伙用于犯罪活动。本案上诉人及原审被告人认为，出卖包含公司营业执照在内的对公账户能够获得更大收益，遂应上家要求物色人员办理所需资料并予以出卖。其在主观上虽仅是想得到并出卖公司银行账户，但是客观上却办理并出卖了公司营业执照在内的银行账户资料。其主观上已经有了买卖国家机关证件罪的主观故意，而客观上又有出卖国家机关证件的行为，应以两罪对其实行数罪并罚。而电信诈骗团伙之所以愿意以更高价钱购买公司营业执照在内的银行公户，是因为如果有公司营业执照，其诈骗的成功机率更高。从此方面而言，其行为已侵犯国家机关的公信力，构成买卖国家机关证件罪，应与收买、非法提供信用卡信息罪实行并罚。

虽然行为人的主观目的只是买卖公司公户，办理公司的营业执照及其他相关手续只是手段，但是并不能据此认定其是手段与目的的牵连犯，不能认定为一罪。理由是，行为人为了能够将包括公司公户在内的资料卖个好价钱，而办理空壳公司及其相关手续，也知道买家之所以愿意出更高的价钱，是因为出卖的一套手续中有公司的营业执照。

三、认定为两个犯罪，能够做到罪、责、刑相统一

就本案而言，买方要的是一套信息资料，不代表买方买来后仅使用对公账户，也存在买方转卖的可能。如果同时买卖对公账户和法定代表人个人身份信息、银行卡信息，和单独买卖对公账户均被定为一罪，那么两种不同行为，处理结果相同，这是不公平的。本案被告人的行为不是一个行为触犯两个罪名，而是先办理营业执照、再办理对公账户而后出卖，包含了两个非法办理的证件。在主观上已经有了买卖国家机关证件的故意，客观上有买卖国家机关证件的行为。以两罪对其数罪并罚是妥当的。

综上，二审法院认为上诉人王某及原审实行人的行为构成两罪，应数罪并罚有利于做到罪、责、刑相统一，做到罚当其罪，是妥当的。

编写人：陕西省渭南市中级人民法院　赵勇　刘伟伟

31

互联网支付平台运用背景下，信用卡信息资料内涵及其外延的理解与认定

——夏某某等收买、非法提供信用卡信息案

【案件基本信息】

1. 裁判书字号

云南省昆明市中级人民法院（2021）云01刑终1027号刑事裁定书

2. 案由：收买、非法提供信用卡信息罪

【基本案情】

自2021年1月开始，被告人夏某某向被告人杜某某、“牛某振”（身份不

详、在逃）以高额价格收购他人信用卡信息（包括银行卡信息、微信信息、身份信息），被告人杜某某再向被告人法某、谢某某等人收购他人信用卡信息，被告人法某、谢某某再通过网络宣传、熟人介绍等方式收购他人信用卡信息。经核实，被告人夏某某向杜某某收购共计17张，向“牛某振”收购共计7张；被告人法某向杜某某非法提供他人信用卡信息6张；被告人谢某某向被告人杜某某非法提供他人信用卡信息1张。

【案件焦点】

1. 本案中电话卡信息、身份证信息、微信号及部分人脸识别身份信息等内容，是否应当认定为信用卡信息资料，相关信息资料是否足以伪造可进行交易的信用卡或足以使他人以信用卡持卡人名义进行交易；2. 四被告人的行为是否应当按侵犯公民个人信息罪处罚。

【法院裁判要旨】

云南省昆明市官渡区人民法院经审理认为：被告人夏某某收买他人信用卡信息资料，涉及信用卡24张，构成收买信用卡信息罪。被告人杜某某、法某、谢某某收买并非法提供他人信用卡信息资料，分别涉及信用卡16张、6张、1张，其行为均构成收买、非法提供信用卡信息罪。关于被告人主张相关信息资料不足以伪造可进行交易的信用卡或足以使他人以信用卡持卡人名义进行交易，因本案所涉信息资料包括持卡人信用卡号、电话卡及身份证信息、微信号及部分人脸识别信息等成套信用卡资料，这些资料足以使他人以信用卡持卡人的名义进行交易或足以伪造可进行交易的信用卡。

昆明市官渡区人民法院依照《中华人民共和国刑法》第一百七十七条之一第一款、第二款，第六十七条第三款，第二十五条，第七十二条，第七十三条，第六十四条；《中华人民共和国刑事诉讼法》第十五条、第二百零一条，以及《最高人民法院关于适用〈中华人民共和国刑事诉讼法〉的解释》第二百九十五条第一款第二项之规定，判决如下：

一、被告人夏某某犯收买信用卡信息罪，判处有期徒刑四年，并处罚金5

万元；

二、被告人杜某某犯收买、非法提供信用卡信息罪，判处有期徒刑三年六个月，并处罚金4万元；

三、被告人法某犯收买、非法提供信用卡信息罪，判处有期徒刑三年，并处罚金3万元；

四、被告人谢某某犯收买、非法提供信用卡信息罪，判处有期徒刑一年，缓刑二年，并处罚金1万元；

五、扣押在案的被告人杜某某的电话卡10张、银行卡11张、办理回执单3张、手机1部，被告人法某手机1部、银行卡2张，被告人夏某某黑色联想拯救者笔记本电脑1台，予以没收。

被告人夏某某上诉认为，微信信息、身份信息等不属于刑法规定的信用卡信息外延，仅凭银行卡卡号等信息，不足以使他人以信用卡持卡人名义进行交易或伪造可以进行交易的信用卡。

云南省昆明市中级人民法院经审理认为：夏某某等人通过相关资料的收集和组合，足以实现伪造可进行交易的信用卡或足以使他人以信用卡持卡人名义进行交易，夏某某该项上诉理由不成立。依照《中华人民共和国刑事诉讼法》第二百三十六条第一款一项之规定，裁定如下：

驳回上诉，维持原判。

【法官后语】

本案中被告人收买、非法提供的资料包括信用卡卡号、持卡人电话卡信息、持卡人身份证信息、电话卡注册的微信号、微信号绑定信用卡及部分人脸识别身份信息等内容，在我国互联网支付平台广泛应用的背景下，本案审理的重点在于上述资料是否均应当认定为信用卡信息资料。同时，本案被告人收买、非法提供的信息包含公民个人信息，被告人的行为是否构成侵犯公民个人信息罪。

1. 关于本罪中信用卡信息资料内涵的理解和认定。收买、非法提供信用卡信息罪中，信用卡信息资料通常是指信用卡中所承载的信息，即信用卡磁条或芯片上记载的有关信息。根据《银行卡磁条信息格式和使用规范》的规定，该信息主要包括：（1）主账号；（2）发卡机构标识号码；（3）个人账户标识；（4）校验位；（5）个人标识代码。其中，个人标识代码（密码）是最为重要的信用卡信息资料。

然而，随着近年来互联网支付的发展，通过在互联网支付平台绑定信用卡，可以更为便利的对信用卡进行使用，犯罪分子通过掌握和控制持卡人电话卡信息，以及绑定有持卡人信用卡的互联网支付平台账号等信息资料，就足以实现使他人以信用卡持卡人的名义进行交易。本案中，被告人将持卡人银行卡卡号、电话卡信息、互联网支付平台账号等信息进行收集后，进行组合关联和运用，实现通过互联网支付平台操作持卡人信用卡进行交易的目的。虽然，电话卡信息、互联网支付平台账号等信息，不属于严格意义上传统信用卡信息资料的内容，但是，在互联网支付平台广泛应用的时代背景下，犯罪分子借由互联网支付平台的使用，显然能够便利实现“使他人以信用卡持卡人的名义进行交易”的目的，也使得他人以持卡人名义进行交易变得更为隐秘。一定程度上，信用卡信息资料在互联网支付平台广泛应用的背景下，必然产生和演变出合理外延，故而包含电话卡信息、互联网支付平台账号等非传统意义上的信息资料，在特定情况下，同样应当被认定为信用卡信息资料。

2. 关于本案中非法获取、出售公民个人信息行为的认定。在案件审理中，有观点认为，电话卡信息、互联网支付平台账号、人脸识别身份信息等信息资料，显然不属于信用卡信息资料，在对被告人进行定罪时，应当考虑其行为成立侵犯公民个人信息罪，并就此定罪处罚。根据《最高人民法院、最高人民检察院关于办理侵犯公民个人信息刑事案件适用法律若干问题的解释》的规定，公民个人信息是指以电子或者其他方式记录的能够单独或者与其他信息结合识别特定自然人身份或者反映特定自然人活动情况的各种信息，包括姓名、身份证件号码、通信通讯联系方式、住址、账号密码、财产状况、行踪轨迹等，且“知道或者应当知道他人利用公民个人信息实施犯罪，向其出售或者提供的”即符合“情节严重”。客观行为上，本案被告人的行为确实符合侵犯公民个人信息罪的行为特征。但是，其主观方面是收买、非法提供信用卡信息资料，实现使他人能够以信用卡持卡人的名义进行交易或足以伪造可进行交易的信用卡的犯罪目的，被告人侵犯公民个人信息的行为属于收买、非法提供信用卡信息资料罪的手段行为。依据主客观相统一原则和牵连犯类型说的观点，本案被告人应按收买、非法提供信用卡信息资料罪定罪处罚。

编写人：云南省昆明市中级人民法院　杨强　刘志恒

32

银行员工辞职前后吸收客户理财资金不入账行为的司法认定

——王某吸收客户资金不入账案

【案件基本信息】

1. 裁判书字号

河南省内乡县人民法院（2019）豫 1325 刑初 635 号刑事判决书

2. 案由：吸收客户资金不入账罪

【基本案情】

2016 年 8 月 6 日，被告人王某到某银行文化路支行上班，2017 年 7 月 28 日辞职离岗。2017 年 4 月，被告人王某以拉业务为名联系到自己的同学和好友郑某，让郑某帮忙在某银行文化路支行投资理财产品，郑某于 2017 年 4 月 11 日到该行开户、购买 1500 万元“财富私银专属 2017 年第二期”理财产品，为期 35 天，2017 年 5 月 17 日到期。到期后，某银行直接将本金 1500 万元和分红 5 万余元一次性转入郑某的账户。后王某想让郑某继续投资理财，但郑某以去南阳办理投资理财不方便为由拒绝，王某就到内乡找到郑某，称郑某可以委托自己在银行办理投资理财，郑某基于对王某和银行的信任，办理了所谓的“口头委托理财”手续。郑某将1500万元人民币转到王某的银行卡上，委托王某办理理财，而王某在收到该笔资金后，在2017年7月28日离职前，于2017年5月18日、2017年6月25日，给被害人出具《某银行人民币理财产品销售协议书》，同时将该款全部投入到股票和期货交易上。嗣后，被告人王某为了让郑某相信自己在为他做投资理财，每期按时支付给郑某分红、利息、出具投资理财销售协议书，至2018年10月15日，一共出具13份《某银行人民币理财产品销售协议书》。在2018年3月份，王某的股票账户亏损达到1800余万元，为了不被郑某发现，王某继续骗郑某投资，还说业绩好有年终奖，可以出去旅游；后郑某在5月给王某转200万元，8月、9月又给王某转900万元，郑某最高给王某转2800万元。在2018年年底，王某带郑某和其他同学去旅游，说是银行提供的旅游奖励。从2018年11月到2019年3月，郑某多次找王某要钱，王某退给郑某750万元，后无力偿还余款2050万元。郑某于2019年3月18日报案，经侦查机关调取王某的证券、期货交易明细，在证券和期货交易中，王某共亏损22669727.73元。庭审后，被告人家人给郑某再次退赔100万元，取得郑某刑事部分的谅解。

另查明，2017年4月11日，郑某在某银行办理理财产品时，某银行给客户出具的《某银行人民币理财产品销售协议书》《综合销售平台签约/解约/变更申请表》，均没有银行公章和法定代表人、经办人签字、印鉴。此后，在2017年5月18日、2017年6月25日、2017年8月2日、2017年9月10日、2017年10月18日、2017年11月22日、2017年12月27日、2018年3月10日、2018年4月17日、2018年5月23日、2018年8月2日、2018年9月7日、2018年10月15日等13份《某银行人民币理财产品销售协议书》上，只有王某代郑某签字，均没有银行公章和法定代表人、经办人签字、印鉴。且经银保监分局调查核实，某银行文化路支行违规销售理财产品、空白凭证管理不当，且未对员工与客户间的大额异常转账进行监测。

【案件焦点】

银行违规销售理财产品，其工作人员辞职后吸收客户理财资金不入账应认定为合同诈骗罪、挪用资金罪，还是吸收客户资金不入账罪。

【法院裁判要旨】

河南省内乡县人民法院经审理认为：被告人王某在某银行工作期间，为了完成任务，动员并引领被害人在银行柜台内依规办理投资理财产品，获得被害人对银行理财产品的信任，受委托代为办理投资理财产品，在被害人将款项打入其某银行卡内后，其利用某银行文化路支行对空白凭证管理不当、未对员工与客户间的大额异常转账进行监测的漏洞，将客户用于办理理财产品的资金，私自进行股票和期货交易，造成 1950 万元无法归还，严重侵害了国家金融管理制度和客户的合法权益，犯罪数额特别巨大，其行为已构成吸收客户资金不入账罪。公诉机关指控事实成立，但指控罪名不能成立。辩护人的此节辩护意见，本院予以采纳。鉴于被告人王某到案后能够如实坦白自己的犯罪事实，当庭认罪悔罪，积极采取措施挽回部分经济损失，得到客户谅解，可以从轻处罚。本院为了维护国家金融管理制度和客户的合法权益不受侵犯，打击犯罪，依据《中华人民共和国刑罚》第一百八十七条第一款、第六十七条第三款之规定，判决如下：

被告人王某犯吸收客户资金不入账罪，判处有期徒刑六年，并处罚金人民币 10 万元。

判决书送达后，被告人未上诉，检察机关亦未抗诉。

【法官后语】

一、本案被告人的行为不构成合同诈骗罪或挪用资金罪

首先，本案被告人的行为之所以不构成合同诈骗罪，原因在于：(1) 本案被告人在犯罪的主观方面虽然表现为直接故意，客观方面表现在与受害人订立口头委托理财合同过程中，以隐瞒真相的方法，骗取受害人 13 笔数额巨大的理财资金，但被告人并不具有非法占有受害人财物的目的，其目的是将被害人的资金投入股票和期货交易中借此牟取利益。(2) 经银保监分局调查核实，被告人离职前所在单位是违规销售理财产品，该事实说明被告人受委托代为办理投资理财产品，侵犯的客体是国家对存贷款的管理秩序和受害人的财产所有权，

并非国家对经济合同的管理秩序和公私财产所有权。(3) 被告人在案发前已偿还给被害人750万元，没有逃避返还财物的意思和行为。因此，被告人的行为并不具有合同诈骗罪的全部构成要件，不构成合同诈骗罪。

其次，本案被告人的行为不构成挪用资金罪。司法实践中，吸收客户资金不入账罪与挪用资金罪的本质区别在于：(1) 从资金的来源，吸收客户资金不入账罪的资金，是行为人所吸收的未被入账的客户资金，没有进入金融系统的“大账”。而“挪用型”犯罪中的资金是已经进入了金融系统“大账”的资金，进入后，又被行为人挪作他用。(2) 从侵犯的客体来看，挪用资金罪侵害的客体是公司、企业或者其他单位资金的使用收益权，对象则是本单位的资金；吸收客户资金不入账罪侵犯的客体是国家对存贷款的管理秩序。本案中，虽然受害人在案发前一直认为被告人将吸收自己的理财资金已存入银行，但是被告人离职后给被害人出具的13份《某银行人民币理财产品销售协议书》上，均没有银行公章和法定代表人、经办人签字、印鉴，该事实说明被告人并没有将吸收被害人的13笔理财资金转入银行账户，且某银行是违规销售理财产品。因此，本案被告人的行为所侵害的客体并不是某银行资金的使用收益权，也并非某银行的资金，所以被告人的行为不成立挪用资金罪。

二、本案被告人离职后的行为仍构成吸收客户资金不入账罪

本案中，被告人在2017年7月28日离职前，即分别于2017年5月18日、2017年6月25日给被害人出具《某银行人民币理财产品销售协议书》，吸收被害人2笔理财资金不入账，同时将该款全部投入到股票和期货交易上，侵犯的客体是国家对存贷款的管理秩序和受害人的财产所有权，构成吸收客户资金不入账罪无异议。但是，王某辞职后发生的11笔理财资金，仍然不能改变吸收客户资金不入账罪的本质，原因在于：受害人处于对被告人在某银行工作的信任，有充分理由相信被告人系某银行工作人员，且被告人离职后也一直没有告知受害人其已从银行离职的事实。同时，在吸收被害人后面发生的11笔理财资金过程中，被告人每期均按时支付给受害人分红、利息及出具投资理财销售协议书。这些事实说明被告人的行为方式、行为特征和行为对象，仍然与之前发生的2

笔理财资金的回报及模式特点是一致的，具有连续性，所以从王某的主观动机到行为模式的同质连续性而言，应将对其辞职后发生的 11 笔理财资金与之前 2 笔理财资金的行为进行一体对待，作整体评价，统一认定为吸收客户资金不入账罪。这样认定不仅真实地反映了案件的客观性和内在联系性，也符合我国关于连续犯的理论原理。同时，按照通行的观点，行为人出于相同的犯罪动机，基于数个同一的犯罪故意，连续多次实施数个性质相同的犯罪行为，成立连续犯，按照一罪处罚而不实行数罪并罚。本案王某离职前后先后吸收郑某的 2 笔和 11 笔理财资金的行为，都是为了私自进行股票和期货交易，连续实施了犯罪故意相同、行为性质相同、侵害法益一致、罪名相同的犯罪，应当以连续犯评价为同一个吸收客户资金不入账罪。故此，王某辞职后发生的 11 笔理财资金，仍然构成吸收客户资金不入账罪。

编写人：河南省内乡县人民法院　李华　杨慧文

33

被告人辩称对上游犯罪及涉案钱款来源均不知情能否认定为洗钱罪

——林某鹏受贿、洗钱案

【案件基本信息】

1. 裁判书字号

广东省江门市中级人民法院（2021）粤 07 刑初 70 号刑事判决书

2. 案由：受贿罪、洗钱罪

【基本案情】

被告人林某鹏的父亲林某庆原系某税务局党组书记、局长，已被判处。

2013年底，某进出口公司法定代表人吴某舟为解决其公司退税指标问题，在某酒家宴请林某庆、被告人林某鹏，饭后通过林某鹏送给林某庆港币20万元。后林某庆利用职务便利，为上述公司多安排出口退税指标。2016年至2017年初，为感谢林某庆帮助承接到某投资公司消防工程，某消防电力科技公司江门分公司总经理陈某光指使他人先后两次通过被告人林某鹏分别送给林某庆现金20万元，共计人民币40万元。

2015年，林某庆为收受某集团法定代表人王某威通过冯某威给予的贿赂款，让被告人林某鹏提供银行账户供其收款，林某鹏提供了其在我国香港特别行政区开设的个人账户给林某庆。随后，冯某威按照林某庆的要求向被告人林某鹏账户转账港币432万元。后林某庆指使林某鹏用上述贿款进行股票买卖交易。

【案件焦点】

在洗钱犯罪中，被告人辩称自己没有问过上游犯罪人涉案钱款的来源，能否认定为洗钱罪。

【法院裁判要旨】

广东省江门市中级人民法院经审理认为：林某庆与被告人林某鹏系父子关系，长期生活在一起，关系密切，对于林某庆及家庭的合理收入应有所了解；林某鹏曾参与林某庆的部分受贿犯罪事实，帮助林某庆收受贿赂，其对林某庆利用职权收受贿赂的行为有所了解，也即存在不法收入的情况；案发前，林某庆曾给予林某鹏大量的资金用于投资公司、购置房产等，与其家庭合法收入明显不符；涉案款项为港币432万元，数额巨大，且非合法收入的币种，与常理不符。作为有正常认知能力的人，被告人林某鹏对涉案款项来源的非法性应有概括性认识，也即其主观上应当知道涉案款项的来源具有非法性；但其客观上仍然提供账户接受与林某庆职业、财产状况明显不符的涉案款项，并在林某庆的指使下进行股票买卖交易，其行为符合洗钱罪各构成要件，应认定构成洗钱罪。

综上，被告人林某鹏伙同林某庆，利用林某庆的职务便利为他人牟取利益，非法收受他人财物港币 20 万元、人民币 40 万元，数额巨大，其行为构成受贿罪；又为掩饰、隐瞒林某庆贪污受贿违法所得的来源和性质，提供其账户用于接收，并进行股票买卖交易，其行为构成洗钱罪，应数罪并罚。被告人林某鹏主动到案，并如实供述自己的罪行，系自首，依法可以从轻或减轻处罚；在共同受贿犯罪中，起次要、辅助作用，系从犯，依法应当从轻、减轻或者免除处罚；被告人林某鹏自愿认罪认罚，依法可以从宽处理；且能够主动预交罚金，可以酌情从轻处罚。综上，被告人林某鹏确有悔罪表现，没有再犯危险性，可对其适用缓刑。根据本案的犯罪事实和情节，依照《中华人民共和国刑法》第一百九十一条、第三百八十五条、第三百八十六条、第三百八十三条、第二十七条、第六十七条、第七十二条、第七十三条、第六十九条、第五十二条、第五十三条、第六十四条，《最高人民法院　最高人民检察院关于办理贪污贿赂刑事案件适用法律若干问题的解释》第二条、第十九条，《中华人民共和国刑事诉讼法》第十五条的规定，判决如下：

被告人林某鹏犯受贿罪，判处有期徒刑六个月，并处罚金人民币 100000 元；犯洗钱罪，判处有期徒刑三年，并处罚金人民币 500000 元。数罪并罚，决定执行有期徒刑三年，缓刑五年，并处罚金人民币 600000 元。

宣判后，被告人林某鹏未上诉，检察机关未抗诉。本判决现已发生法律效力。

【法官后语】

在审判实践中，由于作案手段隐蔽，罪犯与上游犯罪人之间犯意联络多通过默许、心知肚明等方式进行，导致在案证据中关于罪犯是否对上游犯罪及涉案钱款的来源明知、有无与上游犯罪人进行犯意联络等具体犯罪细节相关证据不够明确、具体，审理中被告人及其辩护人也往往以对上游犯罪的性质及涉案钱款的来源不知情为由进行辩解、辩护，增加法官在审理案件时认定案件犯罪性质的难度。

刑法第一百九十一条规定，为掩饰、隐瞒毒品犯罪、黑社会性质的组织犯罪、恐怖活动犯罪、走私犯罪、贪污贿赂犯罪、破坏金融管理秩序犯罪、金融诈骗犯罪的所得及其产生的收益的来源和性质，没收实施犯罪的所得及其产生的收益，处五年以下有期徒刑或者拘役，并处或者单处罚金；情节严重的，处五年以上十年以下有期徒刑，并处罚金。《最高人民法院关于审理洗钱犯罪等刑事案件具体应用法律若干问题的解释》第一条规定，刑法第一百九十一条、第三百一十二条规定的“明知”，应当结合被告人的认知能力、接触他人犯罪所得及其收益的种类、数额，犯罪所得及其收益的转换、转移方式以及被告人的供述等主客观因素进行认定。

关于主观认识的认定。刑法修正案（十一）将“明知”修改为“为掩饰、隐瞒”，主要是为了排除“自洗钱行为”入罪的文本障碍，并不意味着修改了洗钱罪的主观认知；“为”是对行为人主观认识的表述，即必须对其掩饰、隐瞒的是什么犯罪所得及其收益有所认识。修订后的“为掩饰、隐瞒”与修订前的“明知”，对行为人主观上的认知状态的要求具有同质性，即行为人主观上要有“罪错”，洗钱罪的主观要件仍然是故意。

从法律和司法解释的规定可以看出，主观故意包含两个层面的含义：一是明知自己转移或者转换的财物是犯罪所得及其收益；二是明知犯罪所得及其收益属于七类上游犯罪中的一类或几类。行为人对上游犯罪的认识可以是概括性认识，即认识到上游犯罪的类型，无须认识到具体性质和罪名，也即此处的主观明知，包括明知和应当明知。审判实践中，可能部分被告人辩解自己从来没有问过上游犯罪人的钱款来源，或者即使问过对方也没有明确回答，不知道上游犯罪人从事的具体违法犯罪行为。但“不问”并不等于“不知”，根据其身份背景、认知能力以及其所接触、接收的信息，与上游犯罪人的关系、接触、接收财物的种类、数额，转换、转移方式，交易行为，以及被告人的供述和证人证言等主客观证据，经过综合分析，按照一般正常人的认知能力，能够形成对上游犯罪的概括性认识，仍然帮助转移资金的，应当认定为洗钱罪。

本案的审理，法院在积极发挥审判职能作用的同时，彰显了审判机关对洗钱犯罪依法严厉惩处的决心和打击力度，具有典型的指导意义。

编写人：广东省江门市中级人民法院　崔进文　沈琼

（五）金融诈骗罪

34

涉众型集资类案件中非法占有主观故意的判断

——翁某源等集资诈骗、非法吸收公众存款案

【案件基本信息】

1. 裁判书字号

福建省三明市中级人民法院（2020）闽 04 刑终 101 号刑事裁定书

2. 案由：集资诈骗罪、非法吸收公众存款罪

【基本案情】

被告人翁某源、钟某斌以非法占有为目的，雇用孙某、邓某翔等，先后在福建省、湖北省等地成立实业公司、酒水商行等，并雇佣李某艳（另案处理）等在未经国家银行监管机构批准的情况下，通过发放传单、举办宣传活动、口口相传等方式，虚构公司生产经营需要大量资金为由，向不特定群体进行公开宣传，通过承诺高额返现，以及赠送投资金额等额的积分用以兑换礼品的方式，针对老年人这一目标人群进行非法集资。被告人翁某源、钟某斌等并未将所吸资金用于实际生产经营活动，而是用后吸钱款支付前吸钱款的高额返利、维持整个集资平台运转，导致部分集资款无法返还。其中被告人翁某源全面负责所有事务，被告人钟某斌协助翁某源进行日常管理，二人以非法占有为目的实际占有并控制所吸钱款；被告人孙某根据钟某斌安排分配钱款、采购物资等事务；被告人邓某翔负责福建区域市场销售等。上述人员在收取非法集资钱款后，除

对投资参与人进行现金返利外，还对部分投资参与人进行酒水等实物返利。

经统计，被告人翁某源、钟某斌、邓某翔、孙某等以实业公司等名义，在福建省永安市向社会不特定对象 75 人吸收存款共计人民币 2682550 元，给他人造成直接经济损失共计人民币 1461718 元；在福建省南平市向社会不特定对象 149 人吸收存款共计人民币 7752862 元，给他人造成直接经济损失共计人民币 3237689 元；在湖北省安陆市向社会不特定对象 66 人吸收存款共计人民币 1333800 元，给他人造成直接经济损失共计人民币 805340 元。该案共 290 名被害人中，年龄在 60 岁以上的被害人，占总人数的 94.3%。

【案件焦点】

本案如何根据四被告人主观明知分别进行准确定性。

【法院裁判要旨】

福建省永安市人民法院经审理认为：被告人翁某源、钟某斌以非法占有为目的，虚构对外投资之事，违反国家金融管理法规，以高额回报为诱饵，通过发放传单、举办宣传活动、口口相传等方式，组织社会上不特定人员参与投资，实际占有并控制所吸资金，数额特别巨大，二被告人的行为均构成集资诈骗罪；被告人孙某、邓某翔受雇于他人，违反国家金融管理法规，以高额回报为诱饵，通过发放传单、举办宣传活动、口口相传等方式，组织社会上不特定人员参与投资，数额巨大，二被告人的行为构成非法吸收公众存款罪。公诉机关对被告人翁某源、钟某斌的指控，犯罪事实清楚，证据确实充分，指控罪名成立，予以支持；对被告人孙某、邓某翔指控罪名有误，对部分涉案金额、人数计算有误，一并予以纠正。被告人翁某源、钟某斌属共同犯罪，其中被告人钟某斌在共同犯罪中作用相对较小；被告人孙某、邓某翔与被告人翁某源、钟某斌在非法吸收公众存款部分属共同犯罪。四被告人根据各自实施的犯罪行为，在共同犯罪中的地位、作用等承担相应的刑事责任。四被告人实施犯罪对象大多数为老年人；被告人翁某源曾因故意犯罪被判处刑罚后再次故意犯罪，均酌情从重处罚。被告人翁某源、钟某斌、邓某翔、孙某归案后如实供述自己犯罪事实，当庭自愿认罪，属坦白，可以从轻处罚；被告人邓某翔案发后主动退出部分赃款，可以从轻处罚。四被告人除对投资参与人进行现金返利外，还对部分投资参与人进行实物返利，在量刑时予以充分考虑。被告人、辩护人的辩解、辩护意见合理部分，本院予以采纳；其余部分不予采纳。

福建省永安市人民法院依照《中华人民共和国刑法》第一百九十二条，第一百七十六条第一款，第二十五条第一款，第六十七条第三款，第六十四条；《最高人民法院关于审理非法集资刑事案件具体应用法律若干问题的解释》第一条第一款，第二条第九项，第三条第二款第一项、第二项、第三项、第三款，第四条第一款、第二款第一项、第三款，第五条第一款、第三款之规定，作出如下判决：

一、被告人翁某源犯集资诈骗罪，判处有期徒刑十三年二个月，并处罚金人民币 40 万元；

二、被告人钟某斌犯集资诈骗罪，判处有期徒刑十年，并处罚金人民币 20 万元；

三、被告人孙某犯非法吸收公众存款罪，判处有期徒刑五年，并处罚金人民币 15 万元；

四、被告人邓某翔犯非法吸收公众存款罪，判处有期徒刑四年六个月，并处罚金人民币 10 万元；

五、责令被告人翁某源、孙某、钟某斌对造成各集资人损失人民币 5504747 元承担共同退赔责任；被告人邓某翔对前述损失中人民币 4699407 元承担共同退赔责任（已退赔人民币 50000 元），前述款项按损失比例发还各集资参与人；

六、依法扣押的通讯录 1 本、会员积分换购表 1 张、结算单 1 本、退款证明书 6 页、领酒记录 1 本、领酒登记本 2 本、兑换家电申请表 1 本、领款单 3 本、积分赠送表 14 本、黑色台式电脑 1 台、实业公司印章 1 枚等，由公安机关予以没收，上缴国库；其余扣押物品发还原财物所有人。

翁某源、钟某斌、孙某持原审辩解提出上诉。福建省三明市中级人民法院经审理认为：翁某源、钟某斌以非法占有为目的，虚构事实、隐瞒真相进行非法集资，数额特别巨大，二人的行为已构成集资诈骗罪。孙某、邓某翔受雇于他人，违反国家金融管理法规，以高额回报为诱饵，通过发放传单、举办宣传活动、口口相传等方式，向社会公众吸收资金，数额巨大，二人的行为已构成非法吸收公众存款罪。上诉人、原审被告人应根据各自实施的犯罪行为，在共同犯罪中的地位、作用等承担相应的刑事责任，在集资诈骗共同犯罪中，钟某斌相对翁某源作用较小，可酌情从轻处罚。上诉人、原审被告人实施犯罪对象大多数为老年人，酌情从重处罚；翁某源曾因故意犯罪被判处刑罚后再次故意犯罪，均酌情从重处罚；翁某源、钟某斌、邓某翔、孙某归案后如实供述自己犯罪事实，当庭自愿认罪，属坦白，可以从轻处罚；邓某翔案发后退出部分赃款，可以从轻处罚；上诉人、原审被告人对部分投资参与人实物返利部分，在量刑时可酌情考虑。原判认定事实清楚，证据确实、充分，定罪准确，量刑适当。审判程序合法。翁某源、孙某、钟某斌及其辩护人请求二审改判或再予减轻、从轻处罚的意见，不予采纳。

福建省三明市中级人民法院依照《中华人民共和国刑事诉讼法》第二百三十六条第一款第一项之规定，作出如下裁定：

驳回上诉，维持原判。

【法官后语】

本案系典型的以投资返利为名，针对老年群体实施的非法集资案件。随着社会经济多样化发展，老年人群体持有闲散资金较多，但因资讯信息、科技手段掌握较少，投资渠道狭窄，不法分子充分利用部分老年人追求高额回报的心理，打着“销售保健品”“投资理财”“养老服务”等名目诱骗老年人资金的犯罪多发。在增强老年人防范意识的同时，加大对针对老年人非法集资类犯罪打击力度，准确定性犯罪势在必行。而审理非法集资类案件难点集中在对行为人是否有非法占有主观故意的准确判断。

该案中公诉机关指控四被告人犯集资诈骗罪；被告人及辩护人提出应当定性为非法吸收公众存款罪。而人民法院经审理后认定，该案中被告人翁某源、钟某斌构成集资诈骗罪，被告人孙某、邓某翔因在案证据无法证明被告人孙某、邓某翔具有非法占有的主观故意，故认定二被告人构成非法吸收公众存款罪。被告人翁某源、钟某斌、邓某翔、孙某等人虚构公司生产经营需要大量资金，向不特定群体进行公开宣传，并通过承诺高额返现，及赠送投资金额等额的积分用以兑换礼品的方式非法集资，并用后吸钱款支付前吸钱款的高额利息、维持整个集资平台运转；其中被告人翁某源、钟某斌以非法占有为目的实际占有并控制所吸钱款。上述事实，有公诉机关提供内资企业登记表、购酒记录单、投资返利登记表、银行交易流水等书证、证人林某丽、黄某谅等陈述、被告人供述和辩解等证据予以证实，足以认定。

根据《最高人民法院关于审理非法集资刑事案件具体应用法律若干问题的解释》第七条第一款、第二款之规定，使用诈骗方法非法集资，且集资后不用于生产经营活动的，可以认定为“以非法占有为目的”。本案中被告人翁某源、钟某斌非法集资后，实际占有并控制所吸资金，并用后吸钱款支付前吸钱款的高额返现、维持整个集资平台运转，未投入实际生产经营活动，足以认定二被告人非法占有所吸资金的主观故意。故此二被告人的行为符合集资诈骗罪的构成要件，应当以集资诈骗罪定罪处罚。

《最高人民法院关于审理非法集资刑事案件具体应用法律若干问题的解释》第七条第三款规定，集资诈骗罪中的非法占有目的，应当区分情形进行具体认定；非法集资共同犯罪中部分行为人具有非法占有目的，其他行为人没有非法占有集资款的共同故意和行为的，对具有非法占有目的的行为人以集资诈骗罪定罪处罚。本案中，被告人孙某、邓某翔受雇于被告人翁某源、钟某斌，其中被告人孙某根据钟某斌安排分配钱款、采购物资等事务，被告人邓某翔负责福建区域市场销售等，二被告人并未实际占有、控制所吸钱款。现有在案证据无法证明被告人孙某、邓某翔具有非法占有的主观故意，故此二被告人的行为不符合集资诈骗罪构成要件，应当以非法吸收公众存款罪定罪处罚。

编写人：福建省永安市人民法院　崔璐　宋明泉

35

非法集资行为非法占有目的的认定思路

——王某国集资诈骗案

【案件基本信息】

1. 裁判书字号

河北省高级人民法院（2020）冀刑终82号刑事判决书

2. 案由：集资诈骗罪

【基本案情】

被告人王某国自2013年1月起任银行夏垫支行行长、2016年1月起任该某银行综合管理部主任。2014年7月至2019年1月，被告人王某国以为企业倒贷、代办理财业务为由，通过本人介绍、借款人口口相传的形式向社会不特定人群吸收资金，以支付高额利息为诱饵，从蒋某林、包某星等处非法募集资金，主要用于无担保对外借款、以新债偿还前期借款、支付高额利息及购买房产等。经审计，截至2019年1月14日案发，共涉及非法集资累计169537.955万元，造成集资参与人包某星、付某、葛某琴、蒋某林等经济损失人民币6933.5722万元。

另查明，孟某超因经营的装饰公司需要资金而从被告人王某国处高利借款，因经营不佳自2014年起无力偿还王某国本金及利息，至2018年11月已欠款3000万元左右。王某国与孟某超之间资金往来的鉴定意见载明王某国多转给孟某超2300余万元。王某国在明知孟某超经营状况的情况下，仍为孟某超担保借款。其让孟某超签署了一张2.5亿元的欠条。债务人丁某伟、孟某利尚欠王某国借款500万元左右。王某国还替王某群担保还款350万元，王某群拟用大连万达抵顶其工程款的五套房，抵顶王某国的欠款170余万元，但并未能实际交付。王某国还用非法集资款约46万元购买了住房。

【案件焦点】

1. 如何区分非法吸收公众存款罪与集资诈骗罪，即如何认定非法占有目的；2. 集资参与人的贪利性能否影响被告人主观心态的认定，并阻却实质不法。

【法院裁判要旨】

河北省廊坊市中级人民法院经审理认为：公诉机关指控被告人王某国犯集资诈骗罪不成立，其行为构成非法吸收公众存款罪。王某国集资方式虽具有一定欺骗性，但集资参与人将资金长期置于王某国处，与普通倒贷的短期拆借特征明显不符，集资参与人是为了获取高额利息。结合非法集资款归还情况及王某国对孟庆超等人具有的大量真实债权情况，现有证据并不能证明王某国对集资钱款具有非法占有目的。依照《中华人民共和国刑法》第一百七十六条第一款、第六十七条第三款、第五十二条、第五十三条、第六十四条之规定，判决如下：

被告人王某国犯非法吸收公众存款罪，判处有期徒刑八年，并处罚金人民币40万元；被告人王某国违法所得人民币6933.5722万元，继续予以追缴并返还给被害人，不足部分，责令被告人王某国退赔。

宣判后，河北省廊坊市人民检察院提出抗诉。抗诉意见认为，被告人王某国明知已不具备偿还能力，仍采取以新还旧的方式，骗取被害人借款，主观上具有非法占有目的，其行为应构成集资诈骗罪。一审判决定性错误，适用法律明显不当。辩护人辩护认为，王某国主观上明知非法集资仍参与，客观上有大量还本付息的行为，无挥霍和携款潜逃，不构成集资诈骗罪。

河北省高级人民法院经审理认为：被告人王某国始终谎称借款用于企业倒贷或代办理财产品，集资后并未将大部分钱款用于所谓的“生产经营”，而是在无任何抵押的情况下出借给他人，造成巨额亏损，且其并没有大量真实债权，明知无力偿还巨额债务，仍继续集资，用于偿还旧债和支付高息，属于典型的

“拆东墙补西墙”“借新债还旧债”。其虽然对非法占有的目的不供认，但是通过集资行为的真实性、资金去向、归还能力、事后反应等事实，可以认定其具有非法占有目的，应当以集资诈骗罪定罪处罚，且犯罪数额特别巨大。原判决认定的事实和适用法律错误，应当依法纠正。检察机关的抗诉意见应予支持。依照《中华人民共和国刑法》第一百九十二条、第六十四条，《中华人民共和国刑事诉讼法》第二百三十六条第一款第三项、第二百四十四条，《最高人民法院关于审理非法集资刑事案件具体应用法律若干问题的解释》第四条的规定，判决如下：

被告人王某国犯集资诈骗罪，判处无期徒刑，剥夺政治权利终身，并处没收个人全部财产。

【法官后语】

非法吸收公众存款罪与集资诈骗罪均破坏金融管理秩序，危害国计民生。刑法修正案（十一）对二罪名进行了修正，体现了从严惩处的精神。二者的法定刑差距较大，但在客观表现上都可能利用虚假手段，危害结果上都可能造成集资参与人经济损失。司法实践中，对二罪的法律适用存在较大争议。通说认为，二罪的根本区别在于行为人对集资款是否具有“非法占有的目的”。责任要素通常不能仅仅通过被告人避重就轻的供述来认定，这就需要刑事推定。“拆东墙补西墙”“以新债还旧债”等情形能否认定为“非法占有目的”，应重点围绕融资项目真实性、资金去向、归还能力、事后反应等事实进行综合判断。实践中，《最高人民法院关于审理非法集资刑事案件具体应用法律若干问题的解释》等规范性文件对此不断作出细化规定。

对于非法占有的含义，还存在不同学说。例如，“排除和利用意思说”，是指排除权利人，将他人财物作为自己的所有物，并对之进行利用或者处分；“财产损害故意说”，以债权是否具有实现的经济价值来认定是否具有财产损害故意；“基于信任法益之信任滥用或盗用说”，非法吸收公众存款的本质在于不具备信用能力的组织或个人，未经系统信用背书而经营金融业务，造成信任缺失。集资诈骗的特有属性是集资主体事后违背投资者对社会系统和该主体的双重信任，侵害投资者的财产与系统信任双重法益，具有非法处分和利用的意思。上述观点从不同角度提供了区分非法吸收公众存款罪与集资诈骗罪的方法和思路，可作为人民法院办理相关案件的参考。

另外，被集资的人通常被称为集资参与人。其法定身份既不同于单纯的被害人，又不简单等同于证人。在非法吸收公众存款罪与集资诈骗罪中之所以以集资参与人统称，主要考虑之一就是他们因为贪图高利回报，参与非法集资具有一定的预知性、自愿性，并非完全被动地受到犯罪的侵害。所以，因参与非法集资受到的损失，由集资参与人自行承担。但被害人过错理论不能排除实质不法，集资参与人明知非法集资仍参与，不影响定性，集资参与人的贪利性不能否定被告人的主观心态。只有当集资参与人未陷入错误认识时（明知或推定明知诈骗事实真相），才能否定集资诈骗罪成立。

金融工作人员利用职业信用从事为企业倒贷的“过桥”业务，“借鸡生蛋”放高利贷赚取差价牟利，在使用“过桥”资金的借贷人不能归还借款后，出现巨额亏空，仍不断借新债还旧债。此类案件是一种典型的庞氏骗局，司法实践中有多发态势。本案中，王某国极不负责任地使用集资款，放出的借款形成的债权基本上就是白条，没有实现的经济价值，其自身又没有归还集资款的能力，可以认定其具有非法处分和利用意思，具有财产损害的故意，其行为侵害了投资者的财产与系统信任双重法益。

综上，无论从上述哪种区分罪名的学说和方法上分析，都可以推定王某国具有非法占有目的，其行为符合集资诈骗罪的构成要件。一审判决认定事实和适用法律错误，抗诉有理，二审遂予以改判。

本案例对于准确区分非法集资罪名具有典型指导意义，对以银行倒贷为名进行非法集资的行为如何定罪提供了裁判思路。

编写人：河北省高级人民法院　陈庆瑞

36

网络集资诈骗平台负责人将平台转手他人继续运营行为的认定

——彭某奇等集资诈骗案

【案件基本信息】

1. 裁判书字号

重庆市第五中级人民法院（2021）渝05刑终991号刑事裁定书

2. 案由：集资诈骗罪

【基本案情】

2018年10月，被告人彭某奇从他人处购买了某科技公司用以准备进行集资诈骗活动。2019年6月，彭某奇委托他人研发制作了某系统平台并上线运营，邀约被告人戴某桥等人加入某科技公司。某系统平台以价格虚高的商品寄售模式为幌子，采取诱骗的方式吸引会员投资，主要通过“以新还旧”的方式对会员进行返利。彭某奇系某科技公司实际控制人，负责公司及经营平台的全面管理。戴某桥负责公司平台市场推广、会员管理等业务。某平台以微信群宣传为主要推广方式。为吸引更多的人到某平台投资，彭某奇安排戴某桥等人通过刷单、展示虚假投资获利数据、抽取佣金等方式进行诱骗。2019年11月，因会员人数众多，为规避返利不能而带来平台崩盘的风险，彭某奇通过戴某桥积极联系被告人赵某来接手，后商定彭某奇以600万元价格将某科技公司及经营的某平台移交给赵某，并安排戴某桥等人协助赵某运营并培训新员工。为防止会员抽资离场，彭某奇、戴某桥并未将某科技公司及平台转让事宜通知会员。2019年11月21日，赵某接手某科技公司继续运营某平台。后赵某陆续从某科技公司骗取的会员资金中支取600万元通过戴某桥等人交给彭某奇。

经审计，2019年6月26日至2020年1月20日，集资参与人实际被骗资金150164801.55元。某科技公司支付宝账户共计向彭某奇、戴某桥等56名人员净转账共计8000余万元，其余用于某科技公司及平台采购商品、日常费用等。2019年11月21日至2020年1月20日，集资参与人实际被骗资金90879479.43元；经鉴定，某平台网站数据库中会员总数57122人，戴某桥下线会员投入金额414616382元，下线会员总数54048人。

经查，彭某奇使用某科技公司及平台涉案资金1000余万元主要用于其个人使用和消费。赵某使用某科技公司及平台涉案资金500余万元主要用于其个人使用和消费。

2020年1月9日，民警将被告人彭某奇、戴某桥抓获。同年1月14日将被告人赵某抓获。案发后，侦查机关依法冻结、扣押了相关涉案财产。

【案件焦点】

彭某奇、戴某桥作为网络集资诈骗平台的负责人，为逃避后期返利不能风险，将涉案平台转手赵某的行为应如何认定。

【法院裁判要旨】

重庆市南岸区人民法院经审理认为：被告人彭某奇、戴某桥、赵某以非法占有为目的，采用网络平台商品寄售模式诱骗不特定人员进行投资，并采用“以新还旧”的方式进行返利，三名被告人的行为均已构成集资诈骗罪。彭某奇、戴某桥将网络集资诈骗平台转手赵某的行为不构成犯罪中止，其前期所实施集资诈骗犯罪行为所造成的法益侵害一直处于持续状态，二人单方面退出并不意味着犯罪终了，与接手人赵某形成承继的共犯，二人应对某平台整个运营期间（自2019年6月26日至2020年1月20日）所产生的集资诈骗数额150164801.55元承担刑事责任。赵某以其接手涉案公司及平台为始承担集资诈骗刑事责任。对彭某奇、戴某桥及各自辩护人提出二人不应对涉案平台转手赵某后的涉案金额承担刑事责任的意见，不予采纳。

重庆市南岸区人民法院根据《中华人民共和国刑法》第十二条第一款、第一百九十二条第一款、第五十二条、第五十三条、第二十五条第一款、第二十六条第一款、第四款、第六十七条第三款、第六十四条以及《最高人民法院〈关于审理非法集资刑事案件具体应用法律若干问题的解释〉》第二条、第四条、第五条之规定，作出如下判决：

一、被告人彭某奇犯集资诈骗罪，判处有期徒刑十五年，并处罚金 50 万元；

二、被告人戴某桥犯集资诈骗罪，判处有期徒刑十三年，并处罚金 40 万元；

三、被告人赵某犯集资诈骗罪，判处有期徒刑十三年，并处罚金 40 万元；

四、在案扣押、冻结款项分别按比例发还集资参与人；在案查封、扣押的房产、车辆、物品等变价后分别按比例发还集资参与人，不足部分责令三被告人继续退赔并按照同等原则分别发还；

五、对扣押三被告人的作案工具手机依法予以没收。

彭某奇、戴某桥、赵某不服一审判决提起上诉。重庆市第五中级人民法院经审理认为：一审判决认定事实清楚，证据确实充分，适用法律正确，审判程序合法。

重庆市第五中级人民法院根据《中华人民共和国刑事诉讼法》第二百三十六条第一款第一项之规定，作出如下裁定：

驳回上诉，维持原判。

【法官后语】

随着信息时代和网络技术的发展，网络集资诈骗平台花样百出。与传统集资诈骗模式比，互联网的虚拟性一方面使得集资诈骗网络平台突破了物理地域上的界限，涉案平台一旦线上运营，受害者众多，分布面广，犯罪破坏性极强，社会危害性极大。另一方面也使得犯罪人逃避打击的便利性增强，违法成本降低。本案中，彭某奇等人是通过商品寄售模式开展的网络集资诈骗平台，短短六个多月的时间，涉及集资参与人数达 5 万余人，集资诈骗金额达 1.5 亿余元，网络集资诈骗的特点在本案得到了充分的反映。

本案审理的难点在于彭某奇、戴某桥二人犯罪数额的认定，涉及如何看待其将某系统平台转手赵某的行为性质，即二人是否对平台转手后的涉案金额承担刑事责任问题。公诉机关第一次起诉指控彭某奇、戴某桥的犯罪金额是以涉案平台转手赵某时为截止计算时间。法院经审查后认为如果简单地以集资诈骗平台发起人“转手”他人时间点为截止认定发起人集资诈骗犯罪数额，因多数集资参与人前期往往存在返利甚至盈利现象，导致集资诈骗数额较少或者无法计算问题，如此明显放纵了犯罪，不符合客观事实，也违背了公众朴素的公平正义感。基于此，审理期间，重庆市南岸区人民法院发现，在案证据能够从客观和主观两个方面证明彭某奇、戴某桥与赵某接手涉案平台后形成共同犯罪的事实，并就该问题及相关事实证据多次与公诉机关沟通，并书面通知由其决定是否变更起诉。后公诉机关变更起诉指控该二被告人对某平台整个运营期间涉案金额承担刑事责任。该变更指控符合客观事实和罪责刑相适应的刑法原则要求，得到审理法院的支持。

通过本案的审理，总结相关网络集资诈骗犯罪理论如下：

(1) 网络集资诈骗平台运营后，只要有“以新还旧”返利存在，集资诈骗犯罪行为就已经既遂，故转手平台行为本身不符合中止所要求的“在犯罪过程中”的时间要件，也就不存在犯罪中止的理论可能。

(2) 根据网络集资诈骗的特点，网络集资诈骗平台设立运营后，只要处于未关闭状态，由于网络的传播性强，就会一直有集资参与人被骗入局，集资诈骗犯罪结果就会处于持续状态，因此网络集资诈骗行为属于事实上的继续犯，转手他人继续运营的行为不等于犯罪终了。

(3) 根据刑法理论，对于继续犯，在犯罪既遂后犯罪结果处于持续状态中，仍然有与他人形成共犯的可能。负责人为逃避风险，将涉案平台转手他人继续运营，其与平台接手者形成承继的共犯，应对整个平台涉案金额承担刑事责任。

综上，网络集资诈骗行为属于事实上的继续犯，网络集资诈骗平台负责人为逃避风险，将涉案平台转手他人继续运营的行为不等于犯罪终了，亦不是犯罪中止，其与平台接手者形成承继的共犯，应对整个平台涉案金额承担刑事责任。

编写人：重庆市南岸区人民法院　吴广哲

37

贷款诈骗罪中开具虚假证明文件的被告人非法占有目的的认定

——肖某等贷款诈骗案

【案件基本信息】

1. 裁判书字号

北京市第三中级人民法院（2021）京03刑终395号刑事裁定书

2. 案由：贷款诈骗罪

【基本案情】

被告人肖某长期以帮助他人向金融机构申请办理各种贷款为业，自2019年起，被告人付某为被告人肖某工作。被告人肖某自2017年起先后以多人名义注册公司，并在某村租赁了一个院子作为办公地点。自2020年3月起，被告人肖某伙同付某等，通过互联网等途径对外宣称能够帮助他人向银行申请贷款。被告人邹某等介绍一些有意办理贷款、无稳定职业和收入的社会人员给被告人肖某。被告人肖某安排这些社会人员居住在其承租的位于后郝家疃村的院子里，以贷款成功后只需偿还分期付款中的前六期，之后可以不用再偿还等话术诱惑上述人员向银行申请贷款，并对这些人如何回答银行工作人员的问题进行培训。2020年3月至6月，被告人肖某、付某等人采用伪造科技公司等公司的工作证明、收入证明等证明文件的方式，对不符合办理贷款条件的前述社会人员进行包装，以前述社会人员在汽车公司、销售公司、服务公司购置汽车的名义向某银行申请汽车分期贷款。最终，13名社会人员贷款申请获得某银行批准，银行将贷款支付给汽车销售公司，被告人肖某垫付购买车辆的首付款，贷款人将汽车从汽车销售公司领走后，被告人肖某通过低价对外出售或抵押，在扣除垫付的车辆首付款、手续费、服务费、前六期银行还款和给介绍人的好处费后，将剩余款项支付给贷款申请人。

【案件焦点】

如何根据在案证据对被告人肖某的行为进行定性。

【法院裁判要旨】

北京市顺义区人民法院经审理认为：被告人肖某对涉案13名申请贷款人的还款能力明知，且告知上述人员偿还前六期贷款后，即使不再还款也不会有严重后果。被告人肖某为这些人制作虚假的收入证明及工作证明，对这些人进行包装、培训后，这些人以购车贷款的名义骗取银行贷款。贷款人领取车辆后，随即被被告人肖某低价出卖或抵押，被告人肖某在扣除相关费用后将剩余款项支付给贷款人。贷款人的实际所得只是贷款本金的小部分，但这些申请贷款人均未提出异议。因此，被告人肖某对申请贷款人无力偿还也未真正打算偿还银行贷款的情况是明知的，却仍然对上述人员进行包装、开具虚假证明文件，骗取银行贷款，其对银行贷款具有非法占有的目的，其行为构成贷款诈骗罪。北京市顺义区人民法院依照《中华人民共和国刑法》第一百九十三条第三项、第二十五条第一款、第二十七条、第六十七条第三款、第六十五条第一款、第五十五条第一款、第五十六条第一款、第四十五条、第四十七条、第七十二条第一款、第三款、第七十三条第二款、第三款、第五十二条、第五十三条、第六十四条、第六十一条的规定，作出如下判决：

一、被告人肖某犯贷款诈骗罪，判处有期徒刑十一年六个月，剥夺政治权利二年，并处罚金人民币20万元；

二、被告人付某犯贷款诈骗罪，判处有期徒刑六年，并处罚金人民币 8 万元；

三、被告人邹某犯贷款诈骗罪，判处有期徒刑三年，缓刑三年，并处罚金人民币 3 万元；

四、在案的退赔款人民币 89000 元发还某银行股份有限公司北京分行；

五、责令被告人肖某、付某继续退赔被害单位某银行的其余经济损失人民币 1523970 元，被告人邹某在人民币 200579 元的范围内与被告人肖某、付某承担共同退赔责任。

肖某持原审辩解提起上诉。北京市第三中级人民法院经审理认为：上诉人肖某等人对银行遭受经济损失的危害后果持放任心态，对骗取的贷款具有非法占有目的。上诉人肖某所提的上述意见，与在案审理查明的事实不符，不予采纳。

北京市第三中级人民法院依照《中华人民共和国刑事诉讼法》第二百三十六条第一款第一项之规定，作出如下裁定：

驳回肖某的上诉，维持原判。

【法官后语】

本案的审理重点主要在于对被告人肖某非法占有目的的认定。骗取贷款罪的“欺骗行为”和贷款诈骗罪的“诈骗行为”并无本质区别，均是欺骗银行工作人员陷入错误认识并作出错误处分，实践中都可能存在使用虚假的证明文件等手段，使银行相信贷款人具有贷款资质和还款能力，从而取得银行贷款。二者主观方面均是故意，前罪不要求具有特定目的，后罪要求行为人具有非法占有贷款的目的，具体变现为不打算归还贷款的意思。

民事纠纷的解决，更倾向于从法律关系类型的角度出发，如一份贷款合同，可能需要重点考察订立贷款合同的主体（出借人和借款人）。根据贷款合同，银行发放贷款后，合同中的借款人就有义务按照合同约定偿还贷款，可能并不需要过多考虑是否有其他人幕后帮助、指使、甚至操纵借款人与银行签订了贷款合同，并从中获益的情况。而刑事案件涉及到行为人定罪量刑，且定罪量刑的主要依据是行为人的主观恶性和行为的客观危害性，这就要求对案件事实和行为人行为性质的认定不能仅从法律关系的表现形式出发，而应进行实质考察——具体行为人在整个案件事实中的真正控制力、作用力及收益等情况。

行为人主观方面的直接证据一般是其对自己主观想法的陈述，这些陈述可以发生在案发前，也可以发生在案发后。有些陈述可能以电子数据（如微信聊天记录、录音录像）等形式被记载，也可能被其他人听到后加以记忆（如证人证言），也可能以书面的形式呈现（如被告人的日记及被告人到案后的书面供述笔录及亲笔供词等）。这些陈述虽然能直观体现被告人的主观状态，但被告人在作出陈述时，出于趋利避害等动机，有时并不会将内心的想法如实陈述。所以实践中对行为人主观方面的认定，并不能完全依靠行为人的陈述，还需结合其客观行为表现，综合认定。具体到本案中，被告人肖某拒不供认其对银行贷款具有非法占有目的，对其主观方面的认定还需借助其客观行为推定，被告人肖某安排贷款人吃住，并对其进行包装、培训，安排公司工作人员带领贷款人前往银行办理申请贷款手续，银行审核通过贷款申请后，带领贷款人前往汽车销售公司提车，将购买车辆进行抵押或变卖后，对赃款进行分配，可以看出肖某在整个贷款诈骗事实中起主导作用，其又明知申请贷款人无力偿还银行贷款，可以推定被告人肖某对银行贷款具有非法占有目的，其构成贷款诈骗罪。

编写人：北京市顺义区人民法院　赵仁洋　李杭

38

利用他人身份信息办理信用卡并刷卡取现或消费，属于“冒用他人信用卡”的行为

——胡某亮信用卡诈骗案

【案件基本信息】

1. 裁判书字号

新疆维吾尔自治区巴音郭楞蒙古自治州中级人民法院（2021）新28刑终88号刑事裁定书

2. 案由：信用卡诈骗罪

【基本案情】

2015年4月，被告人胡某亮使用王某霖及李某茹提供的身份信息复印件在某银行巴音郭楞蒙古自治州分行办理两张信用卡，随后在王某霖和李某茹不知情的情况下使用销售点终端机具（以下简称POS机）盗刷该卡套取现金用于个人投资，盗刷套现共计68633.65元，后因其无力偿还透支金额，造成王某霖、李某茹名下信用卡长期逾期未还，至案发时，逾期利息已达66486.30元。（胡某亮与王某霖系合伙关系，王某霖与李某茹系夫妻关系）。

【案件焦点】

胡某亮使用POS机盗刷该卡套取现金，对被告人主观明知利用POS机非法套现行为的定性及数额的认定。

【法院裁判要旨】

新疆维吾尔自治区巴音郭楞蒙古自治州库尔勒市人民法院经审理认为：被

告人胡某亮违反信用卡管理法规，冒用他人信用卡进行信用卡诈骗活动，涉案金额 68633.65 元，数额巨大，其行为已构成信用卡诈骗罪。公诉机关指控罪名成立。被告人胡某亮归案后，如实供述自己的犯罪事实，自愿认罪认罚，可从轻处罚。案发后，涉案赃款未退赔，量刑时综合予以考虑。对辩护人提出被告人胡某亮第一次是由亲属送至办案机关，在立案时就如实供述犯罪事实，不能认定拒不到案，应认定自首的辩护意见与本院查明的事实不符，本院不予采纳。

新疆维吾尔自治区巴音郭楞蒙古自治州库尔勒市人民法院依照《中华人民共和国刑法》第一百九十六条第一款第三项、第四十五条、第四十七条、第五十二条、第五十三条、第六十一条、第六十二条、第六十四条、第六十七条第三款，《最高人民法院、最高人民检察院关于办理妨害信用卡管理刑事案件具体应用法律若干问题的解释》第五条、第九条之规定，作出如下判决：

一、被告人胡某亮犯信用卡诈骗罪，判处有期徒刑五年三个月，并处罚金人民币 50000 元（罚金于判决生效后十日内一次性缴纳）（刑期从判决执行之日起计算。判决执行前先行羁押的，羁押一日折抵刑期一日，即自 2021 年 1 月 8 日起至 2026 年 4 月 7 日止）；

二、未追回的赃款 68，633.65 元继续予以追缴后发还给被害单位某银行巴音郭楞蒙古自治州分行。

胡某亮不服一审判决，提起上诉。新疆维吾尔自治区巴音郭楞蒙古自治州中级人民法院经审理认为：上诉人胡某亮冒用被害人身份信息办理信用卡套现用于个人名义的投资，对被害人隐瞒办理信用卡的真实情况，造成被害人信用卡逾期产生不良信息，其行为不属于经济纠纷的范畴，已构成信用卡诈骗罪。故该上诉意见不成立，本院不予采纳。

新疆维吾尔自治区巴音郭楞蒙古自治州中级人民法院依照《中华人民共和国刑事诉讼法》第二百三十六条第一款第一项之规定，作出裁定如下：

驳回上诉，维持原判。

【法官后语】

近年来，违反国家规定，使用 POS 机、网上支付、电话支付等方法，以虚构交易、虚开价格、现金退货等方式向信用卡持卡人直接支付现金的信用卡套现行为日益增多，已蔓延至全国，通过非法中介进行信用卡套现的情况急剧增加，套现金额和笔数增长迅速，涉及套现的以及不法中介公司的广告泛滥，严重扰乱了国家的金融管理秩序，有必要予以刑事打击。本案的处理重点主要在于对被告人主观明知利用POS机非法套现行为的定性及数额的认定。在集资诈骗、贷款诈骗和恶意透支信用卡行为中，行为人采取虚假手段集资、贷款或者恶意透支信用卡，并不一定都具有非法占有目的，因此，刑法才强调规定只有“以非法占有为目的”才能构成犯罪。而在其他金融诈骗犯罪中，诈骗的行为方式、手段本身已经表明行为主观上具有非法占有的目的。

信用卡套现，实践中一般表现为使用POS机、网上支付、电话支付等方法，通过虚构交易、虚开价格、现金退货等方式，在未发生真实商品交易的情况下，变相将信用卡的授信额度转化为现金，支付给信用卡持卡人的行为。违法商户在套现过程中一般通过收取一定比例的手续费来牟取不法利益。

对信用卡套现如何定性处罚？主要有两种意见：一种意见认为，信用卡套现是将信用卡内的消费信贷额度直接转化为现金套取出来，相当于骗取银行贷款，应当依照刑法第一百七十五条之一的规定以骗取贷款罪定罪处罚。但骗取贷款罪的犯罪主体是信用卡持卡人，特约商户是持卡人的帮助犯，这样可能导致刑事处罚范围过大，不利于突出打击重点。另一种意见认为，信用卡套现行为中特约商户协助持卡人进行套现，是以收取手续费为目的，本质是一种非法经营行为，应依照刑法第二百二十五条的规定以非法经营罪定罪处罚。但存在的问题是目前尚无法律和行政法规明文规定禁止信用卡套现，有可能扩大非法经营罪的范围。

笔者认为，刑法修正案（七）已将非法从事资金结算业务规定为非法经营罪的行为方式之一，因此对于实践中利用POS机、网上支付、电话支付等方法从事套现活动，情节严重，需要追究刑事责任的，可以适用刑法第二百二十五条规定处理。

刑法第一百九十六条第三款规定的“盗窃信用卡并使用”的“信用卡”应

该是已被激活、能正常使用的信用卡，即具备消费、支付、转账、存取等全部或者部分功能。无效卡、伪造卡、变造卡、涂改卡均不能归入。该款立法意图在于将盗窃信用卡并使用的性质界定为事后不可罚的行为，这里的信用卡本身已经具有了财产的价值属性，能够直接转化成相应价值的资金或财物。信用卡办理流程一般需经过申领、审核、寄送、激活、使用等五个阶段。激活在信用卡的申办流程中占据核心地位，其不特定的价值必须通过激活这一关键步骤的完成才能最终实现。信用卡的激活应当体现申领人的意志，一般由申领人或经其授权的人进行操作。发卡行邮寄给申领人的信封中的卡因未“激活”，还不具备信用卡的基本功能，属于广义上的无效范畴，但是如果行为人将信件中的他人信用卡私自激活并使用，则属“冒用他人信用卡”行为。本案被告人在信用卡申领人不知情的情况下，利用别人身份信息办理信用卡及作为朋友知晓申领人身份信息的便利，私自激活信用卡，并以信用卡卡主的身份刷卡取现或消费，侵犯他人财产权的同时也侵害了国家对于信用卡的管理制度，扰乱了正常的金融管理秩序，属于“冒用他人信用卡”的行为。

这类案件警示持卡者要及时对手中的信用卡进行账户管理，尽量减少信用卡借给他人使用的情况。另外，透支信用卡一定要量力而行，明知没有还款能力而大量透支，就可能构成信用卡诈骗，如果遇到银行催收，一定要绷紧可能触犯刑律的神经，如果透支后无法按时还款，即便没有能力一次性偿还，也要想办法按照最低还款额的要求偿还一部分款项，既挽救自己的信用，也避免民事甚至刑事处罚。

编写人：新疆维吾尔自治区巴音郭楞蒙古自治州中级人民法院　孟可巴依尔

39

冒用他人信用卡套现，被害人偿还后又透支产生的利息不应责令被告人退赔

——田某杰信用卡诈骗案

【案件基本信息】

1. 裁判书字号

四川省宜宾市中级人民法院（2021）川15刑再2号刑事判决书

2. 案由：信用卡诈骗罪

【基本案情】

2014年年初，李某（被害人）委托被告人田某杰帮其办理POS机终端设备和信用卡。同年4月，在信用卡办好后，田某杰以办理POS机需要为由，骗得李某的身份证复印件、手机卡、信用卡，并将信用卡激活，获得密码。同年5月，田某杰冒用李某的上述信用卡，先后4次在自己的“某辉”电器销售部POS机上刷卡套现68729元，用于自己挥霍。

原审被告人田某杰用李某的某银行信用卡于2014年5月3日在电器销售部刷卡14920元。后李某将该款项偿还了某银行，田某杰已将李某偿还的上述款项全部支付了李某。

原审被告人田某杰用李某的某银行信用卡于2014年5月4日在电器销售部刷卡19809元。后李某从2014年5月31日起至10月30日均在还款，于2014年10月30日将本金偿还完毕，11月7日银行扣除了利息145.92元。后李某从11月17日开始在百货店、日用百货店内开始持本卡利用POS机消费，当日刷卡10000元、12月18日刷卡10000元。后将刷卡金额转为分期付款，2015年2

月8日转账还款6653.81元，后2015年2月16日又在上述百货店内持该卡用POS机消费6275元。该卡从2014年11月17日李某持卡消费后一直产生各种手续费和利息。

原审被告人田某杰用李某的某银行信用卡于2014年5月5日、5月6日在电器销售部分别刷卡17320元、16680元。后李某于2014年6月20日还款5000元、9月19日还款1500元、10月21日还款1513.56元、11月22日、23日均还款1578.39元、2015年1月20日还款1578.39元，2015年2月16日李某又在百货店持该卡刷卡5745元，后该卡一直产生的利息、滞纳金。

【案件焦点】

被害人信用卡被盗刷后产生本金利息未偿还，被害人因害怕征信受损，遂自己主动将盗刷金额偿还银行，后反悔认为该金额不应由自己偿还，于是又将偿还金额通过刷卡消费的方式进行透支，透支后该卡一直产生的利息未偿还，该卡产生的利息是否应由被告人承担。

【法院裁判要旨】

四川省宜宾市珙县人民法院经审理认为：被告人田某杰冒用李某信用卡消费给李某造成的损失应责令其退赔，其中银行的损失已偿还完毕；被告人田某杰应退赔其冒用李某银行信用卡刷卡19809元以及被害人偿还完毕盗刷金额之前产生的利息等损失；应退赔银行信用卡刷卡34000元以及产生的利息等损失(其中扣除李某又重新刷卡5745元产生的本息)。依照《中华人民共和国刑法》第一百九十六条第一款三项、第六十四条之规定，作出如下判决：

一、维持本院（2015）宜珙刑初字第14号刑事判决中对被告人田某杰犯信用卡诈骗罪，判处有期徒刑五年六个月，并处罚金人民币5万元；

二、责令被告人田某杰退赔李某银行信用卡本金19809元以及在2014年11月17日之前产生的利息等损失，银行信用卡本金34000元以及产生的利息等损失（其中扣除李某2015年2月16日自己刷卡5745元产生的本金和利息等损失）。

田某杰认为只应支付盗刷本金以及在被害人2014年6月25日向公安机关报案前的利息，因此提起上诉。四川省宜宾市中级人民法院经审理认为：田某杰冒用李某的信用卡骗取的现金68729元系违法所得，其中银行信用卡骗取的金额田某杰已偿还给李某，田某杰使用李某银行信用卡骗取19809元、34000元，共计53809元的违法所得应当退赔。田某杰冒用李某信用卡透支后，所产生的利息不是田某杰的违法所得，一审判令田某杰退赔利息损失不当。因此，依照《中华人民共和国刑事诉讼法》第二百五十六条第一款、第二百三十六条第一款第二项之规定，作出如下判决：

一、维持四川省珙县人民法院（2021）川1526刑再2号刑事判决第一项，即被告人田某杰犯信用卡诈骗罪，判处有期徒刑五年六个月，并处罚金人民币5万元；

二、撤销四川省珙县人民法院法院（2021）川1526刑再2号刑事判决第二项，即被告人田某杰退赔李某银行信用卡本金19809元以及在2014年11月17日之前产生的利息等损失、银行信用卡本金34000元以及产生的利息等损失（其中扣除李某2015年2月16日自己刷卡5745元产生的本金和利息等损失）；

三、责令被告人田某杰退赔李某53809元。

【法官后语】

本案处理的重点在于信用卡被盗刷后产生的利息（包含被害人偿还盗刷金额后又透支消费产生的利息）是否应由被告人退赔。第一种观点认为，应退赔被告人盗刷金额产生的利息，被害人偿还后又盗刷的本息应由被害人承担（与一审法院观点一致）；第二种观点认为，盗刷信用卡后产生的所有利息均不属于违法所得，不应责令被告人退赔（与二审法院观点一致）；第三种观点认为，应退赔向公安机关报案前产生的利息。

笔者同意第二种观点。《最高人民法院、最高人民检察院关于办理妨害信用卡管理刑事案件具体应用法律若干问题的解释》（以下简称《解释》）第九条规定，恶意透支的数额，是指在第一款规定的条件下持卡人拒不归还的数额或者尚未归还的数额。不包括复利、滞纳金、手续费等发卡银行收取的费用。

《最高人民法院关于审理银行卡民事纠纷案件若干问题的规定》第四条到第七条对于伪卡盗刷、网络盗刷在责任承担、举证等方面进行了规定：如果银行诉请持卡人偿还透支本息、违约金的，法院不予支持。《中华人民共和国刑法》第六十四条规定：犯罪分子违法所得的一切财物，应当予以追缴或者责令退赔。

随着移动互联网向数字时代快速演进，银行卡网络支付日益增多，在银行卡使用过程中，因银行卡盗刷、信用卡透支等行为引发的银行卡纠纷日益增多。银行卡盗刷在侵害当事人财产权益的同时，也影响了银行卡支付市场的安全稳定发展，银行卡盗刷交易其实质是"持卡人账户发生非因本人意思的资金减少或者透支数额增加的行为"。因此，对于银行卡盗刷产生的利息不能要求持卡人进行支付。

在具体认定金融诈骗犯罪的数额时，应当以行为人实际骗取的数额计算。在信用卡诈骗犯罪中，行为人在非法占有目的支配下所实际占有的只是本金金额，在本金基础上产生的利息损失是犯罪所造成的必然损失，损失范围属于犯罪危害结果，应当作为量刑情节对待。司法实践中，银行管理系统中出现的信用卡利息往往包含了滞纳金、复利等费用，无法从技术上将利息、滞纳金、复利区分开，因此将利息作为定罪数额并要求被告人退赔不具有科学性和可操作性。

具体到本案中，被告人田某杰冒用他人信用卡，盗刷本金68729元，盗刷的信用卡因此产生了相应的利息，盗刷的本金68729元属于被告人的违法所得，理应责令其退赔被害人，但盗刷信用卡产生的利息只属于给银行造成的孳息损失，被告人并未因其犯罪行为而获得该部分利息收益，属于因犯罪行为产生的非直接损失，可以在量刑时予以考虑。因此，对于冒用他人信用卡进行诈骗后产生的利息不应作为犯罪数额，更不应责令被告人予以退赔，被害人将诈骗金额偿还后产生的利息应由被害人承担，不应由被告人承担。

编写人：四川省宜宾市珙县人民法院 周娟

40

骗取他人信用卡密码并使用构成信用卡诈骗罪

——马某信用卡诈骗案

【案件基本信息】

1. 裁判书字号

江苏省南京市鼓楼区人民法院（2021）苏0106刑初411号刑事判决书

2. 案由：信用卡诈骗罪

【基本案情】

被告人马某原系某通信科技公司员工，通过推销某通信科技公司长途话费等业务，结识被害人俞某某。2011年马某从公司离职。2018年上半年，马某在被害人的住处本市某村××号××栋××室，谎称可以帮助被害人俞某某将绑定固定电话的铁通长途话费余额3万余元退出或转卖，钱需要退到俞某某银行卡上，需要被害人把银行卡及密码提供给马某。被害人俞某某将其一张工商银行卡及该卡的取款密码提供给了马某。

被害人俞某某于2018年6月20日出国。2018年7月13日被告人马某查询俞某某银行卡内余额为111.50元，通过自动取款机（以下简称ATM）机取款100元。2018年7月22日，该卡内进账5750元，马某于当天通过ATM机取款5700元。2018年12月4日该卡内理财到期进账203747.95元、2019年1月22日网银转账进账2425元。马某自2018年12月6日至2019年3月10日持俞某某的银行卡，多次通过ATM机跨行取现、POS机刷卡套现，将卡内钱款取出，至2019年3月10日最后一次取款，账户余额为67.11元（扣除跨行手续费余额为63.11元）。马某共计从俞某某的银行卡内取款或套现211900元（不含跨行手续费)。案发前，被告人马某已退还被害人俞某某人民币15000元。2021年1月12日，被告人马某在南京市第三看守所门口被抓获归案。

另查明，被告人马某因2019年9月27日诈骗他人14000元，于2020年6月5日被南京市雨花台区人民法院以诈骗罪判处有期徒刑七个月，并处罚金人民币五千元（刑期自2019年12月14日至2020年7月13日）；因在2017年5月至2018年7月冒用铁通工作人员身份，以充话费、转让话费为由，先后三次诈骗他人14500元，于2020年9月17日被南京市秦淮区人民法院以诈骗罪判处有期徒刑六个月，并处罚金人民币10000元（刑期自2020年7月13日至2021年1月12日）。

【案件焦点】

被告人马某的行为构成信用卡诈骗罪、盗窃罪还是侵占罪。

【法院裁判要旨】

江苏省南京市鼓楼区人民法院经审理认为：被告人马某以非法占有为目的，冒用他人信用卡，骗取他人财物，数额巨大，其行为已构成信用卡诈骗罪，依法应予以惩处。被告人马某认罪认罚，依法从宽处理。南京市鼓楼区人民检察院指控被告人马某犯信用卡诈骗罪，事实清楚，证据确实、充分，指控的罪名和适用法律正确，本院予以采纳。

关于被告人马某的辩护人提出被告人马某不应构成信用卡诈骗罪而系犯侵占罪的辩护意见，经查，被告人马某以欺骗方式取得被害人的信用卡，未经被害人同意或授权，擅自以被害人的名义使用被害人信用卡，以多次取现、刷卡套现的方式非法骗取被害人信用卡里的钱款，其主观上有非法占有的故意，客观上有利用信用卡诈骗他人钱财的行为，符合信用卡诈骗罪的构成要件。对于辩护人的上述辩护意见，不予采纳。关于辩护人提出被告人马某主观恶性不深、应认定为坦白的辩护意见，经查，被告人故意犯罪，信用卡诈骗数额巨大，在本案归案后未如实供述自己的犯罪事实，不能认定为坦白。对于辩护人的上述辩护意见，不予采纳。关于辩护人提出公安机关在马某服刑期间即已对本案立案，未对马某采取解回再审措施，致使马某不能适用数罪并罚的规定，经查属实，本院在对被告人量刑时予以酌情考虑。

江苏省南京市鼓楼区人民法院依照《中华人民共和国刑法》第一百九十六条第一款第三项、第五十二条、第五十三条、第六十四条之规定，作出如下判决：

一、被告人马某犯信用卡诈骗罪，判处有期徒刑五年六个月，并处罚金人民币 10 万元；

二、责令被告人马某退赔被害人俞某某经济损失。

被告人马某未提起上诉，检察机关亦未抗诉，判决已发生法律效力。

【法官后语】

近年来，随着互联网与金融产业深度融合，信用卡（包括借记卡）诈骗手段也随之演变，从传统自动柜员机上冒用信用卡，发展为在 POS 机等销售终端、第三方支付等方式使用他人信用卡信息。对于行为人占有被害人信用卡后并冒用的行为构成信用卡诈骗罪还是盗窃罪，是审判实践中的难点问题，在定性上存在不同的意见。

第一种意见认为构成信用卡诈骗罪。被告人马某即以骗取方式获取被害人银行卡以及密码等信息资料，在未经被害人同意情况下通过 ATM 机、POS 机获取卡内资金，符合司法解释关于冒用型信用卡诈骗罪的规定，应认定为信用卡诈骗。

第二种意见认为构成盗窃罪。被害人虽向马某提供了银行卡及密码信息，但并非授权或事后认可马某处分卡内财产。马某是在被害人不知情的情况下，违背其意愿秘密获取卡内资金，侵犯了被害人的财产权，符合盗窃罪的构成要件。

第三种意见认为构成侵占罪。马某系基于合法原因占有被害人银行卡，其未经被害人同意非法占有卡内资金，应当按照侵占罪予以评价。

笔者同意第一种意见，主要理由阐述如下：

一、《最高人民法院、最高人民检察院关于办理妨害信用卡管理刑事案件

具体应用法律若干问题的解释》将冒用信用卡行为认定为信用卡诈骗罪系提示性规定

所谓提示性规定，即犯罪行为与刑法规定一致，但刑法或者司法解释为提醒注意，在一般性规定之后单独列举以强调该行为符合规定，提示性规定不会导致原本不符合刑法规定的行为也按照该规定认定。认定冒用型信用卡诈骗罪，一是行为具有冒用行为，直接侵害金融管理秩序；二是基于各种原因获得信用卡信息而使用信用卡但未得到所有权人的同意。行为人占有他人信用卡或信用卡信息资料，可能基于合法原因，如为他人保管，给他人代办业务，捡拾到他人信用卡等；也可能是基于非法因素，如盗窃、骗取或者抢劫他人信用卡等，上述两种不同情形的占有，均不影响后续使用对信用卡诈骗罪所谓保护法益金融管理秩序和财产权侵害的认定。

刑法第一百九十六条第三款中的“盗窃他人信用卡并使用”，是指盗窃他人信用卡后使用该信用卡购买商品、在银行或者自动柜员机上支取现金以及接受用信用卡进行支付结算的各种服务，诈骗财物的行为。[①] 盗窃信用卡并用行为认定为盗窃罪即刑法拟制性规定，因该行为本质上也是冒用他人信用卡行为，应认定为信用卡诈骗，只是刑法将其拟制为盗窃罪，除此之外的冒用行为不应认定为信用卡诈骗。所谓拟制性规定，是指将不符合刑法规定的行为也按照该规定认定，该认定并非理所当然，亦不能推而广之，只是立法者基于特殊考量才将该行为赋予该规定的法律效果。因此骗取信用卡并使用的行为不能参照刑法第一百九十六条的规定认为是诈骗罪。本案中被告人马某骗得被害人俞某某工商银行卡及密码并盗刷的行为，不应认定为盗窃罪或诈骗罪。

同时该信用卡仅指实体信用卡，并不包括信用卡信息资料，以窃取等非法方式获取他人信用卡信息资料并使用的行为不能为该条款所函涉，亦不能认定为盗窃罪。所谓信用卡信息资料是一组有关发卡行代码、持卡人账号、密码、校验码等内容的加密电子数据，通常由发卡行在发卡时使用专用设备写入信用

---

① 全国人大常委会法制工作委员会刑法室编著：《〈中华人民共和国刑法〉释义及实用指南》，中国民主法制出版社2011年版，第343页。

卡的磁条或芯片中，作为 POS 机、ATM 机等终端机具识别合法用户的依据。[①]银行卡的账号、密码等信息属于法律意义上的信用卡信息资料。《最高人民法院、最高人民检察院关于办理妨害信用卡管理刑事案件具体应用法律若干问题的解释》第五条将窃取、收买、骗取或者以其他非法方式获取他人信用卡信息资料，并通过互联网、通讯终端等使用的行为认定为信用卡诈骗罪。

本案中，被告人马某形式上以“可以帮助被害人将绑定固定电话的铁通长途话费余额退出或转卖”而“合法”占有他人信用卡以及密码等信用卡信息，但其在 ATM 机跨行取现、POS 机刷卡套现并未得到被害人同意认可，符合信用卡诈骗罪上述构成要件；同时，该占有信用卡的行为并不当然占有信用卡内的资金，需要进一步冒用行为，后续冒用行为亦突破侵占罪评价范畴，况且该占用行为系马某虚构了事实而实现，并非合法占有，因此不能认定为侵占罪。

二、盗窃罪与冒用型信用卡诈骗罪的区分

审判实践中对诈骗罪与盗窃罪界分比较明显，诈骗行为的关键是虚构事实隐瞒真相，让财产所有者或实际控制者信以为真而“自愿”处分财物；后者则是在权利人不知晓的情况下通过秘密窃取手段，“破除他人对物的占有并且建立起新的占有”。在新型支付方式下，处分行为作为传统区分盗窃罪与诈骗罪的标准仍需坚守，“处分行为”处于承前启后的环节。“承前”，是指处分行为是由他人的欺骗行为导致的认识错误所致；“启后”，是指正是由于行为人作出了处分行为，从而导致财产损失。是否有财产性处分行为，是诈骗罪与盗窃罪的本质区别之一，是表明相对人的错误和行为人取得财物之间具有因果关系的重要环节。[②]

窃取、骗取他人信用卡密码等信息资料并不能直接获得他人财物，就如非法占有他人实体信用卡后并不能实际窃取他人卡内财物，还需要以输入密码的

---

① 刘涛：《〈关于办理妨害信用卡管理刑事案件具体应用法律若干问题的解释〉的理解与适用》，载《人民司法》2010 年第 1 期。

② 田宏杰、孙利国：《新型支付方式下的盗骗界分及其展开》，载《中国法律评论》2021 年第 6 期。

方式冒充实际持卡人身份，向银行发出支付指令。银行同意支付前需对发出指令人的身份进行审核，对身份信息与预留信息是否一致是银行审核的核心要素。行为人冒用持卡人的行为，让银行在审核时误认为系真正持卡人发出的指令而同意支付。持卡人与用卡人身份一致，就不会侵害银行对信用卡管理的刑法保护法益；当持卡人与行为人身份不一致或者行为未得到持卡人授权的情况下，则必然会对银行支付产生风险，进一步侵害真正持卡人的财产权益。因此，冒用他人信用卡的行为，不仅侵害了银行的信用卡管理秩序，还侵害了持卡人财产所有权，这也是信用卡诈骗与盗窃罪的本质区分。当然，如银行并非基于身份审核错误而是基于系统漏洞而支付，行为人的行为符合秘密窃取要件而可以构成盗窃罪。

本案中，被告人马某通过欺骗方式获取被害人信用卡密码，窃取了他人信用卡信息资料，以持卡人身份向银行关联的ATM机、POS机发送支付指令，银行错误地认为系实际持卡人发出的指令而同意支付。“虽然现有诈骗罪主体并未将机器明确纳入，但可将其拟制为法律主体之一，承认其具有意思障碍和意思表示，正因其先前在预定设置好的程序下存在认识正确，所以也具有认识错误可能性，这种拟制来源于现有法律对于‘ATM机被骗’的规制。”① 马某的行为符合“窃取、收买、骗取或者以其他非法方式获取他人信用卡信息资料，并通过互联网、通讯终端等使用的”规定，侵害了银行信用卡的正常结算管理制度以及金融管理秩序，同时也侵犯了被害人俞某某的财产权，应认定为冒用他人信用卡的信用卡诈骗罪。

编写人：江苏省南京市鼓楼区人民法院　彭静　朱锡平

① 徐宏、赵越：《秘密转移他人第三方支付平台账户内资金行为的刑法学分析》，载上海高院研究室主办：《中国上海司法智库》微信公众号，https：//mp. weixin. qq. com/swwmG0mliPANqchFy_ qlBPg，2023年4月9日访问。

41

窃取信用卡信息后用云闪付转走借贷资金的定性

——唐某册信用卡诈骗案

【案件基本信息】

1. 裁判书字号

浙江省杭州经济技术开发区人民法院（2020）浙0191刑初79号刑事判决书

2. 案由：信用卡诈骗罪

【基本案情】

2019年8月20日，被告人唐某册在某小区××号某旅馆××室，趁同居的被害人韦某不备，获取被害人韦某的手机卡、身份证和银行卡信息后，在被害人韦某并未注册云闪付、微信账户的情况下，先使用被害人韦某的身份信息以被害人韦某的名义注册云闪付账号，再将该云闪付账号绑定自己实际控制的微信账号，并绑定被害人韦某名下的中国农业银行信用卡账户以规避银行卡密码。后被告人唐某册冒用韦某的身份，登录“小米贷款”应用程序（以下简称APP）以被害人的名义从小额贷款公司多次借款人民币共计30000元，该借款到账后，被告人唐某册将上述款项放款至韦某银行卡内，再通过云闪付、微信第三方交易平台转账支付无须银行卡密码的方式，将款项再转入其实际控制的银行账户和微信账户。案发后，被害人韦某已归还小额贷款公司的全部借款。

【案件焦点】

本案存在信用卡诈骗罪、盗窃罪、贷款诈骗罪的定性争议。

【法院裁判要旨】

浙江省杭州经济技术开发区人民法院经审理认为：被告人唐某册窃取的是信用卡信息资料而非信用卡卡片本身，再通过“云闪付”这一第三方支付平台使用该信用卡。根据《最高人民法院、最高人民检察院关于办理妨害信用卡管理刑事案件具体应用法律若干问题的解释》第五条第二款第三项之规定，“冒用他人信用卡”包括窃取、收买、骗取或者以其他非法方式获取他人信用卡信息资料，并通过互联网、通讯终端等使用的。因此，本案唐某册的行为系“冒用他人信用卡”。唐某册通过冒用他人的身份信息、银行卡信息开通云闪付功能，并冒用被害人信息从“小米贷款”中贷款，并将资金通过“云闪付”功能转移至自己控制的资金账户内。唐某册主观上具有非法占有为目的的犯罪故意，客观上实施了窃取他人信用卡信息后通过互联网或通讯终端使用的行为，实质上侵害了国家信用卡管理制度和公私财产所有权这一双重客体。因此，唐某册的行为依法应当构成“冒用型”信用卡诈骗罪。

浙江省杭州经济技术开发区人民法院依照《中华人民共和国刑法》第一百九十六条第一款第三项、第六十七条第三款、第五十二条、第五十三条以及第六十四条之规定，判决如下：

一、被告人唐某册犯信用卡诈骗罪，判处有期徒刑二年四个月，并处罚金人民币20000元（刑期从判决执行之日起计算，判决执行以前先行羁押的，羁押一日折抵刑期一日，即自2019年12月10日起至2022年4月9日止。罚金在判决生效后五日内缴纳）；

二、责令被告人唐某册退赔被害人韦某的经济损失人民币30000元；

三、扣押于杭州市公安局钱塘新区分局的未随案移送的作案工具手机1部、银行卡1张，予以没收，由该局处理。

一审宣判后，被告人唐某册未上诉，检察机关未抗诉，判决已生效。

【法官后语】

随着互联网时代的到来，信用卡的使用已经不仅是立法设计时通过实体信用卡刷卡形式进行支付的方式，现阶段主要是通过支付宝、微信、云闪付等第三方支付平台绑定后便捷转账、支付。正是基于此种交易方式的便捷性，唐某册利用第三方交易平台的侵财类案件日益频发，这类案件在实务中就出现了许多新形式、新问题。法律法规并不能对所有新型的犯罪行为进行规范定性，以盗窃罪和信用卡诈骗罪为例，由于入罪标准、量刑档次不同，如果法官不能准确定性，将直接涉及唐某册是否构罪、罪与非罪以及最终的量刑。

具体到本案中，被害人并未注册云闪付、微信账户，唐某册在获取被害人的手机卡、身份证和银行卡信息后，采用秘密手段，以被害人的名义注册云闪付账户和微信账户，并绑定银行卡以规避银行卡密码。然后，再登录“贷款”APP 以被害人的名义贷款，并将款项发放至被害人的银行账户内，利用云闪付和微信账户转账无须银行卡密码的方式套取银行卡内的财产。其实，唐某某从借贷 APP 中借贷的行为其实并未改变钱款的归属，因为款项实质上以韦某的名义借出并发放至韦某的银行卡内，此时财物并未发生实质上的转移。究其实质，唐某册取得钱财的关键在于窃取他人信用卡信息，绑定、利用云闪付的免密支付功能取得钱款。唐某册通过盗窃、获取他人的个人信息（含身份证号、银行卡号等），以他人的名义注册微信、云闪付账户，将他人的银行卡绑定在该云闪付、微信账户上，进而通过云闪付、微信等无须银行卡密码的便捷方式将该资金转账到其所控制的微信账户或银行卡内。因此，唐某册获取他人的个人信息是前提，设置或改变绑定关系是关键，转移占有他人资金是后果。在此过程中，唐某册能够实现其侵财目的最关键的环节是设置或改变银行卡与微信、云闪付账户之间的绑定关系，对该行为定性的分析应充分评价主行为与造成的危害后果。毫无疑问，上述行为并不仅仅侵犯了被害人的财产权利，其重要的手段行为是对绑定关系的设置或改变，在此过程中涉及云闪付、微信账户与银行之间的关系，云闪付、微信账户在接收到设置或变更绑定关系的指令后，向银行发出申请，银行误以为是用户本人操作微信账户发出的申请，进而审核通过了上述申请，在此过程中不法分子的行为方式已经侵犯了国家对信用卡的管理制度，信用卡诈骗罪可以对上述手段行为及危害后果进行充分的评价。唐某册利用第三方交易平台的侵财类案件，本质上是一种“被动交付型”犯罪。我们可以将第三方支付的方式看作信用卡直接支付方式的衍生，此类案件的本质就是通过正确的账户、密码信息欺骗“第三方支付平台”进而取得信用卡内钱款的过程。综上，本案唐某册主观上具有非法占有为目的的犯罪故意，客观上实施了窃取他人信用卡信息后通过互联网或通讯终端使用的行为，实质上侵害了国家信用卡管理制度和公私财产所有权这一双重客体。因此，此类案件应当理解为唐某册行为的本质是冒用他人信用卡，进而完全应当将此类行为认定为“冒用型”信用卡诈骗罪。

编写人：浙江省杭州市钱塘区人民法院　章岳龙

42

保险诈骗案中故意制造交通事故及夸大损失的认定

——赖某健保险诈骗案

【案件基本信息】

1. 裁判书字号

广东省云浮市中级人民法院（2021）粤53刑终142号刑事裁定书

2. 案由：保险诈骗罪

【基本案情】

被告人赖某健将其名下的一辆车牌号为粤WP××××小轿车在外力作用下低速缓慢地与岸缘相互刮擦形态下落入赖某荣承租的鱼塘，故意制造车辆坠落鱼塘的交通事故，然后报警并向保险公司报险。被告人赖某健串通赖某荣、陈某幸故意夸大鱼塘的损失及车辆的维修费用并提交材料单方面委托某资产评估鉴定事务所有限公司云浮市分公司分别对车辆损失及鱼塘损失进行评估，在获得评估报告后，被告人赖某健为骗取保险金，向保险公司索赔，保险公司认为赖某健夸大事故损失拒绝理赔。

2020年3月4日，赖某健向罗定市人民法院提起民事诉讼，请求法院判令保险公司赔偿因交通事故造成的损失193566元。罗定市人民法院经审理认为不属于经济纠纷案件而有经济犯罪嫌疑，于2020年7月2日驳回赖某健的起诉，并于2020年7月28日将该案移送罗定市公安局依法处理。公安机关于2020年8月4日决定对赖某健涉嫌保险诈骗罪立案侦查。

【案件焦点】

被告人赖某健是否故意制造交通事故及故意夸大损失从而实施保险诈骗。

【法院裁判要旨】

广东省罗定市人民法院经审理认为：被告人赖某健作为投保人，以自己获得保险金为目的，采取故意制造保险事故、夸大损失程度的方法骗取保险金，数额较大，其行为已构成保险诈骗罪。公诉机关指控被告人犯罪的事实清楚，证据确实、充分，指控的罪名成立。被告人赖某健故意制造保险事故、夸大损失程度并取得财产损失评估报告，并向保险公司索赔，在遭到保险公司拒赔后继而向本院提起民事诉讼，其行为已导致保险活动秩序及保险公司的财产受侵害的危险达到了紧迫的程度，可以认定被告人赖某健已经着手实施保险诈骗，但遭到了保险公司拒赔及在民事诉讼中被本院裁定驳回起诉，被告人赖某健已经着手实施保险诈骗行为，但由于意志以外的原因未能获得保险赔偿，是犯罪未遂，可以比照既遂犯从轻或减轻处罚。扣押到被告人赖某健的粤WP××××号黑色迈腾牌小车1辆，属作案工具，依法予以没收；扣押到被告人赖某健的华为牌手机一部（随案移送），与本案有直接关联，予以没收。依照《中华人民共和国刑法》第一百九十八条第一款第二项、第四项，第二十三条、第五十二条、第五十三条、第六十四条的规定，判决如下：

一、被告人赖某健犯保险诈骗罪，判处有期徒刑二年，并处罚金20000元；

二、扣押到被告人赖某健的粤WP××××号黑色迈腾牌小车1辆、华为牌手机1台，依法予以没收。

一审宣判后，赖某健提起上诉。广东省云浮市中级人民法院经审理认为：原判认定事实清楚，证据确实、充分，适用法律和定罪正确，量刑适当，依照《中华人民共和国刑事诉讼法》第二百三十六条第一款第一项的规定，裁定：

驳回上诉，维持原判。

【法官后语】

本案的处理重点主要在于被告人赖某健是否故意制造交通事故及故意夸大损失从而实施保险诈骗。对于保险诈骗类案件，事故现场的勘验及痕迹鉴定是比较重要的客观证据，其反映的情况往往能较好地全面反映事故发生的原因及经过。另外，即使事故是真实发生的，若对发生的保险事故编造虚假的原因或者夸大损失的程度，骗取保险金，其行为也构成保险诈骗罪。

具体到本案中，关于涉案保险事故是否为上诉人赖某健故意制造的问题。经查，案发后保险公司广东分公司云浮市中心支公司委托痕迹司法鉴定所对粤WP××××号车冲入鱼塘时的痕迹形态及发生事故时的车速进行鉴定，鉴定结论为：粤WP××××号车是在外力的作用下低速缓慢地与岸缘相互摩擦的形态进入鱼塘；罗定市公安局经济犯罪侦查大队委托司法鉴定所对粤WP××××号小型轿车落水时的痕迹形态进行重新鉴定，鉴定结论为：推断送检的粤WP××××号车是在外力作用下低速缓慢地与岸缘相互刮擦形态下落入鱼塘。两份鉴定意见均系有鉴定资质的鉴定机构作出，鉴定人员均具备相应的资质，鉴定程序合法，鉴定方法科学合理，其通过力学原理、惯性力及冲击力的计算、车辆痕迹与现场痕迹形成的鉴别、轿车跌落实验等对比分析，得出相同的结论，故涉案车辆系在外力作用下低速缓慢地与岸缘相互刮擦形态落入鱼塘的鉴定结论可予以采信。赖某健称其因躲避他人以30~40千米/小时的车速将车辆驶落鱼塘的辩解不成立。

关于被告人赖某健是否有夸大损失，实施保险诈骗的问题，经查，被告人赖某健恶意串通赖某荣、陈某幸，通过签订协议书、收据、拍摄鱼塘少量死鱼照片、提供死鱼清单、打价车辆维修零件价格、开具收据，赖某健将上述材料给广州某资产评估鉴定事务所有限公司，该公司根据赖某健提供的死鱼清单（高达13000斤）及清理鱼塘作出了高达111475元的鱼塘损失评估鉴定，该公司根据赖某健提交的汽修厂的虚假结算单及发票作出了高达99752元的车辆损失评估鉴定，但实际上赖某健只赔偿了3000元给塘主赖某荣，该事实有证人赖某荣及韦某桃的证言予以证实。对于车辆的实际维修费用，被告人赖某健及证人陈某幸均提及车辆实际费用是47000元，结合陈某幸提交的真实结算单及出货单，车辆的实际维修费用为47000多元。被告人赖某健故意夸大其损失，通过提供虚假评估材料获得评估报告，并据此要求保险公司进行赔偿，在遭到拒赔后通过民事诉讼的方式要求中国太平洋财产保险股份有限公司云浮市罗定支公司向其赔偿193566元，其行为属于故意夸大损失，实施保险诈骗。

编写人：广东省罗定市人民法院　林灿强

43

保险事由正当性以及虚假诉讼方式实施保险诈骗行为性质认定

——陈某某保险诈骗案

【案件基本信息】

1. 裁判书字号

江苏省宿迁市中级人民法院（2021）苏13刑终198号刑事裁定书

2. 案由：保险诈骗罪

【基本案情】

2010年10月8日22时许，被告人陈某某驾驶一辆重型半挂牵引车/苏×××挂重型普通半挂车（登记车主为被告人陈某某，车辆保险合同的投保人、被保险人为其父亲陈某良）在沭阳县某乡镇的草场装草。因现场有电线阻拦，现场工人张某某在车上帮忙托起电线让被告人陈某某驾车通过，在通过过程中张某某从车上跌落受伤。被告人陈某某明知张某某从车上跌落不符合保险赔付范畴，为骗取保险金，在公安机关对事故进行调查以及向保险公司报险时均隐瞒张某某从车上跌落情况，谎称他人告诉自己是车辆撞到人，骗取公安机关交警部门出具了道路交通事故认定书。投保人陈某良在明知系虚假保险事故的情况下，仍受其儿子陈某某安排申请保险理赔。被告人陈某某后委托律师参与张某某以交通事故损害赔偿、交通事故责任纠纷为由提起的民事诉讼。同时被告人陈某某还持事故认定书等向保险公司宿迁市中心支公司提起诉讼要求赔偿车辆保险金。上述案件经法院判决及调解，保险公司赔付张某某及被告人陈某某共计人民币143292.6元。案发后，被告人陈某某已将骗取的保险赔偿金退还被害单位，并取得被害单位谅解。

【案件焦点】

1. 被告人陈某某的保险诈骗目的实现是否涉及虚假诉讼，该虚假诉讼行为是否予以刑法评价；2. 本案存在部分真实的理赔款项，涉案保险公司应支付的理赔数额是否从保险诈骗犯罪中扣减，且存在部分真实理赔事项是否影响本案定罪；3. 认罪认罚案件，被告人提出上诉，检察机关以被告人违背认罪认罚制度，应加重处罚为由提出抗诉，法院应否支持。

【法院裁判要旨】

江苏省沭阳县人民法院经审理认为：被告人陈某某以非法占有为目的，编造虚假的事故原因，骗取保险金，数额巨大，其行为已构成保险诈骗罪。公诉机关指控被告人陈某某犯保险诈骗罪的事实清楚，证据确实、充分，指控罪名成立，予以支持。被告人陈某某归案后如实供述自己的罪行，依法予以从轻处罚。被告人陈某某在案发后能主动退赃，酌情予以从轻处罚。被告人陈某某自愿认罪认罚，依法予以从宽处理。

江苏省沭阳县人民法院依照《中华人民共和国刑法》第一百九十八条第一

款第二项、第六十七条第三款，《中华人民共和国刑事诉讼法》第十五条的规定，作出如下判决：

被告人陈某某犯保险诈骗罪，判处有期徒刑五年，并处罚金人民币2万元。

一审宣判后，被告人陈某某提起上诉：对原判认定的保险诈骗犯罪数额有异议，请求从轻处罚，应在五年以下处刑。

原公诉机关沭阳县人民检察院提出抗诉：陈某某一审中表示认罪认罚，并接受检察机关量刑建议，后在事实及证据没有发生变化的情况下，以一审判决认定事实错误、量刑过重为由提起上诉，属于不认罪不认罚，应加重刑期。宿迁市人民检察院经审查后支持该抗诉意见，建议二审法院依法纠正。

江苏省宿迁市中级人民法院经审理认为：上诉人陈某某以非法占有为目的，编造虚假的事故原因，骗取保险金，数额巨大，其行为已构成保险诈骗罪。其归案后如实供述自己的罪行，依法予以从轻处罚。陈某某在案发后能主动退赃，酌情予以从轻处罚。一审中，上诉人陈某某自愿认罪认罚，依法予以从宽处理。二审中，上诉人陈某某再次表示认罪认罚，服从一审判决。根据全案证据，对一审判决认定的犯罪数额予以调整，相应的应对上诉人陈某某从轻处罚，但鉴于一审适用刑罚情况，不予调整。原审法院认定上诉人陈某某犯保险诈骗罪的事实清楚，证据确实、充分。依据本案犯罪事实及相关情节，量刑并无不当。上诉人陈某某在本院审理期间申请撤回上诉，符合法律规定，予以准许。上诉人陈某某对指控和一审认定的事实始终承认，对罪名认可，但对其中部分事实的性质提出异议，且得到二审认可，不能因此加重其刑罚，对抗诉机关所提抗诉意见不予支持。

江苏省宿迁市中级人民法院依照《中华人民共和国刑事诉讼法》第二百三十六条第一款第一项，《最高人民法院关于适用〈中华人民共和国刑事诉讼法〉的解释》第三百八十三条第二款、第三百八十六条之规定，作出如下裁定：

准许上诉人陈某某撤回上诉。

驳回抗诉，维持原判。

【法官后语】

本案的处理重点主要在于：存在的真实理赔数额应否从保险诈骗犯罪中扣减，且该真实理赔理由是否影响保险诈骗犯罪认定？同时该保险诈骗犯罪是以虚假诉讼方式实现的，该虚假诉讼行为应否纳入刑法评价？

保险制度是为了确保经济生活的安定，对特定危险事故的发生所导致的损失，运用社会和集体的力量共同建立基金以补偿或给付的经济制度，它具有共济互助和经济补偿性质，是一种个人危险的社会分散化。犯罪分子利用欺骗手段获取保险金的行为，不仅侵犯了保险公司的财产所有权，更侵犯了国家的保险制度，干扰了保险业务的正常发展。保险事故发生后，按照保险合同请求给付保险金时，投保人、被保险人或者受益人应当向保险人提供其所能提供的与确认保险事故的性质、原因、损失程度等有关的证明和资料。行为人编造未曾发生的保险事故、不属于保险责任范围的保险事故，或虽属保险责任范围的保险事故，编造虚假的原因以扩大受益金额，都属于诈骗保险金行为。保险诈骗罪，是指以非法获取保险金为目的，违反保险法规，采用虚构保险标的、保险事故或者制造保险事故等方法，向保险公司骗取保险金，数额较大的行为。本罪侵犯的客体是双重客体，既侵犯了保险公司的财产所有权，又侵犯了国家的保险制度。本罪的对象是保险金。对造成保险事故编造虚假的原因，主要是指投保人、被保险人或者受益人为了骗取保险金，对造成保险事故的原因作虚假的陈述或者隐瞒真实情况的行为。

本案中发生了真实的保险事故，投保人、被保险人可以依据相应的保险合同向保险公司提出理赔申请。在这个过程中，保险合同双方对保险事故原因及对应的理赔事项进行核实确认。行为人（投保人）为了扩大受益金额，以虚构的保险事故原因替代其他正常投保险种的出险理赔原因，如交通事故险代替其他意外事故车上人员险（乘客），骗取保险金达到数额较大的，则亦成立保险诈骗犯罪。也就是说，即使发生真实的保险理赔事故，但行为人虚构其他保险事故及理赔事由，以获得更多的保险理赔款，根据刑法犯罪构成要件理论，该行为仍应以罪论处。当然，根据行为人主观占有故意以及主客观相一致原则，从有利于被告人角度出发，涉案犯罪数额应扣减其中保险公司应理赔支付的数额部分。据此，人民法院依法认定行为人陈某某构成保险诈骗罪并判处相应刑罚，体现了司法机关对骗保行为的刑法规制和打击力度，同时提醒、引导人民群众依法依规履约并对保险制度予以遵守和正当维护。

本案刑事案件之前还涉及三个民事诉讼：事故受损人张某某以交通事故损害赔偿、交通事故责任纠纷为由起诉本案被告人陈某某及涉案保险公司。同时本案被告人陈某某还持事故认定书等向保险公司宿迁市中心支公司提起诉讼要求赔偿车辆保险金。最终法院判决支持了权利人的诉讼主张或涉案保险公司同意调解支付了相应的保险赔偿金。本案中，被告人陈某某虚构保险事故，与投保人陈某良通谋报险理赔，其行为特征符合保险诈骗罪的主体要件要求。被告人陈某某对本案涉案事故原因、提出申请理赔经过以及保险理赔诉讼过程、裁判结果等情况均予认可。被告人陈某某最终以虚假诉讼的方式骗取保险理赔款。即本案保险诈骗案件，是以虚假诉讼方式实现保险诈骗目的，属行为目的与手段牵连。根据相关刑法理论及具体案情，认定本案陈某某构成保险诈骗罪，不再以刑法评价该虚假诉讼行为。

编写人：江苏省宿迁市中级人民法院　季艳

（六）危害税收征管罪

44

单位犯罪中已注销公司造成的税款损失能否向公司实际控制人、股东追缴

——某汇公司等虚开增值税专用发票案

【案件基本信息】

1. 裁判书字号

北京市第三中级人民法院（2021）京03刑初23号刑事判决书

2. 案由：虚开增值税专用发票罪

【基本案情】

2012年11月至2017年8月，被告人徐某作为被告单位某汇公司等12家被告单位（详略）及某利公司的实际控制人，伙同被告单位财务负责人被告人张某兰、出纳被告人张某，在没有真实交易的情况下，通过制作虚假合同、制造虚假资金流水等手段，让科技公司等为自己控制的13家公司虚开增值税专用发票4517张，税款合计人民币8260余万元（以下均为人民币），其中认证抵扣增值税专用发票4296张，税款合计7940余万元，造成国家税款实际损失7640余万元。其中，某利公司认证抵扣增值税专用发票71张，税款合计235万余元。被告人张某从2013年10月至2017年8月参与虚开增值税专用发票3635张，税款合计6880余万元，其中认证抵扣增值税专用发票3452张，税款合计6620

余万元。

2020年1月8日，被告人张某兰被公安机关抓获归案，被告人张某被公安机关电话传唤到案。同年1月15日，被告人徐某被公安机关电话传唤到案。

被告人徐某到案后以某供应链管理公司名义退缴100万元；张某兰到案后退缴30万元，经征求张某兰意见，作为某供应链管理公司的应缴税款退缴。法院审理期间，被告单位共退缴1546万元。

【案件焦点】

单位犯罪中，对已注销公司虚开增值税专用发票所造成的税款损失，能否直接向公司实际控制人、股东追缴。

【法院裁判要旨】

北京市第三中级人民法院经审理认为：被告单位某汇公司等12家公司在没有实际发生货物购销或者没有提供或接受应税劳务的情况下，让他人为自己虚开增值税专用发票，其行为已构成虚开增值税专用发票罪，且数额巨大，依法应予惩处。被告人徐某作为被告单位的实际控制人，属于直接负责的主管人员；被告人张某兰作为被告单位的财务负责人，被告人张某作为被告单位的出纳，均属于其他直接责任人员。关于某利公司所涉税款的追缴问题，因某利公司作为原被告单位之一在立案侦查前已注销。本案系单位犯罪，某利公司在审理阶段已不具有被告单位身份，不具备承担刑事责任的相关能力，其因虚开增值税专用发票而造成的税款损失，无法通过刑事诉讼程序向其追缴。同时，公诉机关提供的证据无法证实某利公司与实际控制人徐某或公司股东存在财产混同，或涉案赃款实际流向了实际控制人徐某，故亦无法通过刑事诉讼程序直接向被告人徐某追缴。故判决如下：

一、被告单位某汇公司等12家被告单位犯虚开增值税专用发票罪，判处5万元至20万元不等的罚金；

二、被告人徐某等3名被告人犯虚开增值税专用发票罪，判处有期徒刑三年至九年不等的刑罚，并对被告人张某适用缓刑；

三、依法追缴被告单位某汇公司等12家被告单位的应缴税款，移交税务机关，上缴国库。

宣判后，被告单位、被告人均未提起上诉，检察机关未抗诉，判决已发生法律效力。

【法官后语】

本案中，某利公司在立案侦查前已注销，在审理阶段已不具有被告单位身份，不具备承担刑事责任的相关能力，所造成的税款损失无法继续向某利公司追缴，争议焦点在于某利公司对该部分税款损失的退缴责任能否转嫁给被告人徐某等公司实际控制人、股东，即由个人代替单位承担连带退赔责任。对此，主要存在两种观点：

第一种观点认为，某利公司造成了税款损失的客观事实，虽然公司已注销，但退缴税款责任不能免除，应在本案刑事判决中直接判令公司实际控制人、股东承担连带退赔责任。

第二种观点认为，在被告单位不具备承担刑事责任的相关能力，且在案证据不足以证实存在公司财产与个人财产混同或赃款流向实际控制人的情况下，不能在本案刑事判决中直接向公司实际控制人、股东追缴某利公司所涉税款。

笔者同意第二种观点，具体分析如下：

第一，虚开增值税专用发票罪所造成的税款损失性质为违法所得。根据我国税收法律制度，增值税是以商品在流转过程中产生的增值额作为计税依据而征收的一种流转税；增值税专用发票是增值税一般纳税人销售货物或者提供应税服务开具的发票，其根本特征在于可以用于抵扣税款。用进项税抵扣销项是国家退还相当于进项税额的增值税款，本质是退还纳税人实际垫付的款项。在虚开增值税专用发票骗取国家税款的情况下，纳税人没有实际垫付款项，行为人却以抵扣的方式获取，骗取了国家税款，获得了财产利益。因此，对虚开增值税专用发票犯罪所造成的税款损失进行追缴，实质上是对违法所得的追缴，符合刑法第六十四条规定的追赃性质。

第二，本案系单位犯罪，违法所得归属于单位，应由单位承担退缴责任。

本案中，经审理查明，虚开增值税专用发票行为均以单位的名义实施，犯罪行为能够体现单位意志，且回流钱款基本用于涉案公司的经营活动，未明显用于公司实际控制人、股东等个人用途；同时，现有证据不能证实涉案公司是个人为进行违法犯罪活动而设立或以实施犯罪为主要活动，也不存在个人盗用单位名义实施犯罪等情况，因此应认定为单位犯罪。根据罪责自负原则，单位犯罪中，单位因犯罪获益，追缴责任也应由单位承担，以此体现对单位本身的犯罪行为进行否定性评价，即某利公司作为犯罪主体应对该235万余元的税款损失承担退缴责任。在公司得益的情况下，如要求公司实际控制人、股东承担连带退赔责任，则极易造成罪责刑失衡。

第三，单位注销后，如个人无实际获益，不能将单位退缴税款责任转嫁给个人。笔者认为，如在刑事判决中直接判令公司实际控制人、股东承担连带退缴责任，必须有充分证据证实公司实际控制人、股东实际获益，否则便会缺乏通过刑事途径追赃的基础和前提。换句话说，如在刑事诉讼中以追赃为由直接向公司实际控制人、股东追缴税款，应以“实际获益”为限。本案中，在案证据不足以证实存在公司财产与个人财产混同或赃款实际流向实际控制人、股东等实际获益情况，故根据存疑有利于被告人原则，不能以追赃为由直接向公司实际控制人、股东追缴某利公司所涉税款。

第四，公司法人人格否认理论不能作为转嫁税款追缴责任的依据。持第一种观点者认为，根据税法、公司法相关法律、司法解释的规定，公司在注销前应结清税款，未结清税款的，由其主管税务机关参加清算；未经依法清算，以虚假的清算报告骗取公司登记机关办理法人注销登记，债权人主张其对公司债务承担相应赔偿责任的，人民法院应依法予以支持。由此可见，即使是已注销公司，在法定情形下也可以否认法人人格，追究注销公司者的法律责任，以弥补公司实际控制人、股东等人不正当利用“法人有限责任”逃避法律责任的问题。涉案公司在实施虚开增值税专用发票犯罪后注销，是恶意利用公司独立人格和股东有限责任来逃避税款退缴责任，在此种情形下，应当“刺破公司面纱”，将公司与责任股东作为一个整体，使得责任股东以个人财产对涉案公司债务承担连带责任。笔者不同意这种逻辑推演，笔者认为，刑事法律规定与税法、公司法不同，刑法规定单位犯罪，明确被告单位具有独立人格、享有独立财产、承担独立责任，如存在“刺破公司面纱”的情况，即否认了法人独立人格，单位成为个人犯罪的工具，单位犯罪便不再有存在的意义。也就是说，公司法规定的公司法人人格否认理论在刑事法律规定中对应的是单位犯罪的成立与否问题，而不能在认定为单位犯罪后又以此作为转嫁退赔责任的依据。此外，某利公司在本案立案侦查前已注销，侦查机关、公诉机关未就某利公司是否骗取注销登记这一事实提供充分证据供法庭调查核实，亦未明确指控由公司实际控制人、股东承担该部分税款损失的退缴责任，法院亦不能在刑事判决中直接向公司实际控制人、股东追缴涉案税款。

第五，涉案税款损失仍存在其他挽回途径。虽然本案根据证据情况未通过刑事判决直接向公司实际控制人、股东追缴某利公司所涉税款，但并非意味着某利公司可以因注销而免去退缴税款责任。例如，经税务机关等部门进一步调查取证发现其存在骗取注销登记等违法情形，可以根据税法、公司法等其他法律规定，通过其他途径对其行为予以否定性评价并进行税款追缴。这既保持了刑法的谦抑性，也实现了挽回国家税收损失的目的。

综上，笔者认为在单位犯罪中，对已注销公司虚开增值税专用发票所造成的税款损失，如无证据证实存在公司财产与个人财产混同或赃款实际流向实际控制人、股东等实际获益情况，不能将退缴税款责任转嫁给实际控制人、股东承担。故作出上述判决。

编写人：北京市第三中级人民法院　刘泽　孙森森

（七）侵犯知识产权罪

45

持续假冒注册商标行为适用法律溯及力认定

——石某假冒注册商标案

【案件基本信息】

1. 裁判书字号

山东省平原县人民法院（2021）鲁1426刑初192号刑事判决书

2. 案由：假冒注册商标罪

【基本案情】

被告人石某为了将散装调味品冒充注册商标品牌的调味品销售牟利，未经“××大”商标持有人食品××公司和“××园”商标持有人株式会社授权，指示他人非法印制“××大”牌牛肉粉包装袋138250个，“××园”裙带菜包装袋2131个。被告人石某在产业园成立食品厂，雇用工人将散装的牛肉粉冒充“××大”牌牛肉粉，散装裙带菜冒充“××园”裙带菜进行生产、销售，在2019年5月至2021年6月，共销售假冒注册商标“××大”牛肉粉和“××园”裙带菜价值合计1207520.3元，另有价值86322.5元的假冒注册商标产品未来得及销售，即被侦查机关扣押。

【案件焦点】

被告人犯罪行为一直持续到新法施行后，刑法修正案（十一）取消“拘役”这一主刑种类并提高法定最高刑，对被告人犯假冒注册商标罪新旧法律如何适用的认定。

【法院裁判要旨】

山东省平原县人民法院经审理认为：被告人石某未经注册商标所有人许可，在牛肉粉和裙带菜上使用注册的“××大”商标和“××园”商标，系在同一种商品、服务上使用与其注册商标相同的商标，其行为已构成假冒注册商标罪，而且假冒两种注册商标，非法经营数额 120 余万元，属于情节特别严重，其行为已构成假冒注册商标罪，依法应予以惩处。公诉机关量刑建议适当，予以采纳。被告人石某的犯罪行为一直持续到 2021 年 6 月，本案应适用假冒注册商标罪法定刑提高后的刑法修正案（十一）。

山东省平原县人民法院依照《中华人民共和国刑法》第二百一十三条、第十二条、第六十一条、第四十五条、第四十七条、第六十四条、第五十二条、第五十三条及《最高人民法院、最高人民检察院关于办理侵犯知识产权刑事案件具体应用法律若干问题的解释（三）》第十条之规定，判决如下：

一、被告人石某犯假冒注册商标罪，判处有期徒刑五年六个月，并处罚金人民币 65 万元（刑期自判决执行之日起计算，判决前先行羁押的，羁押一日折抵刑期一日，即自 2021 年 6 月 27 日起至 2026 年 12 月 26 日止；罚金限判决生效后 15 日内缴纳）；

二、平原县公安局扣押在案的被告人石某手机一部，予以没收，上缴国库；平原县公安局扣押未移送本院的“××大”牛肉粉 292 箱、散装牛肉粉 9 袋、牛肉粉 53 箱、散装干裙带菜 77 箱、干裙带快递 87 盒、干裙带快递 303 盒、袋装干裙带菜 253 袋、“××大”牛肉粉包装箱 6210 个、“××大”牛肉粉包装袋 12654 个、“××大”封箱胶带 35 个、干裙带菜包装袋 2131 个、电脑 1 台、喷码机 1 套、快递单打印机 2 台、塑包封口机 1 台、监控 1 台、生产日期印章 1 套，由扣押机关依法处理。

一审判决后，被告人未上诉，检察机关亦未抗诉，判决已发生法律效力。

【法官后语】

本案主要涉及假冒注册商标犯罪行为一直持续到修订后新法施行，而新法对该犯罪行为处罚更重，对这种跨法继续犯[①]如何适用新旧法律的问题。

假冒注册商标行为的入罪体现了国家对保护知识产权，加大对假冒注册商标犯罪的惩治力度。《关于强化知识产权保护的意见》明确指出，加强刑事司法保护，推进刑事法律和司法解释的修订完善。加大刑事打击力度，研究降低侵犯知识产权犯罪入罪标准，提高量刑处罚力度，修改罪状表述，推动解决涉案侵权物品处置等问题。刑法修正案（十一）对侵犯知识产权罪一节刑法条文进行了修改，降低入罪标准、提高量刑标准、修改条文表述，方便刑事司法，极大的有利于对侵犯知识产权犯罪的打击。尤其是被告人利用网络平台销售假冒注册食品安全类商标，与传统侵犯知识产权犯罪案件相比，这类犯罪作案手段相对隐蔽，打击起来更加困难，但网络销售传播面更广、推广速度更快，销售假冒注册商标的商品涉及面更广，社会影响更恶劣。这体现了国家加大对知识产权类犯罪打击力度的立法初衷，拓宽了知识产权司法保护的渠道，不仅有利于保护市场经济的正常秩序，更有利于优化法治营商环境。就本案体现的典型问题，假冒注册商标犯罪行为持续经过新旧法律，为加大知识产权司法保护力度，应当适用修改后的法律从重进行处罚。

1. 持续假冒注册商标行为的认定问题

继续犯也叫持续犯，是指作用于同一对象的一个犯罪行为从着手实行到行为终了犯罪行为与不法状态在一定时间内同时处于继续状态的犯罪。假冒注册商标犯罪行为持续经过新旧法律，这种情况应当统一适用新修订的法律。因为继续犯罪的时间从犯罪行为终了之日起计算，假冒注册商标犯罪行为终于刑法修正案十一修订之后，被告人假冒行为持续，其行为并非着手实施后犯罪结果就此发生，而是犯罪行为一直延续，并在相对较长的时间内造成严重后果，或是侵犯法益较为严重。

---

① 跨法犯是指行为人的行为开始于新刑法（包括刑法修正案）生效之前而结束于新刑法生效之后，跨越新旧刑法的一种犯罪形态。

2. 持续假冒注册商标行为的跨法适用

对于刑法修正案（十一）颁布施行后必然涉及溯及力的问题，司法者应当按照刑法第十二条之规定，遵循从旧兼从轻的基本原则对被告人定罪量刑。施行的新法明确了假冒注册商标罪取消“拘役”这一主刑种类并提高法定最高刑，体现了对侵犯知识产权类犯罪的严厉打击态度。被告人犯罪行为持续到刑法修正案（十一）颁布施行后，其中法定刑已经提高，应当适用修订后的法律进行追诉，修订后的刑法比原刑法所规定的构成要件、情节或者法定刑较重的，司法者仍应当适用新修订的法律，并在审理时酌情从轻处罚。

一般情况下，行为或者发生在旧法时，或者发生在新法时，刑法的溯及力问题容易确定。但在犯罪行为连续或者继续的情况下，行为极有可能跨越新、旧法，在这种情况下，适用旧法还是新法，以及在何种情况下适用旧法或新法，是一个较为复杂的问题。笔者认为，对这一问题的解决，仍应以从旧兼从轻原则为基本精神。行为跨越新、旧法，新、旧法规定为同一犯罪的，无论新、旧法处刑的轻重，均应适用新法定罪处罚。行为跨越新、旧法，旧法认为是犯罪，新法不认为是犯罪的，适用新法，不以犯罪论处。行为跨越新、旧法，新、旧法规定为不同犯罪，旧法处刑轻的，适用旧法定罪处罚；新法处刑轻的，适用新法定罪处罚。行为跨越新、旧法，旧法不认为是犯罪，新法认为是犯罪的，对新法施行以后的行为适用新法定罪处罚。对于这一点，1997年10月6日《最高人民检察院关于检察工作中具体适用修订刑法第十二条若干问题的通知》第三条规定，如果当时的法律不认为是犯罪，修订刑法认为是犯罪的，适用当时的法律；但行为连续或者继续到1997年10月1日以后的，对10月1日以后构成犯罪的行为适用修订刑法追究刑事责任。本案根据上述法律适用原则，通过对继续犯及适用法律溯及力的认定，最终确定对被告人适用刑法修正案（十一）颁布施行后的刑罚进行从重处罚，既充分保障了被告人的诉权，又严厉打击了知识产权犯罪。

编写人：山东省平原县人民法院　刘英君　于欣鑫

46

销售假冒注册商标的商品罪在刑法修正案（十一）修改背景下的法律适用

——王某忠销售假冒注册商标的商品案

【案件基本信息】

1. 裁判书字号

北京市第三中级人民法院（2021）京 03 刑终 601 号刑事裁定书

2. 案由：销售假冒注册商标的商品罪

【基本案情】

2020 年 6 月至 8 月，被告人王某忠在北京市朝阳区等地向石某销售假冒，牌白酒 100 余瓶，金额共计人民币 14.04 万元。2020 年 8 月 25 日被告人王某忠在某酒店内被公安机关查获归案，侦查机关当场起获 M 牌白酒 596 瓶，经鉴定上述白酒均系假冒注册商标的产品，销售金额共计人民币 50 余万元。案件审理期间，被告人王某忠退缴人民币 7.34 万元。

【案件焦点】

适用行为时还是裁判时的法律规定对被告人定罪量刑。

【法院裁判要旨】

北京市朝阳区人民法院经审理认为：被告人王某忠明知是假冒注册商标的商品仍予以销售，已销售金额较大，未销售金额巨大，其行为已触犯了刑法，构成销售假冒注册商标的商品罪，依法应予惩处。关于本案的法律适用问题，《中华人民共和国刑法修正案（十一）》对本罪名作出部分修改，且取消本罪拘役刑，提高有期徒刑幅度，故本着刑法从旧兼从轻原则，对本案适用1997年修订的《中华人民共和国刑法》之规定。故判决如下：

一、被告人王某忠犯销售假冒注册商标的商品罪，判处有期徒刑三年六个月，罚金人民币20万元；

二、被告人王某忠退缴在案之人民币73400元依法予以没收；

三、扣押在案之假冒注册商标的商品依法予以没收，手机一部依法予以没收。

宣判后，王某忠以一审未根据《中华人民共和国刑法修正案（十一）》的规定认定其违法所得数额、事实不清、适用法律错误等为由提起上诉。

北京市第三中级人民法院经审理认为：在案证据足以证明王某忠明知是假冒注册商标的商品仍予以销售，其行为已构成销售假冒注册商标的商品罪。“处刑较轻”指刑法对某种犯罪规定的刑罚即法定刑比修订前刑法轻，《中华人民共和国刑法修正案（十一）》对销售假冒注册商标的商品罪作出部分修改，提高了本罪的刑罚，在相关法律法规尚未明确具体刑档标准以及“有其他严重情节”“有其他特别严重情节”认定标准的情况下，根据从旧兼从轻原则，应当适用1997年刑法关于本罪的规定，一审法院适用法律正确。上诉人王某忠所提上诉理由均不能成立。故裁定：

驳回上诉，维持原判。

【法官后语】

《中华人民共和国刑法修正案（十一）》（以下简称《刑修十一》）对销售假冒注册商标的商品罪进行了修改，涉及罪状和法定刑两个方面：将原法条“销售金额数额较大”修改为“违法所得数额较大或者有其他严重情节”；将原法条“销售金额数额巨大”修改为“违法所得数额巨大或者有其他特别严重情节”；删除了该罪基本犯的拘役刑，并将法定最高刑由7年提高至10年有期徒刑。本案中，被告人王某忠销售假冒注册商标的商品行为发生在《刑修十一》施行前，裁判发生在《刑修十一》施行后，争议焦点便在于适用行为时法（即1997年刑法的相关规定）还是裁判时法（即《刑修十一》的相关规定）对被告人定罪量刑。

第一种观点认为，根据从旧兼从轻原则，裁判时法采用的“违法所得数额”标准对被告人更有利，故不能适用行为时法的“销售金额”标准对被告人定罪量刑；裁判时法已明确删除“销售金额”标准，体现立法倾向，且“情节”标准尚未有司法解释参考，故不能以“销售金额”可评价情节严重程度为由适用裁判时法的“情节”标准对被告人定罪量刑。

第二种观点认为，根据从旧兼从轻原则，涉案行为无论是根据裁判时法还是行为时法均构成犯罪，应以“法定刑”为量刑轻重的判断标准，因裁判时法提高法定刑，适用行为时法定罪量刑更有利于被告人。

笔者同意第二种观点。根据从旧兼从轻原则，对于行为时尚未规定为犯罪，裁判时法新增为犯罪的行为，应当以行为时法作为依据；对于行为时规定为犯罪，裁判时法不认为是犯罪或者虽认为是犯罪但处刑较轻的，应当以裁判时法作为依据。本案不涉及行为时法尚未规定为犯罪、裁判时法新增为犯罪的情况，要解决是否适用裁判时法，即判断裁判时法是否不认为是犯罪、裁判时法是否处刑较轻，本文即从以上两个层面进行分析。

一、王某忠构成销售假冒注册商标的商品罪

第一，王某忠客观上具有销售行为，主观上明知是假冒注册商标的商品。无论是行为时法还是裁判时法，构成本罪，需“销售明知是假冒注册商标的商品”。本案中，在案手机鉴定提取的聊天记录，证人证言，账户交易明细等证据能够证实，王某忠分别与曹某、石某就假酒的数量、价格、送货地点、转账信息等内容进行沟通商议，假酒的销售信息由王某忠提供给石某，购货需求由石某直接向王某忠提出，购货款亦由石某直接给王某忠，石某与王某忠的上游销售者曹某等人并无接触，可见王某忠系销售活动中的交易方，而非促成上下家交易的居间介绍者；同时，在案聊天记录显示王某忠对假酒的包装、品质均有明确的判断和认知，证人亦指证王某忠明知涉案酒为假，且涉案酒的价格明显低于市场价格，可以认定王某忠主观明知。由此可见，无论是行为时法还是裁判时法，被告人王某忠的行为均符合该罪主客观要件。

第二，王某忠的犯罪行为已达到入罪门槛。裁判时法对定罪量刑标准进行了修改，但无论是“销售金额”标准，还是“违法所得数额+情节”标准，都不仅影响罪行轻重，也影响罪与非罪的认定。根据行为时法的“销售金额”标准，王某忠的销售金额能够通过在案证据查实，且既遂数额较大、未遂数额巨大，结合前述分析，其行为已构成销售假冒注册商标的商品罪。争议在于依据裁判时法的“违法所得数额+情节”标准，王某忠的犯罪行为是否达到定罪量刑标准。笔者认为，可以根据“销售金额”评价王某忠犯罪情节严重程度，认定王某忠已达到裁判时法对该罪设定的入罪门槛。主要理由是：

（1）“销售金额”与该罪保护法益直接相关，可以判断行为社会危害性。销售假冒注册商标的商品罪属于逐利型犯罪，行为人将假冒注册商标的商品出售给他人牟取利润差价，其“销售金额”是指“销售假冒注册商标的商品后所得和应得的全部违法收入”，属于判断该罪是否既遂的关键要素。销售金额越高，利润空间或销售规模可能就越大，结合其他证据可以在一定程度上体现行为人的主观恶性、流通进入市场的侵权产品数量规模及对知识产权权益、社会主义市场经济秩序的影响。尤其对于未遂的犯罪事实来说，其本身就无法计算违法所得，“销售金额”也就更具参考价值。

（2）将“销售金额”作为情节严重参考因素，符合侵犯知识产权犯罪处理思路。参照侵犯知识产权犯罪领域对情节严重的规定，是否构成“其他严重情节”，需要考虑销售数量、非法经营的数额、违法所得数额以及行为人是否以此为业、是否因侵犯知识产权而受到过行政处罚或有相应犯罪前科等因素。其中，“非法经营数额”一般是指“行为人在实施侵犯知识产权行为过程中，制造、储存、运输、销售侵权产品的价值；已销售的侵权产品的价值，按照实际销售的价格计算；制造、储存、运输和未销售的侵权产品的价值，按照标价或者已经查清的侵权产品的实际销售平均价格计算；侵权产品没有标价或者无法查清其实际销售价格的，按照被侵权产品的市场中间价格计算”。由此可见，“销售金额”的概念可以被“非法经营数额”涵盖，以“销售金额”作为评价情节严重程度的参考符合一贯做法。

（3）将“销售金额”作为情节严重参考因素，不违背修法意图。行为时法采用“销售金额”为定罪量刑的唯一标准，在实践中可能出现上游犯罪分子因处于批发环节导致销售数量大但销售金额小、下游犯罪分子处于零售环节导致销售数量小而销售金额大的现象，从而容易产生“量刑倒挂”，难以体现源头打击和全面打击的政策导向。《刑修十一》采用“违法所得数额”标准，考察行为人的实际获利情况，更为客观、公平。但由于销售假冒注册商标的商品犯罪多具有隐蔽性强、持续时间长、犯罪链条化等特点，可扣减的犯罪成本证据难以调取，“违法所得数额”的认定往往严重依赖口供，陷入以口供为中心的证明模式。在“违法所得数额”取证难、举证难、采信难的情况下，《刑修十一》同时增加“其他严重情节”“其他特别严重情节”作为兜底性规定，实质上使得法网更加严密、科学，更有利于打击犯罪、保护知识产权。本案中，被告人王某忠的违法所得数额缺乏客观书证予以证实，其本人关于违法所得数额的供述亦不稳定，如局限于违法所得数额标准，极易放纵犯罪，而根据销售金额评价情节是否严重，则具有较强的可操作性。

综上，无论是适用行为时法还是裁判时法，王某忠均构成销售假冒注册商标的商品罪。

二、适用行为时法对被告人处刑较轻

第一，比较处刑轻重并非判断新旧法罪状哪个更有利于被告人。从逻辑顺序上看，对是否构成犯罪的判断应先于处刑轻重的判断。如根据新旧法罪状，存在不构成犯罪的情况，则直接适用相应的条文；均构成犯罪的，则应比较量刑轻重，而无须再考虑新旧法罪状哪个对被告人更有利。本案中，被告人王某忠的违法所得数额显然小于销售金额，持第一种观点者是以对被告人有利为目的选择适用部分罪状，实质上是先推演量刑，后决定适用的法律条文，逻辑顺序颠倒。

第二，比较处刑轻重不能以不确定的处断刑为准。有观点认为，应将被告人的行为分别代入行为时法和裁判时法，以比较可能得出的“处断刑”为标准，选择有利于被告人的结果。对此，笔者不能赞同。一方面，以法定刑为准具有法律依据。《最高人民法院关于适用刑法第十二条几个问题的解释》规定，“处刑较轻”指刑法对某种犯罪规定的刑罚即法定刑比修订前刑法轻，法定刑较轻是指法定最高刑较轻；如果法定最高刑相同，则指法定最低刑较轻。另一方面，处断刑会基于案件事实、量刑情节、自由裁量权等差异性、不确定性因素而产生不同的结果，如果以处断刑为标准，极易造成同案不同判的情况，具有不确定、不客观的风险。例如，本案中，相关法律法规尚未明确销售假冒注册商标的商品罪最新的具体刑档标准，处断刑自由裁量范围较大。与之相对，法定刑具有明确、客观的特点，可以实现标准的一致性、稳定性，从而保证类案的处理结果公正。

综上，《刑修十一》加大对侵犯知识产权犯罪的惩处力度，明显提高本罪的法定刑，一审法院根据从旧兼从轻原则适用行为时法并无不当。

基于以上考虑，二审法院驳回王某忠的上诉，维持原判。

编写人：北京市第三中级人民法院　刘泽　孙森森

47

销售假冒注册商标的商品罪中商标使用及明知的认定

——王某某销售假冒注册商标的商品案

【案件基本信息】

1. 裁判书字号

广东省深圳市中级人民法院（2021）粤03刑终1812号刑事裁定书

2. 案由：销售假冒注册商标的商品罪

【基本案情】

自2019年开始，被告人王某某为牟取非法利益，通过科技公司销售假冒注册商标的耳机。2019 年 11 月 22 日，深圳市公安局福田分局民警在珠宝城××H、某村××栋××、珠宝城××档口分别抓获被告人王某某雇佣的员工李某某、冯某某、邓某某、戴某某，以及协助被告人王某某激光改字的李某平、陈某兴；并当场查获疑似假冒 A 品牌的无线耳机 1019 个，假冒 A 品牌的耳机盒、商标标贴若干以及账本一册等。经鉴定，上述现场查获的耳机、耳机盒不是 A 公司的产品。经查明，现场查获的 1019 个疑似假冒 A 品牌无线耳机中，外观含有 A 品牌商标的耳机共 44 个，价值约 6 万元，其余耳机的外观不含有 A 品牌商标。将外观不含有 A 品牌商标的耳机逐一连接设备使用，481 个显示配对弹窗、81 个显示“××”配对弹窗、2 个显示“×××”配对弹窗、3 个显示“××××”配对弹窗，共计 567 个，价值 80 余万元。

戴某某、邓某某、李某某、冯某某在接受公安机关讯问时均称，公司的老板是被告人王某某，共有 5 个工人，分别负责测试、打包、收快递、销售、客服等工作；公司销售的 A 品牌耳机等配件都不是正品，是高仿的。

2020 年 4 月 7 日，被告人王某某主动到深圳市公安局福田分局南园派出所投案。被告人王某某辩称，外观含有 A 品牌商标的耳机不是其销售的，可能是退错货了；不知道配对弹窗会显示 A 品牌标识。

【案件焦点】

1. 外观不含有 A 品牌商标，但在连接设备使用时配对弹窗显示有 A 品牌标识的耳机，是否属于假冒注册商标的商品；2. 被告人王某某主观上是否明知其销售的是假冒注册商标的商品。

【法院裁判要旨】

广东省深圳市福田区人民法院经审理认为：

（1）外观无 A 品牌商标但在连接设备使用时配对弹窗显示有 A 品牌标识的耳机，属于假冒注册商标的商品。配对弹窗中的 A 品牌标识具有识别商品来源的作用，属于商标性使用，且该标识与被害人的第 1763××××号“A 品牌”注册商标相同，会导致消费者对商品来源产生混淆。故上述耳机为假冒 A 品牌的耳机。

（2）被告人王某某主观上明知是假冒注册商标的商品。其一，涉案611个耳机均为假冒注册商标商品，且其中有81个显示“××”配对弹窗，“××”与被告人员工的名字相同；现场还查获了若干假冒A品牌的耳机盒、商标标贴，被告人王某某对此未作合理回应。其二，被告人王某某所雇员工均知晓所从事行为违法、涉案耳机为高仿品。王某某作为耳机经营者及涉案窝点的组织者却否认其知情，明显与事实不符。其三，被告人王某某的辩解无其他证据予以佐证。综合分析，能够认定被告人王某某主观上明知涉案耳机为假冒注册商标的商品。

综上，被告人王某某销售明知是假冒注册商标的商品，数额巨大，其行为已构成销售假冒注册商标的商品罪，依法应予惩处。

广东省深圳市福田区人民法院依照《中华人民共和国刑法》第二百一十四条、第五十二条、第五十三条及第六十四条之规定，作出如下判决：

一、被告人王某某犯销售假冒注册商标的商品罪，判处有期徒刑二年六个月，并处罚金人民币32万元；

二、扣押在案的假冒注册商标之产品依法没收，交由公安机关依法销毁；缴获的作案工具依法予以没收，上缴国库。

宣判后，被告人王某某持原审辩解提起上诉。广东省深圳市中级人民法院认为经审理认为：王某某销售明知是假冒注册商标的商品，数额巨大，其行为已构成销售假冒注册商标的商品罪，应依法予以惩处。王某某及其辩护人的上诉意见与查明的事实不符，均不予采纳。原审法院对王某某的量刑已结合了其犯罪情节及认罪悔罪态度，并无不当。原判认定事实清楚，证据确实充分，定罪准确，程序合法，量刑适当，依法应予维持。

广东省深圳市中级人民法院依照《中华人民共和国刑事诉讼法》第二百三十六条第一款第一项之规定，作出如下裁定：

驳回上诉，维持原判。

【法官后语】

本案的审理关键在于：（1）外观不含有A品牌商标，但在连接设备使用时配对弹窗显示有“A 品牌”标识的耳机，是否属于假冒注册商标的商品；(2) 被告人王某某主观上是否明知其销售的是假冒注册商标的商品。

关于第一点，在本案中，部分蓝牙耳机的外观并不含有 A 品牌商标，但在连接设备使用时配对弹窗显示有“A 品牌”标识。该“A 品牌”标识与 A 公司的第 1763×××号“A 品牌”注册商标的字母组成及排序相同，仅字母大小写存在差别，构成相同；第 1763×××号“A 品牌”注册商标核定使用的商品类别包含耳机，故认定该部分耳机是否为假冒注册商标的商品，关键在于判断配对弹窗显示“A 品牌”标识的行为，是否为商标使用行为。

《中华人民共和国商标法》第四十八条规定，本法所称商标的使用，是指将商标用于商品、商品包装或者容器以及商品交易文书上，或者将商标用于广告宣传、展览以及其他商业活动中，用于识别商品来源的行为。《最高人民法院、最高人民检察院关于办理侵犯知识产权刑事案件具体应用法律若干问题的解释》第八条规定，刑法第二百一十三条规定的“使用”，是指将注册商标或者假冒的注册商标用于商品、商品包装或者容器以及产品说明书、商品交易文书，或者将注册商标或者假冒的注册商标用于广告宣传、展览以及其他商业活动等行为。由上述规定及解释可知，商标使用的本质是用以识别商品来源的行为，其形式并不限于法律明确列举的几种行为，还包括其他商业使用行为。换言之，只要特定标识的使用行为使相关公众对特定商品或服务产生来源识别的认知，即使不是法律或司法解释明确列举的使用方式，也可构成商标使用；否则，即便是法律或司法解释明确列举的使用方式，也不构成商标使用。

具体到本案中，相关标识不是显示在耳机上，而是在连接其他电子设备使用时，通过配对弹窗显示在该电子设备的界面上，该种使用不是传统的商标使用方式，也不属于法律和司法解释明确列举的使用方式。根据技术调查，若要实现涉案蓝牙耳机在连接设备使用时，显示含有“A 品牌”标识的弹窗，则需在生产过程中将商标设置为自身蓝牙协议的设备名称，同时，通过破解、盗用 A 公司拥有著作权的通信协议，将相应可以激活弹窗的软件烧录在蓝牙耳机的芯片中。这是随着知识产权犯罪行为打击力度的加大和技术的发展而出现的新的犯罪手段。一些犯罪分子为规避查处，采用上述手段生产与正品耳机外观相似、外表面无相关商标标识且弹窗等功能齐全的耳机，其目的是不正当地利用该商标的良好商誉，使社会公众把该假冒耳机当作正品耳机，以此误导消费者，牟取非法利益，严重扰乱了市场秩序。上述技术处理实际是一种在商品的软件系统中进行“打标”的行为，具有隐蔽性，但相关标识最终还是以外在的、可被相关公众感知的形式显示出来，相关公众在看到电子设备上显示的“A品牌”标识后，会产生该耳机来源于A公司的认识，故这种使用方式属于在商业活动中使用商标的行为，能够起到识别耳机来源的作用，应认定构成商标使用行为。综上所述，涉案蓝牙耳机是未经注册商标所有人许可，在同种商品上使用与注册商标相同的商标的商品，属于假冒注册商标的商品。

关于第二点，根据《最高人民法院、最高人民检察院关于办理侵犯知识产权刑事案件具体应用法律若干问题的解释》第九条的规定，知道或者应当知道是假冒注册商标的商品的情形，应当认定为刑法第二百一十四条规定的“明知”。该解释中的“知道”即为确定地知道，而“应当知道”则表示推定明知。推定，是指以已知事实、证据为基础，根据日常生活经验和常识、逻辑推理，推出未知的事实，并允许当事人提出相反证据推翻的一种证据法则。该种推定不同于“有罪推定”，它允许被告人提出相反证据推翻推定，只有当被告人不能作出合理解释或者不能提供具体证据推翻推定时，才能认可推定的事实成立。

在司法实践中，判断是否明知应重点把握以下几点：一是应当以客观实际情况为依据。被告人供述是判定明知的重要依据，但也不能仅凭被告人的供述作为判断依据，而应当综合考虑案件中的各种客观实际情况进行综合分析。二是推定必须以已经有确凿证据证明的客观事实为基础，不能主观臆测、用推定方法取代调查取证。三是反常行为是推定明知的重要考量因素。如果行为人实施了相关犯罪行为，并表现出反常的行为，且对反常行为不能作出合理解释，那么可以推定行为人主观上是“明知”。四是应当慎重适用推定明知。推定“明知”只有在没有直接证据时适用，且必须形成逻辑自洽的证据链。对于推定明知的结论，应当允许行为人提出反证加以推翻。如果被告人能作出合理解释或者有证据证明确实不知，就不能认定其主观上“明知”。

具体到本案中，虽然没有直接证据证明被告人知道涉案耳机为假冒注册商标的商品，但有多处不符合常理的情形，包括部分涉案耳机的配对弹窗里显示有被告人所雇员工的名字；现场查获了假冒A品牌的耳机盒、商标标贴；被告人所雇员工均知晓所从事行为违法、涉案耳机为高仿品，而其作为耳机经营者及涉案窝点的组织者却否认其知情。针对上述反常情况被告人并不能作出合理解释，且其辩解亦无其他证据予以佐证，故结合本案情况，可以认定被告人王某某主观上明知涉案耳机为假冒注册商标的商品。

编写人：广东省深圳市福田区人民法院　雷桂森　张玲美

48

网上培训平台题库是否能够认定为作品问题

——温某等侵犯著作权案

【案件基本信息】

1. 裁判书字号

广西壮族自治区柳州市中级人民法院（2021）桂02刑终205号刑事裁定书

2. 案由：侵犯著作权罪

【基本案情】

被告人温某、唐某、杨某、曾某峰、覃某龙原系某教育科技公司职员，温某曾任某教育科技公司技术经理，负责软件的开发工作（2012年11月5日入职，2016年5月27日离职）；唐某曾任某教育科技公司实体渠道销售部区域经理，负责销售业务工作（2011年8月入职，2013年6月离职）；曾某峰曾任某教育科技公司实体渠道销售部经理（2011年6月20日入职，2013年8月7日离职，离职后成立某教育咨询公司；2015年2月9日再次入职，2016年8月3日离职）；覃某龙曾任某教育科技公司市场部市场专员、网站渠道部渠道专员（2015年6月9日入职，2016年7月11日离职）；杨某曾任某腾公司工程程序员，负责维护某腾公司开发的“××宝典”软件的维护和升级工作。2016年7月15日，温某拿到“××点”软件版权后，组织曾某峰、覃某龙成立科技公司，温某为法人代表；杨某同时加入科技公司，负责“××点”的开发和维护工作；2016年9月26日唐某加入科技公司，负责“××点”项目线上线下销售业务。2016年5月25日，温某利用中介，以他人名义成立科技有限公司，2017年1月9日温某指令唐某成为科技有限公司法人。2016年11月，科技公司开始运营“××点”软件和其他软件开发，并以科技有限公司的名义进行销售。用户下载安装“××点”软件并购买相关科目后，可以查阅该科目的所有题目。被告人温某、唐某、曾某峰、杨某、覃某龙以营利为目的，将某腾公司“××宝典”软件题库内容私自复制到“××点”软件使用并大量销售。经知识产权司法鉴定所鉴定：“××点”软件中共3744个注册会员购买了相关科目（包含题干、选项、解析均与“××宝典”软件相同的题目）。2017年8月30日，五被告人被抓获归案。

【案件焦点】

关于网上培训平台题库是否能够认定为作品的定性问题。

【法院裁判要旨】

广西壮族自治区柳州市鱼峰区人民法院经审理认为：被告人温某、唐某、杨某、覃某龙、曾某峰以营利为目的，未经著作权人许可，以改编方式使用某腾公司试题集，并以会员制方式传播他人作品，注册会员达到3744人，其行为均触犯了《中华人民共和国刑法》第二百一十七条之规定，构成侵犯著作权罪。公诉机关指控被告人温某、唐某、杨某、覃某龙、曾某峰侵犯著作权罪成立。在共同犯罪中，五被告人均积极参与，均是主犯，但是被告人温某、唐某、杨某属于作用较大的主犯，被告人覃某龙、曾某峰属于作用较小的主犯，在量刑上予以适当区分。关于被告人温某等人及辩护人辩称被告人行为均不构成侵犯著作权罪、某腾公司对“××宝典”内部的题目不享有原始著作权的辩护意见，法院认为，某腾公司对其“××宝典”及内部的题库进行了著作权申请登记，按照法律规定，依法享有著作权，温某等人之前的供述均证实其从某腾公司复制过题目到科技有限公司的“××点”软件中，而温某等五人作为原某腾公司的员工，在辞职后相继加入温某成立的科技公司，进而由唐某作为科技有限公司的法人代表来进行“××点”软件的销售，实际上科技公司和科技有限公司属于一套人马两套牌子，唐某作为法人代表、曾某峰作为财务负责人、温某和杨某负责“××点”软件的开发和维护、覃某龙作为销售人员，前期分工明确，对于温某、杨某窃取“××宝典”题目复制到“××点”软件中来的事情，被告人之间有过沟通，而且根据被告人之前在某腾公司的任职情况，均属于应当知道“××点”中题目存在剽窃“××宝典”题目的情形，主观上均属于明知，客观上经过鉴定机构鉴定，注册会员达3744人，根据《最高人民法院、最高人民检察院、公安部关于办理侵犯知识产权刑事案件适用法律若干问题的意见》第十三条第四项“以会员制方式传播他人作品，注册会员达到一千人以上的”属于刑法第二百一十七条规定的其他严重情节，故温某等人的行为属于侵犯著作权罪其他严重情节情形，故五被告人的行为均构成侵犯著作权罪。对上述辩护意见，法院不予采纳。对公诉机关的其他指控构罪量刑标准，由于缺乏客观性，鱼峰法院不予采纳。

广西壮族自治区柳州市鱼峰区人民法院依照《中华人民共和国刑法》第二百一十七条、第二十五条、第二十六条、第五十二条、第五十三条、第六十一条、第六十二条、第六十四条之规定，本案业经审判委员会讨论，作出如下判决：

一、被告人温某犯侵犯著作权罪，判处有期徒刑二年六个月，并处罚金人民币10万元；

二、被告人唐某犯侵犯著作权罪，判处有期徒刑二年六个月，并处罚金人民币10万元；

三、被告人杨某犯侵犯著作权罪，判处有期徒刑二年六个月，并处罚金人民币10万元；

四、被告人曾某峰犯侵犯著作权罪，判处有期徒刑二年，并处罚金人民币8万元；

五、被告人覃某龙犯侵犯著作权罪，判处有期徒刑二年，并处罚金人民币8万元；

六、起获并扣押在柳州市公安局鱼峰分局经济犯罪侦查大队的作案工具："××点"包装盒（未组装）1320张，"××点"学习卡9800张，"××点"包装盒（已组装）194个，医药卫生职称考试54盒，医学高级职称考试20盒，医药卫生职称考试280张（未组装），医学高级职称考试160张（未组装），科技公司宣传册201本，宣传海报400张，医药卫生考试专业辅导软件520本，医药卫生职称考试软件400张，电脑主机11台，笔记本电脑4台，移动硬盘1块等物品，均依法予以没收。

上诉人温某提出，无证据证明某腾公司对试题具有原创性，某腾公司对试题不享有著作权等。

上诉人温某的辩护人提出：（1）鉴定意见未对案涉送检材料进行实质性审查，无法得出具有独创性这一唯一结论；（2）作品登记证书、有关证人证言等不能证明某腾公司对涉案材料享有著作权；（3）本案本质上属于民事纠纷，温某的行为不构成侵犯著作权罪；即使温某构成犯罪，鉴于其系初犯、偶犯、有坦白情节等，原判量刑过重等。

上诉人唐某提出，原判对著作权归属定义错误，无证据证明某腾公司对登记作品具有原创性等。

上诉人唐某的辩护人提出：应以从旧兼从轻原则适用新著作权法对本案某腾公司的"作品"是否享有著作权进行认定，其不具有独创性，尤其是其中的多项历年真题集，更应以"国家机关的行政性文件"视之等。

上诉人曾某峰提出：某腾公司未取得任何单位、出版社授权，属于擅自使用他人作品，“××宝典”不具有原创性，不享有著作权等。

上诉人曾某峰的辩护人提出：某腾公司对“××宝典”不享有著作权，“××点考试系统”也有登记证书，不存在侵权等。

上诉人覃某龙上诉提出：某腾公司对“××宝典”不享有实质著作权等。

上诉人覃某龙的辩护人提出：某腾公司的《作品登记证书》办证日期与申请日期倒挂，涉嫌伪造；某腾公司的“××宝典”题库涉嫌侵权，不具有合法的著作权等，认定覃某龙为主犯并构成侵犯著作权罪事实不清，证据不足，覃某龙不构成侵犯著作权罪。

广西壮族自治区柳州市中级人民法院经审理认为：上诉人温某、唐某、曾某峰、覃某龙、原审被告人杨某以营利为目的，将某腾公司“××宝典”软件题库内容私自复制到“××点”软件使用并以会员制方式大量销售，有3744个会员购买过包含有题干、选项、解析均相同的题目的科目，情节严重，五人的行为均构成侵犯著作权罪。一审法院审理查明的事实清楚，证据确实、充分，定罪准确，适用法律正确，量刑适当，审判程序合法。

广西壮族自治区柳州市中级人民法院依照《中华人民共和国刑事诉讼法》第二百三十六条第一款第一项之规定，作出如下裁定：

驳回上诉，维持原判。

【法官后语】

本案中，被告人温某、唐某、杨某、曾某峰、覃某龙原均系某腾公司职员，分别任技术经理、实体渠道销售部区域经理、市场专员、渠道专员、程序员等职务，之后，五人先后离职。温某拿到“××点”软件版权后，组织其余四人，共同以营利为目的，将某腾公司“××宝典”软件题库内容私自复制到“××点”软件使用并大量销售。经鉴定，“××点”软件中共3744个注册会员购买了相关科目。

本案争议的焦点在于网上培训平台题库是否能够被依法认定为作品，某腾公司对“××宝典”题库是否享有著作权。综合本案证据，笔者认为网上培训平台题库依法能够认定为作品，主要理由如下：

1. 2020年修正的《中华人民共和国著作权法》（以下称《著作权法》）对本案有关作品的认定并未产生重大影响。经查，《著作权法》此次修正，对作品定义、作品类型作了修改，一改原来纯列举式的表述，以概括式概念描述的方法将作品定义为“文学、艺术和科学领域内具有独创性并能以一定形式表现的智力成果”，而在作品类型的列举中，将原“电影作品和以类似摄制电影的方法创作的作品”修正为“视听作品”，同时摒弃原来“法律、行政法规规定的其他作品”这一兜底规定，将之修正为“符合作品特征的其他智力成果”。如此修正，并没有对作品类型进行封闭，而是对判断是否构成作品持开放性的态度，使得作品的类型更加周延，为司法实践腾出了可适用的空间。换句话说，只要符合作品的定义，都能够作为作品，受到《著作权法》的保护。而对于改编作品、汇编作品及其对应的改编权、汇编权等，《著作权法》并未作出修正。因此，《著作权法》的修正，对本案认定并未产生重大影响。即便如辩护人所称本案中涉及的多项历年真题集应以“国家机关的行政性文件”视之，也并不当然否定对上述内容汇编后享有著作权。如同常用的法律工具书，里面的内容除“编写说明”外，均是全国人民代表大会及其常务委员会、最高司法机关等发布的法律、立法解释、司法解释、解释性意见等，但是，没有人会否认这些工具书的编者对书籍享有著作权。

2. 作品登记证书等并非判断作品是否具有著作权的实质要件。根据《著作权法》第二条的规定，著作权的享有和作品是否发表、是否进行作品登记等并无关系。是否取得、何时取得作品登记证书等在判定作品是否享有著作权时没有实质意义，只是作为判断著作权的辅助性材料。同样道理，亦不能仅凭某个或某几个证人的证言判断作品是否具有著作权。至于有辩护人提到本案中某腾公司的作品登记证书办证日期与申请日期倒挂、涉嫌伪造的意见，经查，某腾公司提交的《作品著作权登记申请表》上“申请人签章”处显示的日期均为“2017年9月27日”，该日期均晚于甚至晚于作品登记的日期，如“医学高级职称××宝典试题集续”的登记日期为“2016年4月8日”，早在“2017年9月

27 日”的近一年半之前就已经取得了作品登记证书。但，对照《作品著作权登记申请表》所附的“办理环节”“办理状态”流程表以及下方的网址链接，就不难发现，“2017 年 9 月 27 日”并非申请日期，只是系统自动生成的查询日期。因此，某腾公司提交的作品登记证书不存在日期倒挂、伪造等情形。

3. 某腾公司合法享有“××宝典”题库的著作权。某腾公司自 2008 年以来，先后拥有计算机软件著作权、作品登记证书等 100 余项，上述权利证书均系某腾公司在大量投入的前提下依法拥有。根据《著作权法》第十条第一款第十四项、第十六项、第十三条、第二条的规定，某腾公司研发“××宝典”试题库实际上主要是一种改编、汇编、整理工作，并无证据证明其有违法侵权等情形而否定其著作权，故其依法享有著作权，且自创作完成相应题库时即依法享有相应试题集的著作权。

4. 温某等实施了侵犯“××宝典”著作权的行为

温某等在某腾公司签订的《劳动合同》《知识产权归属、保密合同及竞业禁止协议》等，温某、唐某等 5 名被告人的供述，证人刘某洋等的证言等相互印证证明，温某等人明知某腾公司“××宝典”题库的知识产权属性及商业秘密属性；辞职前后共谋成立科技公司，抄袭某腾公司题库，为规避某腾公司而成立科技公司，并实际实施了私自下载某腾公司“××宝典”题库复制到“××点”软件题库内使用并销售牟利。柳州市文化新闻出版广电局、广西壮族自治区版权局先后对科技有限公司的行为作出了系“侵犯著作权”的行为性质认定。故温某等实施侵犯某腾公司著作权行为证据确凿、事实清楚。

本案是涉网上培训平台题库著作权刑事案，案件最大的特点是“新”，属于知识产权领域新类型刑事案件，在本案宣判之前，全国并无判例。但是，网上培训平台题库由来已久，涉嫌盗版侵权题库现象并不少见。从《著作权法》的规定来看，有关网上培训平台题库依法可以归入改编作品或者汇编作品，在符合作品要件的前提下，其创作者依法享有改编权或者汇编权。本案的审理是对查办网上培训机构在著作权领域侵权盗版行为的一次有益司法实践，案件从司法上依法落实了网上培训平台题库属于作品的基本理念，在满足独创性等要件的前提下，依法构成《著作权法》意义上的作品，受到《著作权法》的保护，行为人侵犯他人享有著作权的网上培训平台题库，依法应当承担相应的责任，包括刑事责任。涉网上培训平台题库侵犯著作权案属于知识产权领域的新类型案件，在同类案件办理中，应当尤为注意有关软件本身同一性的认定、汇编作品独创性的认定、犯罪数额的计算、犯罪情节的认定、被侵权单位损失的认定等专业性问题及时调查取证，必要时应当组成专家办案团队，会商研讨有关专业性问题，就同一性认定、犯罪数额、情节的认定以及损失的认定等进行司法鉴定。对于依法认定构成侵权的，要坚决依法打击。

编写人：广西壮族自治区柳州市中级人民法院　黄韦思滴
广西壮族自治区柳州市鱼峰区人民法院　谢剑峰

49

网络侵犯著作权犯罪中广告收入的认定

——陈某等侵犯著作权案

【案件基本信息】

1. 裁判书字号

北京市第三中级人民法院（2021）京03刑终456号刑事裁定书

2. 案由：侵犯著作权罪

【基本案情】

自2016年起，被告人陈某、冯某涛、李某三人共同商议成立科技发展公司、科技公司，两公司实际办公地位于北京市朝阳区。陈某负责公司运营、APP客户端开发，冯某涛负责APP客户端开发，李某负责APP推广。刘某广自2018年加入公司负责从网上抓取文学作品。

2018年至2019年，被告人陈某、冯某涛、李某、刘洪广未经许可，通过技术手段抓取信息技术公司、科技股份公司享有著作权的文学作品后，放在科技发展公司、科技公司开发的免费小说书城等多个APP上供他人免费阅读，并通过推广广告获取利益。其中，通过免费小说书城、免费全本小说、免费全本书城（后更名为免费书城）三个APP推广广告获取广告收入共计人民币345万余元。

被告人陈某、冯某涛、李某、刘某广于2019年11月8日被公安机关抓获归案。后四被告人的亲属分别赔偿信息技术公司人民币500万元，赔偿科技股份公司人民币200万元，两公司对四被告人的行为表示谅解。公安机关从被告人及公司员工处起获了手机、电脑、记账凭证等物品。

【案件焦点】

网络侵犯著作权犯罪中广告收入应认定为违法所得数额还是非法经营数额。

【法院裁判要旨】

北京市朝阳区人民法院经审理认为：广告收入不属于相关司法解释规定的非法经营数额，四被告人以推广收费广告的方式收取的费用应认定为违法所得。被告人陈某、冯某涛、李某、刘某广以营利为目的，未经著作权人许可，复制发行他人文字作品，违法所得数额巨大，四被告人的行为均已构成侵犯著作权罪，依法应予惩处。鉴于四被告人归案后如实供述所犯罪行，自愿认罪认罚，赔偿了被害单位并取得谅解，依法对陈某、冯某涛、李某、刘某广予以从轻处罚。故依法判决如下：

一、被告人陈某犯侵犯著作权罪，判处有期徒刑三年六个月，罚金人民币120万元；

二、被告人冯某涛犯侵犯著作权罪，判处有期徒刑三年四个月，罚金人民币100万元；

三、被告人李某犯侵犯著作权罪，判处有期徒刑三年二个月，罚金人民币80万元；

四、被告人刘洪广犯侵犯著作权罪，判处有期徒刑三年，罚金人民币50万元；

五、扣押在案之从四被告人处起获的手机、电脑，依法予以没收；其余物品均退回北京市朝阳区人民检察院处理。

被告人陈某不服一审判决，提起上诉。

北京市第三中级人民法院经审理认为：上诉人陈某、原审被告人冯某涛、李某、刘洪广以营利为目的，未经著作权人许可，复制发行他人文字作品，情节特别严重，四人的行为均已构成侵犯著作权罪，依法应予惩处。本案中，涉案广告收入应认定为侵犯著作权犯罪的非法经营数额，原判法律适用有误，依法予以纠正。但考虑到原审判决定罪准确，量刑适当，审判程序合法，应予维持。据此裁定如下：

驳回上诉，维持原判。

【法官后语】

本案的争议焦点在于网络侵犯著作权犯罪中广告收入应认定为违法所得还是非法经营数额。区分二者具有重要意义，一是有利于区分犯罪行为和民事侵权行为；二是有利于准确选择刑罚档次和刑罚程度；三是有利于准确判处罚金。

一、侵犯著作权罪中违法所得应指实际获利

侵犯著作权犯罪中非法经营数额是指全部收入，违法所得数额应指非法经营数额扣除成本后的实际获利。

第一，从司法解释的时间效力来看，司法机关主张纯利说原则。《最高人民法院关于审理非法出版物刑事案件具体应用法律若干问题的解释》第十七条规定，违法所得数额是指获利数额。

第二，从体系解释上来看，《最高人民法院、最高人民检察院关于办理侵犯知识产权刑事案件具体应用法律若干问题的解释》第五条明确规定，侵犯著作权行为中违法所得数额3万元以上或者非法经营数额5万元以上便达到入罪标准，这表明司法解释已对“违法所得数额”和“非法经营数额”这两个概念作了区分。由于违法所得数额可以更加直观、准确地反映行为的社会危害性，因此违法所得数额的入罪标准往往低于非法经营数额。如果认为违法所得数额不应扣除成本，势必会与非法经营数额这一概念发生混淆，进而引发认识混乱，影响案件的正确处理。

第三，从罪质上看，产生违法所得的犯罪主要包括两大类：一是取得利益型犯罪，二是经营利益型犯罪。取得利益型犯罪通常属于自然犯，其非法取得的财物即属于违法所得，犯罪成本在犯罪数额中通常不予扣除。经营利益型犯罪通常属于法定犯，如非法经营罪、侵犯知识产权类犯罪等，均是因为违反了相关行政法规且达到一定的量或程度时才构成犯罪，其经营行为本身并不具有天然的违法性，对于该类犯罪，计算违法所得时应当进行相应的成本扣除。本案中，被告人陈某等人通过经营免费小说书城等APP吸引用户流量进而赚取广告收益的行为属于经营利益型犯罪，因此在计算违法所得数额时应当扣除经营成本。

二、网络侵犯著作权犯罪中广告收入应认定为非法经营数额

第一，对网络侵犯著作权犯罪中的非法经营数额宜作扩大解释。根据知识产权司法解释的规定，非法经营数额是指行为人在实施侵犯知识产权行为过程中，制造、储存、运输、销售侵权产品的价值。在传统场合中，侵权产品的价值通常表现为侵权产品的价格，但“价值”一词还有“用途或积极作用”之意，故对非法经营数额宜扩大解释为行为人在实施侵犯知识产权行为的过程中通过侵权产品给其带来的用途或积极作用。本案中，被告人陈某等人通过信息网络传播侵权作品供用户免费阅读，虽然用户没有支付传统意义上的对价，但用户的流量亦具有一定价值，这种流量的价值便间接表现为广告收益，因此广告收益可以认定为非法经营数额。可以说，对非法经营数额作扩大解释并未超越语义射程，既符合罪刑法定原则，又顺应了知识产权保护的司法政策，有利于优化营商环境。

第二，网络侵犯著作权犯罪中广告收入与侵权行为之间具有因果关系。本案中，陈某等通过信息网络传播侵权文字作品供用户免费阅读，以此积累人气和流量，再推广收费广告获取广告收入作为主要经营收入，故广告收入的多少

完全依赖网站人气和流量大小，与侵权行为之间的因果关系显而易见。在该案二审审理期间，上诉人陈某及其辩护人辩称涉案APP上存在大量正版作品，单凭侵权作品不会产生如此高的流量。虽然在案证据显示科技发展公司于2018年12月26日通过银行汇款方式支付某科技有限公司150000元的版权费，但是根据同案犯冯某涛等被告人的供述、证人证言及相关书证可以证明，陈某等通过科技发展公司、科技公司注册运营的3个涉案APP向用户提供的免费阅读作品均以侵权文字作品为主，没有付过版权费，涉案APP之所以能够获取广告收益，依赖于大量侵权文字作品免费阅读积累的人气和流量。因此，即使涉案APP上存在少量公益作品，但并非获得广告收益的决定因素，亦无法切断该侵权行为与广告收益之间的因果关系，而且将广告收入认定为非法经营数额并未超出公众预期。

综上，在处理网络侵犯著作权犯罪案件中，我们首先应区分非法经营数额与违法所得数额这两个概念，其中非法经营数额是指全部收入，违法所得数额是指非法经营数额扣除成本后的实际获利。网络侵犯著作权犯罪中对非法经营数额应作扩大解释，且广告收入与侵权行为之间具有因果关系，因此网络侵犯著作权犯罪中广告收入应认定为非法经营数额。本案中，陈某等在APP非法运营过程中，存在一定的成本，包括税费、人员工资、房租等项目，因此广告收入应认定为非法经营数额而不是违法所得数额。一审判决将涉案广告收入认定为违法所得数额系法律适用不当，二审法院依法予以纠正，说明了互联网时代背景下司法实践应当与时俱进，适应信息化社会的新特点、新载体、新要求。

编写人：北京市第三中级人民法院　于晓航　裴冀鹏

50

侵犯商业秘密犯罪行为所造成的实际损失如何认定

——田某军等侵犯商业秘密案

【案件基本信息】

1. 裁判书字号

河南省信阳市浉河区人民法院（2021）豫1502刑初520、628号刑事判决书

2. 案由：侵犯商业秘密罪

【基本案情】

2011年6月9日，被告人韩某兴与某材料公司签订劳动合同（劳动合同续签至2017年6月8日），负责研发工作。同日，韩某兴与某材料公司之间签订了保密协议，载明韩某兴在劳动合同存续期间和离开公司之日起两年内不得自营或为公司的竞争者提供服务，不得从事与公司生产、研究、开发、经营、销售有关的相关工作，并对所获得的商业秘密严加保守，不得以任何理由和借口予以泄露。

2016年9月，某科技公司法定代表人田某军为获取某材料公司的生产技术，经徐某介绍与韩某兴认识后，让韩某兴到其公司工作并承诺给予高额报酬。韩某兴遂利用在某材料公司工作的便利，通过邮箱分别向被告人田某军和在某科技公司任技术员的被告人刘某华邮箱内发送《日产66平米发泡陶瓷保温装饰板中试生产线设计概要（草案）》等文件，被告人田某军安排刘某华参照韩某兴发送的文件内容，设计中试和生产线窑炉。被告人刘某华将图纸设计好以后，根据田某军的安排，到韩某兴的老家林州市，将设计图纸交给韩某兴审核，某

科技公司在随后进行中试窑炉建设的过程中，出现窑炉升温温度不够的问题，韩某兴随后提出加装一台风机，解决该问题，使得中试实验能够顺利完成。2016年11月23日，被告人田某军安排被告人刘某华以《一种喇叭形辊道窑炉结构》申请实用新型专利，发明人为“田某军、田某可、韩某兴”，随后又将发明人变更为“田某军、韩某兴、刘某华”，2017年5月2日，又再次将发明人变更为“田某军”。

2016年12月，韩某兴从某材料公司离职，并随后到某科技公司工作。2017年5月和7月，被告人田某军安排公司财务人员从某科技公司账户中向韩某兴的妻子路某贤账户转账15万元。

2018年，经安徽省合肥市中级人民法院和安徽省高级人民法院判决：《一种喇叭形辊道窑炉结构》实用新型专利归某材料公司所有。

2020年年底，在公安机关对某科技公司进行调查时，被告人田某军安排他人将被告人刘某华送到浙江省丽水市缙云县某乡，更换联系方式，断绝与他人之间的联系。直至2021年4月8日，被告人刘某华主动到蕲春县公安局漕河镇派出所投案。

案发后，被告人与被害单位某材料公司之间就赔偿和谅解达成一致意见，获得某材料公司的谅解。另查明，2019年，某材料公司对被告人韩某兴提起诉讼，河南省信阳市平桥区人民法院（2019）豫1503民初4458号民事判决书认为：被告人韩某兴违反保密协议，判决被告人韩某兴履行保密义务，并赔偿科美公司违约金等合计124152元。韩某兴就违约金等按判决书已向科美公司履行完毕。

【案件焦点】

侵犯商业秘密给被害人造成的实际损失应如何计算。

【法院裁判要旨】

河南省信阳市浉河区人民法院经审理认为：被告人韩某兴违反保密约定，披露、使用、允许他人使用其所掌握的被害单位的商业秘密，造成特别严重的后果；被告人田某军、刘某华伙同被告人韩某兴非法获取、使用、披露他人商业秘密，造成特别严重的后果，三被告人行为均已构成侵犯商业秘密罪。河南省信阳市浉河区人民检察院指控三被告人犯罪罪名成立。

关于被告人田某军辩护人提出某科技公司因侵权行为给权利人某材料公司造成的销售利润损失金额与客观事实不符，经查，该辩护意见没有证据和法律依据，本院不予采信。

被告人韩某兴到案后能够如实供述自己的犯罪事实，系坦白，依法可以对其从轻处罚。被告人刘某华主动投案，到案后如实供述自己的犯罪事实，系自首，依法可以对其减轻处罚；且在共同犯罪中，被告人刘某华起次要、辅助作用，是从犯，依法应当对其减轻处罚。被告人田某军、韩某兴、刘某华自愿认罪认罚，可以从宽处理。被告人与此有关的辩解，各辩护人发表的与此相关的辩护意见，本院予以采纳。

经某司法鉴定和某知识产权鉴定评估公司鉴定：建材科技公司的窑炉生产线实物技术信息与某材料公司“轻质石材保温板生产装置”所示的 10 个不为公众所知悉的技术信息相比，除有 1 个相同、2 个实质相同外，有 2 个不同和 5 个无法比对。不能忽略该 2 个不同和 5 个无法比对点对建材科技公司实际经营额或实际非法所得额计算的影响，也不能简单地按比例扣除，本案违法所得数额和非法经营数额因此均无法查清。公诉机关依据《最高人民法院、最高人民检察院关于办理侵犯知识产权刑事案件具体应用法律若干问题的解释（三）》第十条之规定从而提出的量刑建议理由成立且适当，本院予以采纳。

河南省信阳市浉河区人民法院依照《中华人民共和国刑法》第二百一十九条，第七十二条，第七十三条第二款、第三款；对被告人韩某兴依照《中华人民共和国刑法》第二百一十九条，第六十七条第三款，第七十二条，第七十三条第二款、第三款；对被告人刘某华依照《中华人民共和国刑法》第二百一十九条，第六十七条第一款、第二十五条、第二十七条的规定，作出如下判决：

一、被告人田某军犯侵犯商业秘密罪，判处有期徒刑三年，缓刑四年，并处罚金人民币 85 万元（已缴纳）（缓刑考验期限，从判决确定之日起计算）；

二、被告人韩某兴犯侵犯商业秘密罪，判处有期徒刑三年，缓刑三年，并处罚金人民币 15 万元（缓刑考验期限，从判决确定之日起计算）；

三、被告人刘某华犯侵犯商业秘密罪，判处有期徒刑七个月，并处罚金人民币 5 万元（刑期从判决执行之日起计算。判决执行以前先行羁押的，羁押一日折抵刑期一日，即自 2021 年 4 月 8 日至 2021 年 11 月 7 日止）。

宣判后，三被告人未上诉，检察机关未抗诉，一审判决已生效。

【法官后语】

一、侵犯商业秘密给被害人造成的实际损失如何认定

侵犯商业秘密罪是侵犯知识产权犯罪研究的热点问题之一，随着经济的发展，其研究意义更加凸显。《最高人民法院、最高人民检察院关于办理侵犯知识产权刑事案件具体应用法律若干问题的解释（三）》（以下简称《知识产权刑事案件解释（三）》）的发布，标志着侵犯商业秘密罪的相关规定取得了重大进展。但是，仍然存在以下几个方面的问题：(1) 没有明确界定重大损失的内涵范围；(2) 未明确规定不同重大损失认定方法之间的适用顺序，如此便未能解决司法实践中存在的损失数额"唯证据论"的问题；(3) 意图根据不同行为的社会危害程度匹配认定方法，但未建立损失与行为之间的因果关系，导致行为与其社会危害程度不相匹配；(4) 未明确规定商业秘密商业价值的认定方法，其规定商业秘密灭失时，损失数额可以根据商业秘密的商业价值计算，但是又未规定商业价值的计算方法，使得该规定的落实存在很大障碍；(5) 没有规定多种侵犯商业秘密行为同时存在时的重大损失认定方法。

在侵犯商业秘密罪中被害人遭受的重大损失，是指实际损失，而实际损失既包括直接损失也包括间接损失，因为间接损失也是受害人必然失去的现实利益。因此，在确定犯罪行为给权利人造成的损失时，必须充分考虑以下因素：(1) 取得商业秘密的成本，如开发、研制商业秘密的成本，商业秘密的合理使用费数额等；(2) 使用或保持商业秘密所产生的经济利益或竞争优势，如生产成本的降低、利润的增加等；(3) 侵权人使用商业秘密之前的获利状况与使用之后的获利大小；(4) 合理预期的将来利益。要确认这种损失就需要充分考虑

商业秘密新颖性的程度、商业秘密的生命周期及其所处阶段、市场竞争状况和市场前景等因素。

二、商业秘密自身的价值不等于“给权利人造成的重大损失”

《知识产权刑事案件解释（三）》第五条第二款规定，重大损失认定方法具有适用顺序，即权利人因被侵权造成销售利润损失的计算方法顺序为：首先，根据权利人因被侵权造成销售量减少的总数乘以权利人每件产品的合理利润确定；其次，根据侵权产品销售量乘以权利人每件产品的合理利润确定；再次，根据侵权产品销售量乘以每件侵权产品的合理利润确定。这实际上就是“被害人损失—被告人获利”的适用顺序。也就是说，《知识产权刑事案件解释（三）》认可了“被害人损失—被告人获利”的适用顺序。

从本案来看，既无法认定“被害人损失”，也无法认定“被告人获利”，按照《知识产权刑事案件解释（三）》的规定则无法处理此种情形。司法实务中，在不能确定被害人的损失额，也不能确定侵权人的获利额这些最为“基本”的数据的情况下，被害人是否遭受重大损失是很难确定的。在不能确定基本数额的情况下，以专有技术普通使用权的价值作为参照依据更为不妥。商业秘密的实际价值涉及两个方面，一方面是商业秘密利用前的研发成本；另一方面是商业秘密利用后带来的预期收益，此预期收益既包括竞争优势，也包括可以为权利人带来的现实利益，而商业秘密许可使用费恰好可以反映出这部分预期收益。因此商业秘密的实际价值可以看作商业秘密研发成本与商业秘密合理许可使用费用之和。

三、商业秘密的损失的确定

商业秘密损失的计算大致可从以下几个方面考虑：一是以商业秘密权利人因侵权行为遭受的损失作为定罪量刑和实际赔偿的依据。商业秘密权利人可计算的财产、收入方面的损失应全部作为损失的数额。这里既包括权利人本身的收入，也包括权利人预期的若干年内收益。主要考虑的因素有：商业秘密的开发投入、商业秘密的成熟程度、商业秘密的利用周期及其是否可以重复利用，以及商业秘密的使用和转让、市场的供求状况等。二是以侵权人因侵权行为获得的利益作为损失和赔偿额。这种损失的计算以侵权人未再向第三人披露、转让和不为其他公众所知为前提。对于非法将商业秘密出卖给他人的，以其非法出卖收入为损失额；违法使用商业秘密进行生产经营活动的，以其因此获得或增加的利润为损失额。三是根据商业秘密侵权赔偿数额认定方法计算重大损失。首先，商业秘密权利人因被侵权所受到的损失可以根据商业秘密权利人的产品因侵权造成销售总量减少的总数乘以每件产品的合理利润所得之积计算。商业秘密权利人销售量减少的总数难以确定的，侵权产品在市场上销售的总数乘以权利人每件产品的合理利润所得之积可以视为商业秘密权利人因被侵权所受到的损失。其次，在商业秘密权利人因被侵权所受到的损失难以确定时，可以按照侵权人因侵权所获得的利益计算，即根据该侵权产品在市场上销售的总数乘以每件侵权产品的合理利润所得之积计算。侵权人因侵权所获得的利益一般按照侵权人的营业利润计算，对于完全以侵权为业的侵权人，可以按照销售利润计算。

本案中不能忽略该2个不同和5个无法比对点对建材科技公司实际经营额或实际非法所得额计算的影响，也不能简单地按比例扣除，所以违法所得数额和非法经营数额因此均无法查清。

另外，对损失额的计算，不能简单地以被告的侵权所得为损失额，还必须考虑时效问题，如果被害人早已知道被告人的侵权行为，却没有采取任何措施，在超过诉讼时效之后，才向有关机关寻求救济的，其损失额的计算应当自向有关机关寻求救济之日起向前推算两年计算，对超过两年的损失不予保护。

编写人：河南省信阳市浉河区人民法院　杨瑛

（八）扰乱市场秩序罪

51

串通投标罪中“情节严重”的认定

——王某串通投标案

【案件基本信息】

1. 裁判书字号

江苏省宿迁市中级人民法院（2021）苏13刑终65号刑事裁定书

2. 案由：串通投标罪

【基本案情】

2018年12月至2019年3月，被告人王某在工程项目招投标过程中，为了增加中标几率，与房某忠（另案处理）串通投标，并安排其公司员工利用其个人控制的甲公司、乙公司以及借用丙公司室内靶场建设项目工程采取“围标”的手段进行串通投标，后被告人王某控制的信息技术公司以273.974万元中标。被告人王某归案后如实供述自己的犯罪事实。上述事实有被告人王某庭前多次稳定供述、证人赵某等的证人证言、招投标文件、中标通知书、保证金列表等相关在案证据予以证实。

【案件焦点】

王某的行为是否符合串通投标罪的情节严重情形。

【法院裁判要旨】

江苏省宿迁市宿豫区人民法院经审理认为：关于被告人王某及其辩护人所提被告人王某不构成串通投标罪的辩解和辩护意见，经查，根据被告人王某的供述、证人王某等人的证言、招投标文件等证据，均证实被告人王某在客观上实施了与他人串通投标行为，在主观上被告人王某具有串通投标的犯罪故意，符合情节严重的情形，其行为已构成串通投标罪。故对于被告人王某的辩解及辩护人的辩护意见，本院不予采纳。本案系二人以上共同故意犯罪，是共同犯罪。被告人王某归案后如实供述自己的罪行，依法可以从轻处罚。

江苏省宿迁市宿豫区人民法院依照《中华人民共和国刑法》第二百二十三条第一款，第六十七条第三款之规定，作出如下判决：

被告人王某犯串通投标罪，判处拘役三个月，并处罚金5万元。

上诉人王某及其辩护人提出，王某的行为不符合串通投标罪的情节严重情形，故王某不构成串通投标罪。江苏省宿迁市中级人民法院经审理认为：根据上诉人王某在侦查阶段及庭审中所作的供述及相关证人证言、招投标文件等在案证据，以及原审法院已查明的事实，足以认定上诉人王某实施了与他人相互串通投标报价，损害招标人或者其他投标人利益。根据相关法律规定，串通投标犯罪行为既侵犯其他投标人或国家、集体的合法权益，又侵犯社会主义市场经济的自由交易和公平竞争的秩序。且符合“涉案中标项目金额在二百万元以上的”的刑事立案追诉标准，属情节严重情形，其行为构成串通投标罪，应承担相应的刑事责任。故上诉人及辩护人的上诉理由不能成立，应予驳回。

江苏省宿迁市中级人民法院依照《中华人民共和国刑事诉讼法》第二百三十六条第一款第一项的规定，作出如下裁定：

驳回上诉，维持原判。

【法官后语】

串通投标罪的立法目的是有效规制日益猖獗的串通投标违法犯罪行为，有效保障招投标市场的公平竞争，完善资源的合理配置，促进我国社会主义市场经济的健康有序发展。该罪保护的法益属于复杂客体，即招投标投标活动当事人的合法权益、社会公共利益、国家利益，以及社会主义市场经济的自由交易和公平竞争秩序。本案王某的行为侵犯了潜在投标人的利益，扰乱了市场公平竞争规则，符合串通投标罪的客体条件要求。

从刑法体系解释的角度，违反《中华人民共和国招标投标法》（以下简称《招标投标法》）等相关法律规定是串通投标罪的不成文构成要件要素，串通投标行为的行政违法性是刑事处罚的前置性构成要件，在认定投标人是否构成串通投标罪时不仅要考虑该罪侵犯的法益对象、客观行为，还要考虑该行为违反行政法律规范是否达到情节严重的入罪标准，以实现招投标行政管理法规与刑事法规法秩序的统一性。本案王某的串通投标行为构成行政违法且情节严重，存在刑事处罚的必要性。《招标投标法》第五十三条规定，投标人相互串通投标或者与招标人串通投标的，投标人以向招标人或者评标委员会成员行贿的手段谋取中标的，中标无效；构成犯罪的，依法追究刑事责任。给他人造成损失的，依法承担赔偿责任。《招标投标法》第五十四条规定，投标人以他人名义投标或者以其他方式弄虚作假，骗取中标的，中标无效，给招标人造成损失的，依法承担赔偿责任；构成犯罪的，依法追究刑事责任。《中华人民共和国招标投标法实施条例》第三十四条第二款规定，单位负责人为同一人或者存在控股、管理关系的不同单位，不得参加同一标段投标或者未划分标段的同一招标项目投标。本案中，上诉人王某与投标人房某忠（另案处理）串通投标，主观上具有恶意串通投标的犯罪故意，客观上利用其实际经营、控制的甲公司、乙公司并借用丙公司名义对相关建设工程项目进行“围标”，后其实际控制的甲公司以273.974万元中标该工程项目。王某串通投标、围标行为，潜在损害了招标人和其他投标人的合法利益，破坏了市场公平竞争秩序，且情节严重，民事赔偿责任和行政处罚不足以规制该类违法行为，因此有必要由行政违法性递进到刑事处罚性，以实现行政处罚和刑事处罚方式的有效衔接。

本案符合串通投标罪的犯罪构成要件要素“情节严重”。“情节严重”具有一定的抽象性、概括性，从文义解释的角度并不能对其字面含义进行具体阐释，一般应具化到不同的情形才能为司法机关定罪量刑、准确把握案件性质提供法律依据。2010年5月发布的《最高人民检察院、公安部关于公安机关管辖的刑事案件立案追诉标准的规定（二）》（以下简称《立案追诉标准的规定（二）》）第七十六条列举了包括兜底条款在内的六种涉嫌串通投标罪“情节严重”的具体立案追诉标准的情形：（1）损害招标人、投标人或者国家、集体、公民的合法利益，造成直接经济损失数额在50万元以上的；（2）违法所得数额在10万元以上的；（3）中标项目金额在200万元以上的；（4）采取威胁、欺骗或者贿赂等非法手段的；（5）虽未达到上述数额标准，但二年内因串通投标受过二次以上行政处罚，又串通投标的；（6）其他情节严重的情形。该追诉标准可以作为司法机关定罪标准的考量范畴。[①] 在司法实践中，法官在个案裁判时可根据案件具体情况正确运用扩大解释的方法解决所遇到的问题，在刑法表达的语意论据和个案所欲实现的司法公正作出实质权衡和价值判断。2022年4月修订后的《关于公安机关管辖的刑事案件立案追诉标准的规定（二）》将“中标项目金额”从此前的200万元以上提高到400万元以上的，但此案2021年3月30日已裁定驳回上诉。故该案中标项目金额273.974万元符合《立案追诉标准的规定（二）》第七十六条第三项“涉案中标项目金额在二百万元以上的”的规定，应认定为达到了“情节严重”的入罪标准。

串通投标罪是对社会危害较大的招投标犯罪，并且具有商业贿赂频发、群体犯罪明显、绝对控制投标等特点，如果不进行严格规制该类违法犯罪行为，容易形成不良竞争、恶性竞争等扰乱市场公平竞争秩序，不利于社会诚信体系建设和营商环境的营造。特别对于民生领域的重大建设工程项目，一旦因串通投标行为导致工程质量问题进而发生重大安全事故，将造成严重的社会影响，损害人民群众的合法权益和社会秩序的正常运转。因此打击串通投标违法犯罪行为具有重要意义，不仅有利于维护投标人和招标人的合法权益，还有利于维

---

① 最高人民检察院、公安部2022年4月29日联合发布修订后的《关于公安机关管辖的刑事案件立案追诉标准的规定（二）》，将“情节严重”的六种情形中的第二项、第三项分别调整为违法所得数额在20万元以上、中标项目金额在400万元以上，其他情形不变。

护社会主义市场经济公平竞争的市场交易秩序，更有利于防范重大安全生产隐患。

编写人：江苏省宿迁市中级人民法院　季艳　冯淑平

52

行为人本身无履约能力且在签订合同时明知房屋已经被查封无法过户，仍然欺骗被害人收取款项，可以认定具有非法占有故意

——宋某合同诈骗案

【案件基本信息】

1. 裁判书字号

天津市第二中级人民法院（2021）津02刑终209号刑事裁定书

2. 案由：合同诈骗罪

【基本案情】

2016年10月29日，被告人宋某与某房地产开发有限公司签订商品房买卖合同，以613094元价格购买天津市北辰区某商住用房。宋某支付首付款后尚有尾款30万元未付。2017年2月，该房屋进行了预告登记，权利人为宋某。

2017年10月，被告人宋某因与他人存在民事纠纷被起诉至天津市红桥区人民法院。2017年11月7日，红桥法院作出民事裁定书，冻结宋某名下银行存款70万元或查封其名下其他等值财产。2017年11月9日，法院将诉争房屋查封，后将查封情况告知宋某。

被告人宋某因无力支付诉争房屋尾款，委托房产中介出售诉争房屋。被害

人李某某系被害人刘某亲属，刘某代理李某某购买诉争房屋。2018年1月8日，宋某在明知诉争房屋已被法院查封情况下，隐瞒该事实以55万元价格与被害人李某某签订房屋买卖合同及相关补充协议，刘某于当日将李某某的购房款30万元转账给宋某，宋某将该款用于经营及个人消费。2018年1月31日，刘某、宋某等人到诉争房屋售楼处，因宋某称其无力支付剩余房款，刘某将李某某的购房款25万元及其本人所有的5万元替宋某支付房屋尾款。事后宋某等人到房屋管理部门办理房屋产权手续时，因房屋被法院查封未能过户。

2019年2月27日，天津市红桥区人民法院将上述房屋拍卖，案外人王某某取得所有权并办理产权转移变更手续，王某某后将房屋出售并过户给他人。

2019年6月17日，被告人宋某被公安机关抓获归案。案发后，宋某分别于2020年1月12日和2020年5月24日返还被害人刘某诉争房屋款项1万元和3000元。

【案件焦点】

被告人宋某否认其在出售前明知诉争房屋已经被法院依法查封的事实，其行为是否构成公诉机关指控的合同诈骗罪及非法处置查封的财产罪。

【法院裁判要旨】

天津市北辰区人民法院经审理认为：被告人宋某出售房屋时并无实际履行能力，仍隐瞒事实与李某某签订合同并收取购房款项30万元，在取得款项后均用于个人消费或偿还债务，未按照调解书内容偿还款项履行合同。其在与中介、刘某等人到售楼处交尾款时，仍未如实告知刘某某等人房屋被查封已经无法过户的事实，亦未退还之前收取的30万元，而是让李某某和刘某继续履行合同约定并为其支付剩余房款，以上行为均可以认定宋某具有非法占有故意，故意隐瞒真相通过签订房屋买卖合同造成被害人经济损失，构成合同诈骗罪。被告人宋某故意隐瞒法院查封房屋事实，通过签订房屋买卖合同的方式骗取被害人财物，后红桥法院按照调解书内容拍卖了该房屋，并将房屋过户给买受人。公诉机关提供的证据不能证实其行为严重妨害诉讼活动的正常进行或者使国家、集体、人民的利益遭受了重大损失，达到情节严重程度，指控被告人宋某构成非法处置查封的财产罪，本院不予认定。

天津市北辰区人民法院依照《中华人民共和国刑法》第二百二十四条、第六十四条，《最高人民法院关于适用〈中华人民共和国刑事诉讼法〉的解释》第二百九十五条第一款、第五条的规定，作出如下判决：

一、被告人宋某犯合同诈骗罪，判处有期徒刑四年，并处罚金人民币 10 万元；

二、责令被告人宋某于本判决生效后五日内退赔被害人李某某 55 万元，退赔被害人刘某 3.7 万元。

宋某原审辩解提起上诉。天津市第二中级人民法院经审理认为：宋某以非法占有为目的，在签订、履行合同过程中，骗取对方当事人财物，数额巨大，已构成合同诈骗罪。二审法院同意一审法院裁判意见。上诉理由和辩护意见，不予采纳。原审判决认定的犯罪事实清楚，证据确实、充分，适用法律正确，量刑适当。审判程序合法。天津市第二中级人民法院依照《中华人民共和国刑事诉讼法》第二百三十六条第一款第一项的规定，作出如下裁定：

驳回上诉，维持原判。

【法官后语】

本案的争议焦点为宋某是否构成合同诈骗罪及非法处置查封的财产罪。合议庭形成三种意见：第一种意见认为，被告人宋某构成合同诈骗罪，犯罪数额为 60 万元，不构成非法处置查封的财产罪；第二种意见认为，被告人宋某构成合同诈骗罪，犯罪数额为 30 万元，不构成非法处置查封的财产罪；第三种意见认为，被告人宋某构成非法处置查封的财产罪，不构成合同诈骗罪。

笔者同意第一种观点。合同诈骗罪是一个目的犯，要求行为人具有非法占有的目的，即永久性地非法掌握、控制他人财物的意图。然而，“非法占有”是一种典型的主观心理状态，本人如果不明示，外人很难知晓，必须结合外在客观行为，综合合同签订时行为人是否有实际履约能力、合同标的物和货款的用途及去向、行为人是否有过积极履行合同的作为等情况综合分析，从整个案件事实来把握行为人主观认知过程，最终形成内心判断与确信。司法实践中，合同诈骗行为人的非法占有意图在具体形成时间、故意内容上表现形式多样，因而在判断时要紧密结合案情，坚持主客观相一致，既不能仅凭被告人供述定案，也不能仅以被告人在签订、履行合同过程中有欺诈行为或财物不能归还结果就推定其具有非法占有目的。应着重考虑以下几点：(1) 行为人有无履行合同实际能力。实际履行能力是指合同当事人履行合同的实际能力和依照合同约定完成交易实现合同目的的现实可能性。有履行合同的能力不能排除行为人非法占有目的，但如果没有履行合同能力或可能性，则通常可推定其具有该目的。(2) 行为人是否有积极履约行为。合同签订之后，当事人是否为履行合同作出积极努力，是认定主观上是否具备诈骗故意的依据之一。即使行为人有实际履行合同的能力，但如果没有积极筹措资金、联系业务等为履行合同做各种准备和努力，而是隐匿、逃避，或者以各种借口理由推脱合同责任，也应推定具有非法占有目的。(3) 对购房款的处置。财产处分是财产所有权的重要权能，合同当事人对标的物的处置情况虽然不是判断当事人具有诈骗故意的唯一标准，但确是一个重要依据，在一定程度上反映行为人主观心态。正常的合同履行，行为人取得财物后，一般会将其用于履行合同或是合法经营。而合同诈骗犯罪行为人由于具备非法占有他人财物故意，因此一旦取得财物控制权，往往会用于非法活动、挥霍、偿还个人债务。(4) 行为人在违约后有无承担责任表现。一般来说，具有履行合同诚意的人，在发现自己违约或被对方指出违约时，虽然可能进行辩解、拖延但不会逃避。而利用合同进行诈骗的人，由于根本没有履行合同诚意，往往会想方设法逃避责任。综上，宋某在出售房屋时无实际履行能力，签订合同时明知房屋已被查封无法过户，其无法履行合同义务仍收取被害人款项，在取得款项后用于个人消费或偿还债务，也未按照调解书偿还款项以争取房屋解除查封或不被法院拍卖，且故意隐瞒事实让被害人为其支付剩余尾款，完成对开发商债务清偿，在侦查阶段亦多次作出有罪供述，其供述稳定，与相关书证、被害人陈述及证人证言相互印证，以上均可以认定宋某具有非法占有他人钱财的故意。同时，双方之间房屋买卖协议是一种合同行为，无论从签订合同前后被告人的行为表现还是未履行合同的原因看，被告人均不具备履行合同的能力和行为，故其行为构成合同诈骗罪。

关于后续30万元损失是否应计入犯罪数额。宋某在签订合同之前即形成合同诈骗故意，经过预谋、策划后，隐瞒真相，骗取被害人钱款。这种故意属于事前故意，具有较强欺骗性、隐蔽性，受支配的合同诈骗行为呈现出有计划、有步骤、整体性。房产中介在交易过程中的过错、刘某在合同继续履行方面的优势地位等，仅涉及民事法律中合同责任承担时的判断标准，并非刑法意义上独立、异常的介入因素，并不足以中断诈骗行为与被害人经济损失之间的因果关系，被害人遭受这部分损失是因为宋某实施合同诈骗行为，使其陷入可取得房屋产权的错误认识，进而签订合同、交付钱款，故犯罪数额应包含后续30万元。

另外，从构成要件上看，非法处置查封、扣押、冻结的财产罪犯罪目的是破坏司法机关正常活动秩序，宋某虽然非法对已查封房产擅自出售，但其主观目的是诈骗钱款，变卖已查封房产是诈骗的手段行为、牵连行为，即使构成此罪，因宋某以出售被查封的房屋方式骗取对方款项行为属于牵连犯，应该择一重罪以合同诈骗罪认定。从犯罪情节上看，宋某故意隐瞒法院查封其名下房屋的真相，通过签订房屋买卖合同方式骗取被害人财物，后红桥法院按照调解书内容拍卖了该房屋，并将房屋过户给买受人，其行为未严重妨害诉讼活动正常进行或者使国家、集体、人民利益遭受了重大损失，房屋价值也未因其出售而大幅度贬损，不应当认定为情节严重，故不构成非法处置查封的财产罪。

编写人：天津市北辰区人民法院　刘阳　周杨

53

合同诈骗罪与民事欺诈的界分

——李某虎合同诈骗案

【案件基本信息】

1. 裁判书字号

江苏省盐城市中级人民法院（2021）苏 09 刑终 59 号刑事裁定书

2. 案由：合同诈骗罪

【基本案情】

2018 年 8 月至 10 月，被告人李某虎在因经营负有巨额债务的情况下，虚构可以提供低价期货 M 牌酒等酒类的事实，与被害人签订书面购销合同或口头合同，欺骗被害人先行支付货款，骗得孙某涛、张某国、刘某等人 13365172 元。具体事实如下：

1. 2018 年 9 月至 10 月，被告人李某虎与孙某涛约定以低于市场价格销售 M 牌酒，并由孙某涛先行支付货款，李某虎收到货款后，用于归还欠款或购酒归还其他客户，骗得孙某涛 2218380 元。

2. 2018 年 10 月，被告人李某虎与张某国约定以低于市场价格销售 M 牌酒，张某国先行支付货款，李某虎将货款用于归还欠款或购酒归还其他客户，骗得张某国 90 万元。

3. 2018 年 9 月，被告人李某虎以酒业公司名义与何某签订 M 牌酒供销合同，由何某先行支付货款，李某虎将货款用于归还欠款或购酒归还其他客户，没有发货，后以其他方式部分补偿何某，骗得何某 1145000 元。

4. 2018 年 8 月至 9 月，王某多次向被告人李某虎支付货款，购买约定的茅台酒等酒类，李某虎将货款用于归还欠款或购酒归还其他客户，骗得王某1399500元。

5. 2018年8月至9月，张某杰多次向被告人李某虎支付货款，购买约定的M牌酒，李某虎将货款用于归还欠款或购酒归还其他客户，骗得张某杰2916700元。

6. 2018年9月，被告人李某虎以酒业公司名义与商贸公司签订M牌酒供销合同，刘某、王某蓉先行支付货款至酒业公司，李某虎将货款转入个人账户用于归还欠款或购酒归还其他客户。2018年10月，李某虎又谎称有M牌酒要急于处理，刘某、王某蓉向李某虎支付了货款。后李某虎没有发货，经追要，李某虎发了2箱M牌酒、退还134000元，骗得商贸公司和刘某、王某蓉4785592元。案发后，被告人李某虎退出越野车1辆（价值459000元），已发还刘某。

【案件焦点】

1. 被告人李某虎是否具有非法占有的目的，其行为构成合同诈骗罪还是民事欺诈；2. 本案是否系单位犯罪。

【法院裁判要旨】

江苏省东台市人民法院经审理认为：被告人李某虎以非法占有为目的，在签订和履行合同过程中，骗取对方当事人财物，数额特别巨大，其行为已触犯我国刑法，构成合同诈骗罪，应予刑事处罚。

关于被告人及辩护人提出李某虎不具有非法占有目的，指控合同诈骗的事实属于民事纠纷，不构成犯罪的辩解、辩护意见。本院认为，辩护人提供的证据证明被告人李某虎前期经营良好，但其在指控交易发生时已欠有巨额债务，李某虎虚构有货事实，采取先收款再发货的模式收取货款，将货款以高于约定价格买酒归还其他客户或归还欠款，即使对方当事人催要，也只是发极少部分货物骗取信任，其行为扩大了损失，使其更加不具备履行合同的能力，并不能长期维持下去，应当认定具有非法占有目的。李某虎在签订和履行合同过程中，明知自己不具有合同约定价格的货品来源，没有交付货物的实际履行能力，仍欺骗对方当事人签订合同并收取货款，将货款挪作他用，后亦无力归还，骗取对方当事人财物，数额特别巨大，构成合同诈骗罪。故上述辩解、辩护意见不能成立，不予采信。

关于本案是个人犯罪还是公司犯罪的问题。本院认为，单位犯罪应当以单位名义实施，所得归单位所有，体现单位意志。相关证人证言及交易流转情况能够证实，李某虎的酒类经营是公司经营与其个人经营混合，其三家公司账户资金与个人账户资金之间并无明显界限，资金可由李某虎随意流转使用。本案中涉及的合同诈骗事实均系李某虎个人实施，与刘某、何某只是以公司名义签订合同，所有款项最终转入李某虎个人账户，由李某虎个人操控，未体现单位意志或实现利益归单位所有，不应认定为单位犯罪。

江苏省东台市人民法院依照《中华人民共和国刑法》第二百二十四条、第五十二条、第五十三条第一款、第六十四条之规定，作出如下判决：

一、被告人李某虎犯合同诈骗罪，判处有期徒刑十年六个月，并处罚金人民币 10 万元；

二、责令被告人李某虎退赔孙某涛 2218380 元，退赔张某国 90 万元，退赔何某 1145000 元，退赔王某 1399500 元，退赔张某杰 2916700 元，退赔刘某、王某蓉 4326592 元。

李某虎持原审辩解提起上诉。江苏省盐城市中级人民法院经审理认为：李某虎隐瞒了其已丧失低价 M 牌酒进货渠道的情况，虚构有货事实，夸大合同履行能力，骗取被害人向其预付货款；李某虎既没有履约能力，又没有履约的意愿及行为，可以认定其具有非法占有他人财物的主观目的，构成合同诈骗罪。此外，在案证据可证实涉案合同诈骗事实均系李某虎个人行为，虽有部分交易以公司名义签订合同，但所有货款最终均转入李某虎个人账户，由李某虎个人控制，并未体现公司意志，故本案不属于单位犯罪。

综上，原判决认定李某虎犯合同诈骗罪的事实清楚，证据确实充分，适用法律正确，量刑恰当，审判程序合法。江苏省盐城市中级人民法院依照《中华人民共和国刑事诉讼法》第二百三十六条第一款第一项的规定，作出如下裁定：

驳回上诉，维持原判。

【法官后语】

合同诈骗是经济领域的常见犯罪，侵害的法益是社会主义市场经济秩序、合同管理制度和公私财产权，其本质是对市场信用的破坏。实践中，在以合同为纽带的经济领域，出现了不同样态的诈骗形式，其难点在于行为人的行为貌似是一种经济纠纷，甚至有真实合同、真实标的物，但抽丝剥茧后发现其本质为合同诈骗。要紧扣被告人的非法占有目的这一核心要素，从有无虚构事实、隐瞒真相的行为，有无履约能力，合同标的物处置情况等多个方面进行判断，对合同诈骗和民事欺诈进行界分。

1. 判断有无虚构事实、隐瞒真相的行为。合同诈骗罪中，行为人虚构了足以使被害人处分财物的事实，希望能够直接获取被害人财物，针对的是财产，所谓的交易只是非法取得被害人财物的手段。

本案中李某虎隐瞒了其已丧失低价 M 牌酒进货渠道的情况，虚构有货事实，夸大合同履行能力，骗取被害人向其预付货款。其虽然存在交付少量酒品的行为，但供证词均证实其所购上述酒品价格均明显高出其销售价格，实质上是搪塞被害人、隐瞒真相欺骗被害人单方履行合同，利用被害人信任其可以拿到低价 M 牌酒的心理诱使被害人继续购货，向其交付货款。

2. 判断有无履约能力。民事欺诈人与受欺诈人订立合同一般是能够履行的，且履约态度是积极的；合同诈骗人订立合同并无履行的意愿和履行合同的能力。

本案中在案证据证实李某虎在指控交易发生时已负债几千万元，其有关“没有存款，也没有车辆和房产，公司也处于瘫痪状态，我没有能力退赔”“以 M 牌酒期货酒的名义收取货款，高进低出，持续赔钱，没有任何利润，拿不到酒不能发货，而且也没有钱退给客户”等供述内容与相关证人证言、书证等证据相互印证，说明李某虎没有实际履行合同的条件及能力。

3. 判断标的物的处置情况。民事欺诈人将取得的财物全部或大部分用于合同的履行；合同诈骗人将取得财物全部或大部分用以挥霍，或者从事非法活动、偿还他人债务、携款逃匿等。

本案中李某虎在陆续收到被害人的预付款后，将所得款项据为己有并挪作他用，用于偿还债务或购买酒品归还其他客户等，并没有按照合同约定将款项用于双方约定的M牌酒采购项目。

综上，李某虎具有非法占有他人财物的主观目的，构成合同诈骗罪，

编写人：江苏省东台市人民法院　丁歆

54

合同诈骗罪中被告人主观故意的认定

——曾某等合同诈骗、串通投标案

【案件基本信息】

1. 裁判书字号

福建省漳州市中级人民法院（2021）闽06刑终643号刑事裁定书

2. 案由：合同诈骗罪、串通投标罪

【基本案情】

2017年，被告单位某商贸公司实际控制人被告人曾某经网络公司员工介绍，与网络公司部门经理王某商谈垫资购买一批医疗设备业务。先由被告人曾某介绍“某华公司”向网络公司购买设备，而网络公司所出售的设备则由被告单位某商贸公司供货给网络公司。2017年7月17日，“某华公司”与网络公司签订采购“全高清数字化系统”合同，合同约定：“某华公司”向网络公司采购4套“全高清数字化系统”。之后，网络公司委托招标公司就上述“全高清数字化系统”采购项目进行招投标。被告曾某通过安排被告单位某商贸公司员

工代表三家公司参与投标并操作中标后，合同约定网络公司向被告单位某商贸公司购买4套“全高清数字化系统”设备，1套价格为2499920元，总金额为9999680元。2017年10月24日，被告单位某商贸公司与信息科技公司签订设备投放合同，被告单位某商贸公司支付信息科技公司保证金80000元（每台保证金20000元）。2017年11月20日，被告单位某商贸公司将信息科技公司提供四台“锐珂干式激光成像仪”用8个木箱装，冒充4套“全高清数字化系统”设备移交给网络公司，网络公司有出具验收报告，但未开箱验收。2017年12月底，被告人曾某联系医药公司承接网络公司和“某华公司”先前签订的“全高清数字化系统”采购项目，2017年12月26日，医药公司与网络公司合同签订《全高清数字化系统采购项目合同》，约定医药公司向网络公司采购4套“全高清数字化系统”，1套价格为2740000元，总金额为10960000元。2018年1月26日，被告单位某商贸公司与医药公司签订商品销售合同，被告单位某商贸公司向医药公司购买“全高清数字化系统”1套。2018年2月6日，被告单位某商贸公司支付2767400元的货款给医药公司。2018年2月8日，医药公司向网络公司支付1套“全高清数字化系统”货款2740000元。在此期间，被害单位网络公司共支付9500000元货款给被告单位某商贸公司。被害单位网络公司付出货款尚有6760000元未收回。另查明，被告单位某商贸公司在2017年9月21日收到被害单位网络公司支付货款前，公司对公账户余额2966.50元，被告单位某商贸公司收到网络公司两笔货款计9500000元，仅转账给医药公司2767400元，其余款项部分用于被告单位某商贸公司经营费用，部分归被告人曾某个人使用，至2018年4月4日被告单位某商贸公司对公账户余额1385.73元。

【案件焦点】

合同诈骗案中，被告人曾某辩解其同被告单位某商贸公司与网络公司之间系民事纠纷，其与被告单位某商贸公司均不构成合同诈骗罪，如何根据在案证据定罪。

【法院裁判要旨】

福建省漳州市芗城区人民法院经审理认为：对于被告人曾某及其辩护人关于本案存在不能排除属于民事纠纷的合理怀疑，被告人曾某的行为不应认定为刑事犯罪的辩护意见，经查，被告单位某商贸公司实际控制人被告人曾某与被害单位网络公司商定由被害单位网络公司垫资为被告单位某商贸公司购买设备，被害单位网络公司为交易安全，让被告人曾某找国有企业向被害单位网络公司购买设备，再卖给被告单位某商贸公司，而被害单位网络公司出售的设备系向被告单位某商贸公司购买，三方构成一个交易环，被告单位某商贸公司既是设备最初的销售人同时也是最终购买人，在这交易环中，被告单位某商贸公司不仅未能售出设备且每销售、购买一套“全高清数字化高清系统”将亏损 267480 元，可见被告单位某商贸公司及被告人曾某的订立合同的真实目的是获取被害单位网络公司的资金。被告单位某商贸公司及被告人曾某在签订、履行合同过程中，一方面，与被害单位网络公司签订的是买卖 4 套“全高清数字化系统”，但以其他货物冒充“全高清数字化系统”交付给被害单位网络公司；另一方面，只向医药公司购买 1 套“全高清数字化系统”，将被害单位网络公司支付的剩余资金用于其他用途，致使被告单位某商贸公司无能力向医药公司购回另外 3 套“全高清数字化系统”。

综合分析，能够认定被告单位某商贸公司及被告人曾某主观上具有非法占有被害单位网络公司资金的犯罪故意，通过上述欺骗的手段，骗取被害单位网络公司的资金 6760000 元，用于被告单位某商贸公司的费用及归还被告人曾某个人债务等。故被告人曾某的上述辩解及其辩护人的辩护意见，均不予采纳。被告单位某商贸公司、被告人曾某的行为均已构成合同诈骗罪，依法应予惩处。

福建省漳州市芗城区人民法院依照《中华人民共和国刑法》第二百二十四条，第二百二十三条第一款，第二百三十一条，第三十条，第三十一条，第六十九条，第二十五条第一款，第二十六条第一款、第四款，第二十七条，第六十一条，第七十二条第一款、第三款，第七十三条第一款、第三款，第五十二条，第五十三条，第六十四条及《中华人民共和国刑事诉讼法》第十五条的规定，作出如下判决：

一、被告单位某商贸公司犯合同诈骗罪，判处罚金人民币30万元；犯串通投标罪，判处罚金人民币3万元；决定执行罚金人民币33万元；

二、被告人曾某犯合同诈骗罪，判处有期徒刑十二年，并处罚金人民币20万元；犯串通投标罪，判处拘役六个月，并处罚金人民币2万元；决定执行有期徒刑十二年，并处罚金人民币22万元；

三、被告人黄某犯串通投标罪，判处拘役六个月，缓刑一年，并处罚金人民币1万元；

四、责令被告单位某商贸公司、被告人曾某将未退赔的赃款人民币676万元退还给被害单位网络公司。

曾某持原辩解及管辖权异议提起上诉。福建省漳州市中级人民法院经审理认为：曾某及其辩护人、某商贸公司的诉讼代表人提出的曾某、某商贸公司不构成合同诈骗罪、串通投标罪及对本案原审法院管辖权异议的诉辩意见均没有事实和法律依据，不能成立，不予采纳。原判对曾某、某商贸公司及黄某犯罪的事实、犯罪的性质、情节和对社会的危害程度进行客观认定，并依法作出判决，量刑并无不当。故网络公司的代理人请求驳回上诉，维持原判的意见有事实和法律依据，应予采纳。原判决认定事实和适用法律正确，量刑适当，审判程序合法。故曾某的上诉理由不能成立，应予驳回。

福建省漳州市中级人民法院依照《中华人民共和国刑法》第二百二十四条，第二百二十三条第一款，第二百三十一条，第三十条，第三十一条，第六十九条，第二十五条第一款，第二十六条第一款、第四款，第二十七条，第六十一条，第七十二条第一款、第三款，第七十三条第一款、第三款，第五十二条，第五十三条，第六十四条，第六十七条第三款及《中华人民共和国刑事诉讼法》第十五条，第一百一十条，第二百三十六条第一款第一项之规定，作出如下裁定：

驳回上诉，维持原判。

【法官后语】

本案的处理重点在于如何根据现有证据认定被告人曾某等具有合同诈骗罪的主观犯罪故意。合同诈骗罪的认定关键在于主观上是否以非法占有为目的。合同诈骗的最终目的就是非法占有他人财产，将占有的财产转为他用或者自己挥霍，并无履行合同的意思。在民事合同纠纷中，当事人并不存在非法占有的目的，而是有履行合同的意愿，只是在履行合同义务的过程中，由于外在的因素致使合同无法正常履行，如资金周转困难，购买的材料不能及时到位等等，客观上没有非法占有的故意。所以是否以非法占有为目的是二者在主观方面的主要区别。

从证据角度来看，合同诈骗罪中“非法占有目的”的认定，一般有两种途径：一是被告人的口供；二是通过被告人客观上的表现来判定。在司法实践中，被告人在案发后会以“民事纠纷”作为幌子掩饰其行为的诈骗性质以逃避法律的制裁，较少有被告人会主动供认犯罪行为。所以，如何从被告人客观方面的表现来判断其主观上的意图，就具有重要理论和实践意义。目前，对这一问题主要有“履行能力说”“客观分析说”“原因分析说”“分段分析说”等几种观点。“履行能力说”，即以行为人签订合同时有无履行能力来判断行为人主观上是否存在非法占有目的。这种观点认为，只要行为人签订合同的时候自己本身没有履行能力，就可以推定其主观上存在非法占有的目的。“客观分析说”，即以行为人的实际履行能力为主要依据，并结合行为人的履行态度以及对合同标的物处理情况等客观因素来认定行为人主观上的目的。这种标准比“履行能力说”显得全面，能综合考虑行为人在行骗时的多种客观表现，但是它仍然是以履行能力为主要依据的，并没有解决履行能力标准存在的不确定性问题，而且没有分析行为人在合同订立和合同履行的不同阶段的主观目的，只限于对行为人客观表现的客观分析，因此仍然是不全面的。“原因分析说”，即以行为人有无履行合同的行为，以合同不能履行的真正原因来确定行为人主观上是否存在非法占有的目的。原因分析说从整体上对合同的两个阶段进行综合分析，这种分析兼顾了对行为人主观和客观情况的分析，具有一定的合理性。但是原因分析说主要是从因果关系的角度出发进行探讨，在逻辑上存在着不可克服的缺陷。“分段分析说”，即在合同签订阶段，以是否以虚假的身份和虚假的担保来欺骗对方，使对方陷入错误的认识而交出财物作为是否存在非法占有目的的标准；在合同生效阶段，以行为人的履行态度，合同不能履行的真正原因以及合同标的物的处理情况来认定行为人主观上的非法占有目的。

具体到本案中，一审、二审法院综合运用以上几种理论予以考量。首先是“原因分析说”，以合同不能履行的真正原因来确定行为人主观上是否存在非法占有的目的。被告单位某商贸公司既是设备最初的销售人同时也是最终购买人，在这个交易环节中，被告单位某商贸公司不仅未能售出设备且每销售、购买一套“全高清数字化高清系统”将亏损267480元，即被告单位某商贸公司无法对整个交易环节中交易目的作出合理解释，据此可以判定其真实目的是获取被害单位网络公司的资金；其次是“履行能力说”与“客观分析说”，被告单位某商贸公司只向医药公司购买1套“全高清数字化系统”，将被害单位网络公司支付的剩余资金用于其他用途，至2018年4月4日被告单位某商贸公司对公账户余额1385.73元，致使被告单位某商贸公司无能力向医药公司购回另外3套“全高清数字化系统”，且被害单位网络公司付出的货款尚有6760000元未收回，即被告单位某商贸公司并无实际履行合同的能力与行为，客观上并无实际履行合同；最后是“分段分析说”。通过曾某、某商贸公司以其他货物冒充“全高清数字化系统”交付给被害单位，主观上具有“以假充真、以次充好”的故意，其对合同标的物的处理与安排均为辅助其合同诈骗的主观目的，并非要完成合同目的或履行合同。综上所述，在合同诈骗罪的非法占有目的的认定上，要善于运用理论与审判经验，结合全案的事实、证据，作出具体分析，从行为人客观方面的表现来判断其主观的真正意图。故综合判定曾某、某商贸公司主观上具有非法占有网络公司资金的犯罪故意。

除此之外，非法获取财物数额的大小亦是本案认定犯罪事实的关键。合同诈骗罪是数额犯，即立法要求行为人骗取对方当事人的财物数额较大才能构成犯罪，而合同欺诈行为对数额没有要求。从合同诈骗罪的概念及构成特征来看，

"数额较大"在本罪中是客观方面的必要构成要件，其除作为量刑情节外，还具有定罪意义，对合同诈骗罪的成立与否有着重要的作用。本案中，被害单位网络公司付出货款尚有6760000元未收回，数额远超该罪2万元立案追诉标准的规定，数额较大。因此，结合前文论述的"是否具有非法占有的目的"来认定，如果行为人具有非法占有的目的，但尚不够"数额较大"，则该行为只构成合同欺诈，行为人只需要承担民事责任即可。如果行为人获取的非法利益已达到"数额较大"，但其主观上不具有非法占有的目的，该行为也只能构成合同欺诈。只有当行为人主观上具有非法占有的目的，客观上实施了虚构事实、隐瞒真相的欺骗行为时，其非法所得数额才能成为影响欺骗行为法律性质的重要因素。

编写人：福建省漳州市芗城区人民法院　韩建林　刘艺玲

55

非法经营罪中非法从事资金支付结算业务的认定

——吴某某非法经营案

【案件基本信息】

1. 裁判书字号

广西壮族自治区防城港市中级人民法院（2021）桂06刑终16号刑事裁定书

2. 案由：非法经营罪

【基本案情】

2017年至2019年，被告人吴某某在A国女子"阮某"（另案处理）的安排下，利用"边民互市"贸易政策，非法从事跨境支付结算业务，帮助他人将钱款以边民互市贸易的名义汇到A国，并从中获利。其间，吴某某购买他人“边民互市”贸易凭证，虚构贸易背景，使用其名下的银行账户或由他人提供的银行账户，办理“边民互市”贸易向A国汇出汇款业务。经查，吴某某累计非法办理跨境资金结算业务涉及金额累计人民币443375352元，从中获利人民币3万元。2019年9月10日，被告人吴某某被公安机关传唤到案。

【案件焦点】

非法经营罪中，如何结合被告人的客观行为准确认定非法从事资金支付结算业务。

【法院裁判要旨】

广西壮族自治区防城港市东兴市人民法院经审理认为：辩护人关于吴某某未非法从事资金支付结算业务，不构成非法经营罪的辩护意见，经查，吴某某接受A国女子“阮某”的委托，利用“边民互市”政策及银行审核、监管漏洞，向境内结算银行虚构贸易背景，代为办理跨境资金支付结算，逃避监管将国内资金汇出国外，属于非法从事资金支付结算业务，该行为违背了我国“边民互市”贸易政策的精神，严重影响了跨境支付结算市场的有序运行，扰乱了市场经济秩序，对我国金融安全造成了现实的威胁，涉案金额经核算共计人民币443375352元，其行为符合非法经营罪的构成要件，故对辩护人该辩护意见不予采纳。被告人吴某某违反国家对金融管理的相关规定，协助他人非法从事资金支付结算业务，情节特别严重，其行为已构成非法经营罪，依法应予惩处。

广西壮族自治区防城港市东兴市人民法院依照《中华人民共和国刑法》第二百二十五条第三项、第二十五条第一款、第二十七条、第六十四条和《最高人民法院、最高人民检察院关于办理非法从事资金支付结算业务、非法买卖外汇刑事案件适用法律若干问题的解释》第一条第四项、第四条第一款第一项，作出如下判决：

一、被告人吴某某犯非法经营罪，判处有期徒刑三年，并处罚金人民币20万元；

二、继续追缴被告人吴某某的违法所得人民币 3 万元，上缴国库；

三、随案移送的手机一部、中国建设银行卡及中国工商银行卡各一张，予以没收；身份证一张、中国银行卡一张，予以返还。

吴某某持原审辩解提起上诉。广西壮族自治区防城港市中级人民法院经审理认为：吴某某违反国家对金融管理的相关规定，协助他人非法从事资金支付结算业务，情节特别严重，其行为已构成非法经营罪。原判结合吴某某的犯罪事实、情节、认罪态度，已予以减轻处罚，所适用的法律正确，量刑适当，审判程序合法，应予维持。故吴某某的上诉理由，不能成立，应予驳回。

广西壮族自治区防城港市中级人民法院依照《中华人民共和国刑事诉讼法》第二百三十六条第一款第一项之规定，作出如下裁定：

驳回上诉，维持原判。

【法官后语】

本案的处理重点在于对被告人吴某某的非法从事资金支付结算业务行为的认定。近年来，“地下钱庄”在边境地区呈现作案手法隐蔽化、多样化，一些犯罪分子非法从事资金支付结算业务，并隐藏于“边民互市”贸易活动中。2019 年 2 月 1 日起施行的《最高人民法院、最高人民检察院关于办理非法从事资金支付结算业务、非法买卖外汇刑事案件适用法律若干问题的解释》（以下简称《解释》）对非法从事资金支付结算业务的认定标准作了专门的规定，明确以虚构交易等非法方式向指定付款方支付货币资金的行为属于非法从事资金支付结算业务。

具体到本案中，一审、二审法院都认为可以认定吴某某的行为属于非法从事资金支付结算业务。《支付结算办法》规定，所谓支付结算，是指单位、个人在社会经济活动中使用票据、信用卡和汇兑、托收承付、委托收款等结算方式，进行货币给付及资金清算的行为。我国对资金支付结算采取资格审批制度，银行是支付结算和资金清算的中介机构，未经中国人民银行批准的非银行金融机构和其他单位，不得作为中介机构经营支付结算业务，但法律、行政法规另有规定的除外。在案证据表明，本案中吴某某与 A 国人“阮某”没有实际的贸易往来，吴某某本人未实际从事边贸活动，亦未接受其他边民的委托，未获授权作为边民代表协助边民向银行申请办理边民互市贸易汇出汇款业务，在向银行申请境外汇款的过程中，吴某某向银行提供了其本人或他人从别处非法购买获得的“边民互市”贸易进口商品申报单、交易凭证和东兴市“边民互市”贸易带进物品放行单等银行所需的材料，上述材料并非吴某某本人从事边境贸易所产生的资料，也不是吴某某接受其他客商委托并由他人依法提供的真实交易的相关资料，实际是向境内结算银行虚构了贸易背景，其供述所获好处费亦由“阮某”支付，该行为与接受从事边境贸易的客商委托境外汇款而获得的劳动报酬具有本质区别。吴某某实施虚构交易，利用或者部分利用境内支付结算机构向指定付款方支付货币资金的行为，应当被认定为非法从事资金支付结算业务。

《解释》的发布，让司法实践中对于非法从事资金支付结算业务的认定争议可以告一段落，但随着互联网金融的迅猛发展，支付结算方式也将不断变化，刑事司法活动应当对此持续保持警惕。

编写人：广西壮族自治区东兴市人民法院　龙剑

图书在版编目（CIP）数据

中国法院2023年度案例．刑事案例．二／国家法官学院，最高人民法院司法案例研究院编．—北京：中国法制出版社，2023.5

ISBN 978-7-5216-3286-6

Ⅰ．①中… Ⅱ．①国…②最… Ⅲ．①刑事犯罪-案例-汇编-中国 Ⅳ．①D920.5

中国国家版本馆CIP数据核字（2023）第026381号

策划编辑：李小草　韩璐玮（hanluwei666@163.com）
责任编辑：白天园　　　　封面设计：李　宁

中国法院2023年度案例．刑事案例．二

ZHONGGUO FAYUAN 2023 NIANDU ANLI. XINGSHI ANLI. ER

编者/国家法官学院，最高人民法院司法案例研究院
经销/新华书店
印刷/三河市紫恒印装有限公司
开本/730毫米×1030毫米　16开　　　　印张/15.75　字数/231千
版次/2023年5月第1版　　　　2023年5月第1次印刷

中国法制出版社出版
书号ISBN 978-7-5216-3286-6　　　　定价：69.00元

北京市西城区西便门西里甲16号西便门办公区
邮政编码：100053　　　　传真：010-63141600
网址：http://www.zgfzs.com　　　　**编辑部电话：010-63141792**
市场营销部电话：010-63141612　　　　**印务部电话：010-63141606**

（如有印装质量问题，请与本社印务部联系。）

中国法院年度案例集成丛书(全15册)

国家法官学院　最高人民法院司法案例研究院　编

汇集十年精华　展现裁判思维　促进适法统一

实务性：一本为新型疑难法律适用问题提供解决方案的司法实务参考用书

工具性：一部可以查阅人民法院类型化裁判规则的小全书

1. 物权纠纷裁判规则理解与适用
2. 合同纠纷裁判规则理解与适用
3. 借款担保纠纷裁判规则理解与适
4. 人格权纠纷裁判规则理解与适用
5. 婚姻家庭与继承纠纷裁判规则理解与适用
6. 侵权纠纷裁判规则理解与适用
7. 道路交通纠纷裁判规则理解与适用
8. 保险纠纷裁判规则理解与适用
9. 劳动纠纷裁判规则理解与适用
10. 公司纠纷裁判规则理解与适用
11. 金融纠纷裁判规则理解与适用
12. 知识产权纠纷裁判规则理解与适用
13. 行政纠纷裁判规则理解与适用
14. 刑事案例裁判规则理解与适用
15. 执行纠纷裁判规则理解与适用